산다는 것
죽는다는 것

국립중앙도서관 출판시도서목록(CIP)

산다는 것 죽는다는 것 / 이은주. -- 서울 : 한국외국어대학교출판부, 2009
p. ; cm

참고문헌과 색인수록
ISBN 978-89-7464-552-6 93160 : ₩15000

생사(삶과죽음)[生死]
철학적 인간학[哲學的人間學]

114.5-KDC4
128.5-DDC21 CIP2009001876

이 도서의 국립중앙도서관 출판시도서목록(CIP)은 e-CIP 홈페이지(http://www.nl.go.kr/ecip)에서 이용하실 수 있습니다.(CIP제어번호: CIP2009001876)

산다는 것 죽는다는 것

이 은 주

한국외국어대학교 출판부

머리말

1.

마당 한켠에 목련나무가 꽃봉오리를 맺었다. 하긴 날이 이미 3월 마지막 날이니, 새삼 이상할 일은 아니다. 토요일이다. 비가 아침부터 조분조분 나리시고 있다. 이 또한 3월 마지막 토요일이니 눈이 오는 것보다는 이상하지 않다. 그런데 봄비는 어딘가 쓸쓸한 여인네의 뒷모습을 남긴다. 계절이 오고 가는 길목에는 비가 있다. 이 비가 그치면 빛이 차오르게 사치로운 봄이 오는 것일까.

아무리 궁리를 하고 음반을 뒤져도 봄 녘 비오는 저녁나절에 어울리는 음악을 골라낸다는 것은 쉬운 일이 아니다. 하긴 음악과 날씨를 접붙이려는 것이 웃기는 수작일지도 모른다. 무엇보다도 음악이라는 것에 대한 나의 열렬한 동경이 없고 따라서 나는 음악이라는 섬세한 세계에 쉽게 다다르지 못한다는 것이 문제일 것이다. 할 수 없는 일에 할 수 있는 듯이 꾸역꾸역 거들먹대어보았자, 그건 허세이다. 나는 삶 속에서 그런 허세에 길들여지기를 원하지 않는다.

아주 좋은 소리와 빛깔을 지닌 노래를 들은 적이 있다. 그리고 언젠가 그 노래를 듣고 울어버린 적이 있었다. 무언가 따뜻한 감동이 가슴 속에서 소근대며, 나는 안개가 피어오르는 비취 빛깔 숲을 떠올렸고, 그것이 곧 내 온몸을 휘감아버려 아무 것도 할 수 없었던 때. 그런 때가 있었다. 고요해지는 마음의 축축함 안에서 먹먹함을 느꼈던 때.

비는 종일 오신다. 마당 한 구석 목련나무에 꽃봉오리가 열렸다. 아마 다음 주면 목련은 아주 호사스럽게 꽃봉오리를 열어내고야 말 것이다. 오늘은 3월의 마지막 토요일이다.

2.

산다는 것에 경계警戒가 없다는 것은 나에게는 자연스러울 수 있는 일이지만, 다른 이들에게는 이해가 안 되는 일일 수 있다. 그들은 항상 다른 이들과 키를 재고 눈치를 살피며, 그들은 서로에게 해를 끼치지 않을까를 염두에 두고 살아간다. 반면 그들 가운데 어떤 이들은 다른 이들을 해하면서 살기도 한다. 산다는 것은 알게 모르게 해를 끼치기도 하고 해를 가하지 않으려는 흐릿함으로 있기도 하다. 그런데 문제는 해를 끼침이 알게 그리고 고의적으로 일어날 수 있다는 것이다.

나는 세상 안에 살고 있고, 따라서 다른 이들이 나에게 아무런 해도 가하지 않으리라는 것을 어떤 식으로도 보장할 수 없다. 세상을 산다는 것에 해를 당할 수 있음은 엄연하게 열려 있는 가능성 중 하나이다. 따라서 세상 안에 살아갈 때, 나는 다른 이들을 어느 정도는 경계하며 나에게 닥칠 수 있는 해로움으로부터 나 스스로를 지킬 수 있어야 한다. 그런데 나에게는 그러한 경계가 애초부터 없었던 것은 아닐까. 경계가 없다는 것은 내가 주위에 그다지 관심이 없기 때문일지도 모른다. 마음 써서 보아야 할 것들, 귀 기울여야 할 것들을 주워 담지 않는다면, 그것들을 경계삼아야 할 이유도 없기 때문이다.

그러나 나에게도 묵지근하게 짓밟히는 고통. 그 고통이 품어내는 달큰함이 있기는 있는 것이다. 마음속에는 때로 바다가 있고, 마음 안에는 때로 들길이 펼쳐져 있다. 마음속에 있는 바다에는 마른 번개가 시커멓게 깊은 바다 위에서 어지러이 춤을 춘다. 마음 안 들길에는 검은

늪이 열려 있다. 어째서 소리도 내지 못하는 번개가 아스라이 노니는 바다는 마음속에 있으며, 어째서 물고기도 살지 못하는 진한 늪은 마음 안에 놓인 길을 막고 있을까.

그리하여 삶은, 아름답거나 즐거운 것이 아니라는 새삼스러울 깨달음 안.

3.

많은 날들이 지나가버리고, 이른 저녁나절에 얼음비가 퍼부었다. 참 오래도 땅위에 굴러 떨어지는 작은 얼음덩어리들. 하늘이 시커멓고 천둥이 울고 마르지 않은 번개도 쳤다. 이러다가 정말 이 땅덩어리가 저 어둠 속으로 삼켜지는 것은 아닐까 하는 찰라의 공포들. 이미 날은 오월 끝자락으로 접어들어 이번 봄은 아카시아도 극성맞지 않구나 하며 소소히 보내고 있던 늦봄인지 이른 여름인지 무렵. 그러나 하늘에서는 때를 못 찾는 얼음덩어리들을 퍼붓다니.

놀이터에서 까르르 까르륵 숨 가삐 놀고 있던 아이들이 삽시간에 어디론가 숨어버렸다. 종종 걸음으로 길을 가던 사람들도 어딘가로 피해버리고, 길은 텅 비어버렸다. 그런데 나는 어디에 있는가. 밝고 따뜻한 불빛이 내려 쪼이는 어느 가게 안에서, 나는 그토록 컴컴하고 소란스러운 공포를 관조할 뿐이다. 모든 공포는 고요하지 않다.

... 문득. 내가 품속 깊이 감추어둔 고통도 고요하지 않으면 어떻게 하나.

내게 산다는 것은 그러했다. 마땅히 얼음비에 마주하지 못하고 적당히 따뜻하고 밝은 곳으로 피하는 삶. 그러나 적당히 따뜻하고 밝음은 내 고통을 어루만지지 않는다. 하긴 모든 마음속 바다와 마음 안 들판은 온전하게 내 몫이어야 하므로. 무언가에 의하거나 무언가에 의지해서 마음속 바다를 아우르고 마음 안 들판의 늪을 채울 수는 없는 것이다. 사는 것은, 산다는 것은 그러하다. 나에게 늘 그런 식으로 설컹대며 삶이 지분대고 있었다.

어느 날. 문득 그야말로 문득. 삶이 그러하다면, 죽음은 무엇이며 죽는다는 것은 무엇인가 하는 물음이 와락 나를 덮쳤다. 답도 구할 수 없는 그 물음에 나는 오래도록 치이고 있었다. 아침에 눈을 떠서 밤에 잠에 들 때까지. 그리고 다시 깨어나서 하루를 온전히 나는 죽음만 생각했다. 그러나 물음만 왈칵 일어나고 있을 뿐, 거기에는 답이 없었다. 그렇게 몇 년이라는 시간이 지났다. 참. 허무했다. 나는 책을 뒤적이기도 했고, 아는 이들이 저 다른 세계로 떠나기 전 잠시 머무르는 곳도 발을 폴짝이며 다녔다. 그리고 차마 머리 밖, 마음 안으로부터 나오지 않는 생각들을 붙잡고 있었다. 그러한 결과가 마침내 책으로 튀어나와 버렸다. 워낙 이 글은 박사학위논문으로 쓴 것을 손 본 것이다.

책을 막상 세상 앞에 덜커덕 꺼내 놓으려니, 마음이 어수선하다. 다른 이들이 오랜 시간 뜸만 들이다가 마무리한 학위논문을 놓고 내 기분과 상태에 대해 그 변화를 물었었다. 그러나 이상하게도 나에게는 아무런 동요도 없었다. 그저 작은 짐 하나가 어깨에서 빠져나간 느낌, 그리하여 조금은 몸이 가벼워진 기분정도였다. 소심하게 짐을 내려놓긴 했지만, 세상에는 할 일이 참 많다는 것, 그리고 나에게도 또 다른 길이 열려 그 일들을 해야하나보다 정도였다. 그런데 막상 책으로 만들어놓고 보니, “아, 그 참. 살다보니 나에게 별일이 다 생기는구나.” 하는 마음은 든다.

4.

나는 이화여자대학교에서 학부과정을 소흥렬 교수님, 신옥희 교수님, 정대현 교수님, 남경희 교수님 등 여러 큰 선생님들께 배웠고, 한국외국어대학교에서 강성위 교수님, 이기상 교수님, 박정근 교수님, 박희영 교수님, 임일환 교수님들께 석사학위과정부터 배움을 익혔다.

선생님들께 감사드린다.

언제나 삶의 길에 등불을 놓아주시는 지도교수이신 이기상 선생님. 정말 고맙습니다. 선생님께서 오래 기다려주시고 지켜주지 않으셨다면 이런 괴이한 일은 없었을 것입니다. 부디 힘든 병환을 딛고 오래오래 선생님의 길을 살펴주세요. 마음 깊은 존경을 선생님께 올려드려 봅니다. 학위논문 심사에서 마치 나이 든 딸을 시집보내시는 마음으로 보살펴 주신 박정근 선생님. 늘 선생님의 넓으신 마음과 학문의 도량 안에서 버릇을 살피지 않고 노닐게 해주셔서 고맙습니다. 언제나 흔들리지 않는 삶의 길에 머무시면서 글의 형식과 틀을 단호하게 잡아주시고 이끌어주신 임일환 선생님, 정말 고맙습니다.

또 논문 작성 과정에서 눈물 날 정도로 꼼꼼하고 섬세하며 다정하게 지적을 해주신 경원대 역사철학부 전동진 선생님. 죽을 때까지 감사합니다. 선생님의 매웁고 자상하신 살피심이 없었다면, 저는 여태 함정에 빠져 허우적대고 있을 겁니다. 언제나 골똘한 눈으로 오랜 시간 지켜봐주시면서 학문이라는 길에 즐거이 발을 올려놓을 수 있게 해주신 가톨릭대학교 철학과 신승환 선생님. 열세 해 동안 선생님을 알고 지내는 동안 무언가 모를 즐거움을 배웠습니다.

한국외국어대학교에서 학생들을 가르치고 계신 구연상 선생님께도 고맙습니다. 십 수 년 동안 조근조근 말을 걸어주시고 무엇보다 학문이 어떠해야 하는 것인가 하는 것을 학자로서의 자세를 통해 가르쳐주심에 감사드립니다. 그리고 이 부족한 글을 한국외국어대학교 출판부에 소개해주신 이강희 선생님. 선생님의 관심이 없었다면 이 책은 세상에 나오지 못했을 것입니다. 무엇보다도 이 출판은 한국외국어대학교 출판부의 탁경구 선생님께서 너그러이 마음 써주시지 않았다면 가능하지 않았습니다. 탁경구 선생님과 한국외국어대학교 출판부에 진정 고마운 마음을 올립니다.

가족들께 인사를 올린다. 모진 세월을 견딤으로 살고 계신 내 어머니. 어머니로서의 참됨을 일깨워 주시는 어머니. 참 오래 기다리시게 해서 죄송합니다. 평생 내 삶의 큰 횃불이신 다른 이들에게는 백기완 선생이라 불리는 내 외삼촌. 삼촌이 흘리셨던 눈물의 의미를 잘 새기며 살겠습니다. 그리고 동생 정훈, 넌 참 진정성을 가지고 있는 놈이지..

이 책이 그분들에게 보답이 되리라는 생각은 감히 하지 않는다. 그럼에도 마음 한 구석을 조금만이라도 채워드릴 수 있었으면 하는 바람을 가져 본다.

말이라는 것은 하다보면 많아지고 글이란 것은 쓰다보면 늘어지게 마련이다. 그러나 말은 소박할수록, 그리고 글은 수줍어할수록, 행위는 자분하고 조근스러울수록에 그만한 품위가 있을 것이라는 나름 생뚱맞은 생각도 해본다.

죽지 않고 살다보면, 별 일도 다 있다...

2009. 늦봄에서 이른 여름 사이에..

이 은 주

차례

시작하기 : 길 위에 들어서며

우리는 우리가 살고 있는 시대를 현대라고 말한다. 그리고 현대를 살아가는 우리들이 늘 열중하고 있는 말뜸(화두[話頭])은 편안하고 안락하며 건강한 삶에 관한 것이다. 흔히 건강한 삶을 얻기 위해 우리는 환경을 살피고 운동을 하며 몸에 좋다는 먹거리를 찾아 이리저리 바쁘다. 매일매일 언론 매체에서는 공기 맑고 물 맑은 장소를 물색하여 사람들에게 알리기를 앞다투고 있다. 그리고 이런저런 건강과 관련된 기사가 하루도 빠지지 않고 보도된다. 건강에 관심을 가지지 않으면, 우리는 남들로부터 그리고 세계로부터 소외된다. 현대를 사는 우리는 누구라도 건강한 삶에 관심을 가지고 있어야 한다. 그것이 세계 속에 살아가고 있는 일상적 인간들의 희망이고 소망이다.

그런데 적당한 운동을 하고 좋은 먹거리를 찾아 먹으며 맑은 공기를 쐰다 하여도, 우리가 죽는다는 사실은 엄연하게 우리 앞에 놓여 있다. 운동과 먹거리 그리고 맑은 공기는 모든 인간생명체들이 생명을 잘 유지하기 위해 도움을 받는 것이다. 그러나 굳이 그러한 것들이 꼭 있어야만 인간생명이 유지되는 것은 아니다. 우리는 아주 척박한 조건 속에서도 생명을 유지하고 있는 인간들을 발견할 수 있다. 그들은 좋은 상황에 비해 상대적으로 안 좋은 상황 속에서도 굳건하게 그들의 생명을 지탱하면서 삶을 살아가고 있다. 그렇다면 적당한 운동과 좋은 먹거리와 맑은 공기가 인간 생명에 있어서 반드시 필요한 절대적인 요소가 되는 것은 아니다. 그것들은 상대적으로 더 안락한 삶과 그 삶 속에서 보다 더 기분 좋게 살아가기 위한 방편뿐일 수도 있다. 그렇다면 인간의 살고 죽음이란 대체 어떤 의미를 갖는 것인가. 그리고 그 의미는 대체 무엇 때문에 나에게 물음을 일으키는가.

인간이 생명을 유지하고, 인간이 죽음을 맞이한다는 것은 다른 생명체가 그러하다는 것과 다른 의미를 갖는다. 생명체들은 상대적으로 척박한 상황에서도 그들의 생명을 보존하려는 자연적인 성향을 가진다. 그것들은 생명을 유지하기 위한 최소한의 여건을 필요로 한다. 그것들은 그 최소한의 조건이 마련된다면 생명을 보존하고 유지할 수 있다. 그러나 인간은 다만 생명을 보존하고 유지하는 것에 그치는 것이 아니라, 어떤 다른 뜻 새김 안에서 살아간다. 그것은 인간이 스스로 설정하는 것이다. 이말은 인간이 살고 죽음이 당사자로서의 그 자신에게 달려 있다는 것이다.

인간은 자신이 세운 뜻 안에서 살고자 한다. 그리고 그 삶이 다함, 곧 죽음 또한 자신이 떠맡아야 할 사건이라는 것을 깨달으며 산다. 그렇다면 인간이 스스로 뜻을 세움 안에서 생명 그 자체와 생명을 유지함, 그리고 인간 생명이 다함으로서의 죽음은 어떤 지평 안에서 살펴질 수 있을 것인가. 그리고 저 지평 안에서는 무엇이 주제적으로 숙고되어야 하는가. 우리는 어디로부터 그리고 무엇을 기반으로 하여 그에 관한 의미를 찾아낼 수 있을 것인가. 이 글은 이러한 물음들을 나름의 지평 안에서 해소해보고자 하는 작은 노력이 될 것이다.

이글은 인간 생명이 갖는 독특한 성격을 분석하는 것으로부터 시작하게 될 것이며, 궁극적으로 인간의 죽음으로부터 새길 수 있는 의미를 드러내는 작업이 될 것이다. 여기에 앞서 밝혀져 있어야 하는 것은 인간이라는 존재자가 다른 존재자와는 다른 존재 방식, 즉 실존이라는 존재 방식으로 살고 있다는 점이다. 이는 인간 존재자가 존재론적이고 초월론적인 지평 안에서 이해되어야 한다는 것이다. 모든 존재자는 낱낱의 어떤 것으로 존재한다. 그러나 하이데거가 인간 존재자를 현존재라 부름할 때, 거기에는 그저 있는 것으로서의 개체들이 주어져 있음으로 존재하고 있다는 의미를 넘어서는 또 다른 뜻이 부여되고 있다. 나는 하이데거의 이러한 논의에 충분히 공감한다. 따라서 이 글은 독일의 철학자 하이데거의 사유에 드러난 인간 현존재에 대한 실존론적 분석으로부터 존재론적 · 초월론적인 이해 안에서 인간 현존재의 존재와 죽음에 관한 물음을 숙고해보기 위한 것이다. 그러기 위해서 한편으로는 인간 현존재가 살아가고 있는 세계와 일상의 문제를 살펴볼 수 있어야 한다. 왜냐하면 인간 현존재의 존재를 실존론적이고 존재론적이며 초월론적으로 이해하기 위해서는 그가 발을 붙이고 살아가는 세계의 현실을 함께 보듬어야 하기 때문이다.

살아 있는 이들은 삶의 길 위에 있다. 우리는 그렇게 삶이라는 길 위에서 저마다의 길을 열어내고 있다. 그 길 위에서 우리는 늘 어떤 것들에 매달려 그것에 집착한다. 그리고 우리는 살아서 길을 내는 그곳에서 늘, 언제나 타인과 자기 자신 사이에 거리를 두려 한다. 우리들이 살아가는 일상은 늘 그런 식이다. 그런데 우리가 매달리고 있는 그 집착과 혹은 거리 둠은 고작 1,000미터쯤 위에서 보거나 1,000미터쯤 앞에서 본다면 아무 것도 아니다. 그러나 우리가 세계 속에서 살아가고 있으며 그렇게 살아갈 수밖에 없다면, 거기에는 다른 존재하는 것들과 어떤 식으로건 맺어지고 있는 관계라는 것이 있다. 그렇다면 관계 속에서 우리들이 맺음하는 그 어떤 방식은 어떻게 구성되는가.

우리가 각자가 가야할 삶의 길을 열어낸다는 것은, 내가 우선 세계 속에서 한 어머니의 딸이라는 식으로 누구의 ~으로서, 혹은 철학과에서 강의하는 이은주라는 어떤 ~로서와 연관되어 있다. 세계가 관계를 열어내는 것이든, 관계가 하나의 세계를 비로소 열어 밝혀내는 것이든, 우리는 관계를 떠나서는 존재하지 않는다. 우리가 그 관계 속에서 무언가를 갈구하고 무언가에 집착하며 무언가와 늘 키 재기를 할 수 있다는 것은 그 자체로 우리가 세계 속에 있기 때문이다. 그것은 우리가 일상적인 존재라는 말이다.

우리는 우선 그리고 대개 타인들이 이해하고 해석해 놓은 일상의 맥락 안에서 살아간다. 우리는 일상 안에서 언제나 목표를 설정해야 하고 이루고자 하는 것들을 가져야만 한다는 것을 배우며 산다. 그리고 그 목표나 성취하려 하는 것들은 우선 그리고 대개 스스로의 몫이 아니다. 그것들은 세계 속에 있음(In-der Welt-sein)이 구성되고 있는 일상에서 이미 배려되고 선택된 것이다. 무엇을 무엇으로 손에 얻음이라는 것은 그것을 우리가 원한다는 의지가 밖으로 드러나게 된 결과이다. 왜냐하면 어떤 것을 얻고자 원하지 않는다면, 사실 우리는 그 어떤 것도 손에 넣을 수 없기 때문이다.

우리는 이러한 의지가 드러남을 주체적이고 능동적으로 실행할 수 있다고 단정한다. 우리는 우리가 원하는 것들을 향해 그것을 손에 얻고자 살아나간다. 그러나 삶은 우리가 원하는 바대로 이루어지는 것이 아니며, 따라서 우리들이 삶 속에서 원하는 것은 우리가 원하는 바에 걸맞게 실현되지 않을 수도 있다.

하여간 우리는 일상 속에서 그 일상이 해석하고 있는 삶의 맥락 안에 충실히 존재하면서도 각자가 그 자기 자신이 무언가를 원하고 있는 것으로 존재한다. 우리는 대개 다른 이들(그들, das Man)과 뒤섞여서 그 자신이 원함이 다른 이들이 원함과 어떻게 다를 수 있는가를 제대로 묻지 않는다. 우리는 다른 이들과 서로 다른 원함을 갖는다는 것에 대해서도 원함이 인간마다 어떻게 다르며 왜 다른가를 물음조차 하지 않는다. 하물며 우리는 자기 자신 존재의 고유성에 관해서 아예 묻지 않는다. 일상 세계 속에서 우리는 그러한 물음을 묻는 까닭을 아예 무시해 버린다.

이처럼 일상 안에서 우리는 언제나 삶 속에서 집착하는 것들을 우리 자신의 주변으로 모아들이려 하며, 모아들여진 것들에 눈을 팔고 산다. 우리는 살아 있는 한, 언제나 집착할 거리에 매여 있다. 우리는 어떤 것들을 붙잡으려 마음만 먹는다면, 우리는 언제이건 그것들을 붙잡아 자기의 것으로 만들 수 있다고 여긴다. 우리들은 그런 식으로 스스로를 삶의 주인이며 중심, 즉 주체라고 여긴다. 스스로 주인됨을, 중심이고 주체됨을 성취하고자 하기 때문에 우리는 인간 현존재의 가능성 전체를 현재로 만들어버리며 그에 만족하는 삶을 꿈꾼다. 일상 세계 속에서 우리들은 무엇들을 원함으로써 취할 수 있음을 하나의 가능성이라고 알고 있다. 그리고 그 취할 수 있음이 달성되면, 우리는 어떤 가능성을 이루었다고 말한다. 따라서 이제 가능성은 그때마다 성취할 수 있음이 되어버린다.

그러나 우리가 어떤 것을 취할 수 있고 어떤 곳에 다다를 수 있다는 것으로 우리들에게 열려져 있는 가능성이 모두 이야기될 수 있는 것은 아니다. 우리에게 열려져 있는 가능성은 그것이 실현되는 순간, 더 이상 가능성이 아니라, 현실성이다. 그렇다면 우리들은 언제나 현실성 안에서만 존재하는 것이 된다. 그러나 인간 현존재는 언제나 그의 가능성 안에서 비로소 그다움으로 살아감이 열리는 것이다. 인간 현존재의 가능성은 마주대함으로써 현실화시킬 수도 없고 드러나 밝혀질 수 없다. 다만 그것은 앞질러 가보는 방식인 결단을 통하여 우리에게 현재화한다.

우리는 언제나 우리가 삶의 가운데 있다고 여기므로 삶이 끝나는 저 끝, 즉 죽음으로 시선을 돌리지 않는다. 우리들에게 죽음은 그때마다 언제나 우리의 눈이 팔리지 않는, 아니 눈을 팔 수 없는, 저 멀고 먼 가장자리에 놓여 있다. 그리고 우리가 문제 삼고 있는 것들은 모두 삶 속에, 내 가까이에 놓여 있다. 우리가 삶의 한 가운데에서 무엇인가에 눈을 팔고 있다는 것은 그 무엇이 바로 우리들이 존재할 수 있는 이유가 되기도 한다는 뜻이다. 우리들은 그것들에 가까이 가기를 원하고, 그것들은 우리가 원할 수 있는 대상이 된다.

그리하여 우리는 일상 속에서 그 길을 냄의 끝, 즉 죽음을 맞이하는 것이 누구의 ~으로서가 아닌 바로 나 자신 스스로임을, 그 길을 내어 내는 것 또한 온전하게 나의 몫임을, 그리하여 세계의 열어 밝혀져 있음에 처해있으면서 길을 내어 밝히는 결단 또한 오롯이 내 몫임을 망각한다. 자신의 존재 자체를 망각하고 있음에도 불구하고 우리는 살아 있는 동안 삶의 주인은 바로 자기 자신이라고 외친다. 우리가 자기 것으로 삼고 있는 것은 다만 삶과 그 삶이 어디인가로 나가고 있음이다. 우리가 주인 노릇을 하는 것은 삶 속에서이다. 우리는 우선 대개는 삶이 끝나는 죽음에 대해서 아직 자기 것이 아님으로써 그것을 스스로에게서 떼어놓고 떠밀어 버린다. 우리는 죽음이 나 자신과 상관없는, 늘 남들에게나 일어나는 일이라고 생각한다.

그렇다면 우리는 스스로를 하나의 주체로서 확정하여, 자기의 존재 끝까지 세워놓을 수 있다고 말할 수 있는 것인가. 삶의 길을 나감에서 스스로 집착하고 있었던 그 자신의 주체는 죽음 앞에서 아무 쓸모없이 내팽겨진다. 그렇다면 주체라는 것은 인간의 의지로 마음대로 가졌다 버렸다할 수 있는 어떤 무엇인가? 만일 우리가 주체로서 존재하는 것이 아니라면, 우리는 우리 스스로를 어디로부터 찾아야 하는가. 그렇다면 세계가 앞서 열어 밝혀져 있음이란 무엇이며, 인간 현존재의 결단은 무엇인가. 결단은 인간이 주체라는 것을 강조하기 위한 하나의 성격인가? 이 모든 물음은 대체 무엇에 근거하여 일어날 수 있는가.

우리는 어떻게 삶이라는 투명하지 않은 길에 첫 발을 뗄 수 있으며 그 길을 내어 갈 수 있을까. 그리고 그 길을 냄이 나에게 어떻게 이해될 수 있을까. 내가 길을 내어 밝힘이 그 길 자체와 그 길이 놓여 있는 세계를 과연 어떤 방식으로 열어 밝힐 수 있을까. 그 길을 냄이 끝장나 버리는 길의 끝, 즉 죽음은 우리에게 그리고 나에게, 나와 관련된 이들에게 어떠한 의미를 가지고 있을까. 죽음은 과연 한 인간의 끝장에 불과한가. 만일 단순히 끝장남이 아니라면, 죽음에 이르러 우리들의 존재 전체가 열어 밝혀짐과 그 열어 밝힘이란 대관절 무엇인가. 이런 물음으로 나는 글을 시작해본다.

이 글에서 주시하고자 하는 문제는 우리가 죽을 수밖에 없다는 바로 그 사실에 놓여 있다. 이 말은 우리가 죽을 수 있음을 뜻하는 것이다. 죽을 수 있음은 우리들에게 열려져 있는 가능성의 절정이며, 전체를 구성한다. 우리들은 죽음 앞에 이르러서야 자기 자신에게 열려져 있는 가능성 전체를 대면하게 된다. 물론 어느 사람들에게 그 가능성은 가다가 말아버린 가능성일 수도 있고, 아직 그에게 남아있을 수 있는 무엇일 수도 있다. 그러나 죽음은 한 사람에게 그 삶의 가능성이 거기까지 열려져 있는, 그리하여 완성되지 않은 채로 남겨져 있는 극단적인 존재가능 전체로서 있다.

가능성의 극단적인 몰수와 단절로서의 죽음에서 분명한 것은, 죽음은 삶이 있기에 가능하다는 것이다. 마찬가지로 삶은 죽을 수 있기에 열어 밝혀진다. 그렇지만 단순하게 삶과 죽음이 연관되어 있다고 말할 수는 없다. 삶과 죽음은 그 차원이 전혀 다르기 때문이다. 그럼에도 만일 일상적이고 현실적인 삶과 존재가능 전체로서의 죽음이 연관되어 있다면, 우리는 그 연관에 관해 물어야 한다. 다시 말해서 현실 속에서는 결코 조우할 수 없는 현실성으로서의 삶과 가능성으로서의 죽음이 어떻게 관련되어 있는가 하는 것이 우리들이 물어나가야 할 길에서의 첫 발 땜이다.

이 글은 인간의 삶이 무엇이고 죽음은 무엇인가 하는 물음에 관련된 연구이다. 여기에서 문제는 나는 아직 삶을 온전하게 이해하고 있지 못하고 그럴 수 있지도 않다는 것이다. 하물며 죽음은 채 겪어 볼 수조차 없는 막연함으로 가득하다. 죽음을 겪음은 누구에게나 철저하게 단 한 번뿐이고, 그 누구도 죽음을 겪어본 후에 다시 삶으로 돌아올 수 없다. 체험은 삶에서 얻을 수 있는 바로 그것이기 때문이다. 물론 우리가 죽음을 체험할 수 없기 때문에 죽음에 관하여 논의하거나 연구하기가 쉽지 않은 것만은 아닐 것이다. 하여간 나에게 죽음에 관한 모든 것은 그야말로 뿌옇다. 그렇다고 삶이 모두 투명하게 드러나거나 밝혀질 수 있는 것도 아니다. 따라서 이 글에서 우선 다루어보려 하는 것은 시간과, 시간이 우리들과 맺고 있는 연관 속에서 우리들이 머물 수 있는 '거기(Da)' 에 관하여 이다. 그리고 그 거기가 우리에게 어떻게 열어 밝혀질 수 있는가라는 물음의 고리들을 풀어감으로써, 인간에게 삶과 죽음은 어떤 의미를 갖는가 하는 물음에 관하여 돌이켜 생각해보는 것이다.

어차피 인간은 죽을 수밖에 없는 존재이다. 우리들은 태어나면서부터 이미 죽음에 가까이 가 있다. 인간들은 모두 죽는다. 한 시대를 풍미했던 천재들도 죽었으며, 지금을 살고 있는 어떤 인간도 모두 죽는다. 인간이 죽는 방식의 차이가 있을 뿐, 그들이 모두 죽는다는 점에서 인간들은 삶의 마지막 참에 비로소 공평함을 만난다. 그 공평함이란 누구나라는 점에서이다. 죽음은 누구나 피할 수 없는 운명이다.

인간들이 죽음을 맞는 것은 그가 태어났기 때문이다. 태어난다는 것, 그리고 죽음을 맞는다는 것 사이에는 삶이 열려 있다. 그러나 그 삶을 사는 동안에 그가 어떤 삶을 꿈꾸고 있으며, 어떤 삶에 집착하고 어떤 삶에 미련을 남기고 있는가 하는 것은 낱낱이 드러나지 않는다. 우리는 다만 그가 살아있는 동안 그의 모습이 드러남에 눈을 기울이며, 드러난 것 안에서 그것들에 관해 훔쳐 볼 수 있을 뿐이다. 거기에는 쉽게 이야기될 수 없는 이러저러한 사연이 있고, 무엇보다 가벼이 말거리 삼을 수 없는 신비가 잠식된 채로 남아있다.

다시 말해서 삶에는 환히 드러나지는 면이 있는가 하면, 비밀스레 감추어진 면도 있다. 우리들은 다른 이들에게 가끔 데면데면 겉모양은 드러내지만, 깊은 속내는 겉으로 열어주지 않는다. 스스로가 감추고 있는 것이든, 어쩌다가 감추어진 것이든 모든 이들에게는 드러남과 감춤이 공존한다. 이제 어느 한 사람이 죽었다. 그렇다면 그가 과연 어떤 식으로 밝혀진 삶과 어떤 비밀스러움 안에서 그 죽음에 다다르게 된 것인지 이해하는 것은 쉬운 일이 아니다. 하물며 보이지도 않고 드러나지도 않았던 것에 관해 우리들은 막연하게 상상이나마 할 수 있을 뿐이다. 따라서 한 인간의 삶과 죽음에 숨겨진 것들을 잡아내려 하는 것은 무모한 수작일지도 모른다.

그렇다면 죽음에 관해 사색하고 고요히 성찰해본다는 것은 어떻게 가능할 것인가. 그것이 대체 가당키나 한 것인가. 할 수 있다면, 그것은 가치적 차원에서 가늠할 수 있는 것일까. 아니면 인식이라는 작용을 통해 얻을 수 있는 것일까. 죽음은 그 자체를 드러내지 않는다. 그것은 아주 은밀하고 그 시기를 미리 앞서 알 수도 없으며, 따라서 철저히 침묵 그 자체이다. 죽음은 우리에게 어떤 답도 내어놓지 않는다. 그럼에도 인간은 죽을 수 있으므로 인간이다. 인간이 죽는다는 것은 자명한 명제이다. 그런데 죽음 자체는 처음부터 모조리 오리무중이다. 그럼에도 인간은 죽음현상에 의해서만 그 본래적인 자리를 말할 수 있다.

> 죽음은 현존재 자신이 각기 그때마다 떠맡아야 할 존재가능성이다. 죽음과 더불어 현존재 자신이 그의 가장 고유한 존재가능에서 자기 앞에 닥쳐 [서] 있는 것이다. …… 현존재는 존재가능으로서 죽음의 가능성을 건너뛸 수 없다. 죽음은 현존재의 단적인 불가능성의 가능성이다.[1]

1 M. Heidegger, *Sein und Zeit*, GA2, Vittorio Klostermann. Frankfurt am Main, 1972, 250/1쪽.(앞으로는 *SuZ*로 줄임.); M. 하이데거,『존재와 시간』, 이기상 옮김, 까치사, 1998, 335~336쪽.(앞으로는『존재와 시간』으로 줄임.)

따라서 이에 관한 논의는 존재사건(Ereignis)[2]으로서 죽음을 이해함으로 이루어져야 한다. 그리고 존재사건이 모든 구성요소를 서로에게 속하게 함으로써 하나로 묶으면서(binden) 동시에 모든 구성요소가 스스로를 각자의 고유성으로 해방시켜주는(freigeben) 역동적인 관계를 의미한다[3]면, 죽음에 관한 성찰도 존재사건에 연관하여 논의되어야 할 것이다. 죽음은 보편적인 규정과 설명만으로 해명될 수 없다. 그것은 개인들에게 일어나는 사건이므로 아주 고유하며, 동시에 모든 인간들을 구속한다는 점에서 보편성을 갖는다.

하여간 죽음의 보편성은 "모든 인간은 죽는다."라는 사실이 드러나는 현상으로서의 그것일 것이며, 죽음의 고유성은 죽을 수 있는 자로서의 한 인간이 그의 삶을 어떻게 열어 밝혀 나가고 그 삶의 끝에 어떻게 죽음을 맞이하는가에 관한 것이라는 말이다. 그렇다면 인간의 죽음에 관한 연구에 앞서 놓여 있는 과제는 인간의 삶에 관한 것이다. 앞서도 말했듯이 고유한 각자로서 인간은 그 자신 스스로를 언제나 환히 내보이며 살지 않는다. 거기에는 늘 감춤과 은닉의 상황이 있다. 삶과 죽음은 누구에게나 각자의 것으로 있다. 인간의 삶과 죽음은 다른 이들로 하여금 대신하게 할 수 없는 철저히 개체적인 상황이다.

죽음이 보편성을 갖는다는 말이 죽음의 현상에서는 모든 것이 다 드

---

2 존재사건(Ereignis)은 하이데거가 그가 차용하는 존재개념이 전통적인 형이상학적 방식으로 이해되는 존재개념과 구별됨을 강조함으로써 등장한 말이다. 이는 그의 존재개념이 끊임없는 은닉 속에서 비은폐적으로 일어나는, 즉 존재진리의 사건 안에서 이해되어야 한다는 것이다. 참조: 이기상, 『하이데거의 존재사건학』, 서광사, 2003, 164~173쪽.
전동진 교수는 이를 "사건"이라 번역하고 있으며, "사건"은 모든 구성요소를 서로에게 속하게 하면서 동시에 각자를 "각자의 고유성에로 가져다주는" 것으로 뜻 새긴다. 참조: 전동진,「창조적 질서와 초연한 인간」,『후기 하이데거와 자유현상학』, 한국해석학회, 지평문화사, 1997, 157쪽.

3 전동진,「생동적 질서」,『하이데거 연구 제10집』, 한국하이데거학회, 세림 M&B, 2004, 110/1쪽.

러나고 밝혀진다는 것을 말하는 것은 아니다. 현상이라는 말에는 벌어지고 있는 모든 것들이 적나라하게 밝혀지고 있는 것이 전부가 아니라, 오히려 인간들이 그 밝혀짐을 어떻게 맞아들일 수 있느냐의 물음이 남아있다. 즉 삶과 죽음의 현상에는 늘 그런저런 사정[事情]들이 있으며, 그 사정들을 인간이 그가 처한 역사 · 사회적 상황 안에서 어떻게 해석하는가의 문제가 있다는 것이다.

우리는 존재로부터 하나의 존재자로 세계 속에 내던져지며, 내던져진 곳에 처해있으면서 살다가 죽음에 다가가 존재자로서의 삶을 다한다. 우리의 삶과 죽음이 속해 있는 곳은 존재이며, 존재는 스스로를 숨기면서, 존재자를 통해서만 드러난다. 이 말은 존재와 존재자가 서로 속함, 곧 공속적이라는 것이다. 그렇다면 존재사건이란 존재가 스스로를 숨기는 은닉으로부터 존재자를 존재하게 함과, 존재자를 통해서 존재가 스스로를 비은폐시킴으로서 드러냄의 사건을 말한다. 그렇다면 우리는 삶과 죽음을 어떤 방법 안에서 살피고 어떤 토대 위에서 성찰해야 할 것인가. 삶과 죽음에 대한 사색에 앞서 요청되는 것은 무엇인가. 그리고 그렇다면 대체 삶 그리고 죽음은 무엇인가. 나는 이 물음들에 관해 실존론적이고 존재론적이며 초월론적 지평 안에서 살필 것임을 앞서 밝혀 보았다.

나는 이 글의 일부에서 죽음의 몇 가지 양태들에 대해서 간략하게 살펴볼 것이다. 그러나 모든 죽음의 현상을 규명하는 것은 이 글에서 하려고 하는 작업이 아니다. 다만 앞서도 말했지만 무엇인가가 물어질 때, 그 모든 물음은 오히려 그것이 어디에서부터, 왜 문제가 되는가 하는 것을 찾기 위한 것임을 새겨볼 뿐이다.

이 글은 크게는 두 개의 장으로 구성될 것이다.

◈ 제1장 : 인간 현존재에 대한 탐구. 제1장에 따르는 세부적인 각 절들은 다음과 같다.

- 제1절 인간이란 무엇인가 하는 물음에 대해 답해본다.
- 제2절 인간에게 삶과 죽음이 결코 단절될 수 없는 연관 안에 있다면, 삶은 대관절 무엇이며, 어떻게 이해될 수 있는가. 이를 염려의 구성틀을 통해서 이해해 본다.
- 제3절 이에 관해 인간의 삶은 염려라는 근본구성틀로 이루어지고, 그 염려는 시간성을 통해서 드러난다고 하는 말의 의미를 하이데거 철학을 통해서 탐구해 본다.

◈ 제2장 : 인간 현존재와 죽음 그리고 시간성. 제2장은 죽음에 대하여 본격적으로 살펴본다. 그리고 주제가 되고 있는 죽음의 문제를 시간성의 의미 안에서 이해해본다.

- 제1절 인간에게 인간의 죽음이 갖는 독특한 의미는 무엇인가? 이에 관련하여 우리가 만날 수 있는 죽음의 몇 가지 양태에 관해 살펴본다.
- 제2절 인간은 처해있음으로 존재한다는 것으로부터, 죽음의 문제를 처해있음의 근본기분 속에서 잡아본다.
- 제3절 인간 현존재의 고유한 본질인 뜻 새기는 사유로서 기다림을 내맡김(초연함, Gelassenheit)과 연관지어보고 이를 통하여 인간의 결단하는 삶, 그리고 죽음의 문제를 사유해 본다.
- 그리하여 인간에게 죽음이 무엇이며, 왜 죽음이 인간에게 문제가 되는가를 죽음이 갖는 의미 전반 속에서 성찰해 볼 것이다.

제1장

인간 현존재에 대한 탐구

우리는 인간의 존재를 묻는 물음에 관하여 그것을 자기 스스로에 관한 것으로
시작하지 않을뿐더러, 인간 자체를 살피는 것에서부터 대답하지 않는다.
그동안 우리는 이미 남들이 그럭저럭 꾸려놓은 결론들을
넙죽 얻어 와서 내 것인 양 읊조리고 있었던 것이다.
남들의 그것들은 인간을 이성적 동물 혹은 존재라고 규정하는 방식 안에 있다.
그러나 인간을 어떻게 통째로 규정지을 수 있으며, 보편적인 이성으로서
정의해버릴 수 있는가. 이 장은 이에 관한 물음으로부터 시작한다.

우리는 인간으로 태어났고, 태어났으므로 인간으로서 살아간다. 즉 우리는 하나의 인간으로서 존재한다. 그리고 우리는 우리가 인간으로서 존재함을 자명하게 알고 있다. 그렇다면 앎과 존재의 연관은 무엇인가. 우리는 알지 못하면 존재하지 않는 것일까. 분명한 것은 우리가 존재하지 않는다면, 안다는 것 자체가 애초부터 있지 않다는 것이다. 우리는 존재하고 있으며, 그렇다면 우리가 안다는 것은 바로 존재를 아는 것이다. 즉 앎이 향하고 있는 것은 바로 우리가 존재하고 있음에 연관된 사실들이다.

존재함에는 여러 연관되는 것들이 있다. 따라서 안다는 것은 존재함에 관련되는 존재 연관 전체에 관한 것이다. 앎과 존재는 어찌되었건 연관되어 있다. 앎에는 이미 알고 있는 바가 있고, 앞서 알아야 할 앎이 있으며, 순간 깨닫게 되는 앎도 있다. 우리가 무언가를 안다는 것은 시간성의 구조 안에서 이해되어야 한다. 나는 이글의 제2장에서 시간성에 관하여 논의할 것이다.

내가 인간으로 존재한다는 것은 희뿌연 연기와 같은 식으로 있는 것이 아니라는 것이다. 인간으로서 나는 또렷한 형체, 즉 몸을 가지고 있다. 내 안에서는 뜨거운 피가 온 몸을 돌고 있고 나는 이백 개가 넘는 뼈들로 이루어져 있으며, 피가 돌고 있는 온갖 장기들이 있다. 물론 나는 그것들 없이는 존재하지 않는다. 그렇다면 나는 몸을 이루고 있는 여러 요소들로만 존재하는 것일까. 나는 그저 피와 뼈들 그리고 장기들이 모여 활동하는 유기체로서 숨을 쉬는 생명체에 불과하다는 말인가. 나는 내게 갖추어진 여러 요소들의 생명활동으로만 얘기될 수 있는 어떤 것에 불과한 것인가. 나는 그러한 것들을 모아놓음으로써 나 자신이 존재함을 안다고 말하고 있는가.

그런데 우리는 자신이 한 사람의 인간이며 자신이 존재하고 있다는 것을 안다고 말한다. 우리가 한 인간으로서 존재함에 관한 앎은 1+1이 2가 된다는 것을 안다는 것과는 다른 의미이다. 우리가 우리들이 존재를 앎은 다시 말하면 그 존재 전체에 관해 묻고 있는 물음에 다름 아니다. 그리고 그 존재 전체를 묻고자 함은 인간 현존재가 각기 그때마다 그 때문에 실존하고 있는 그 고유한 존재가능을 열어 밝혀주는 이해와 닿아 있다.

이해는 각각의 고유한 존재가능을 열어 밝혀주어서, 현존재가 이해하면서 각기 그때마다 그 자신에게 무엇이 문제인지를 어떻게든 알고 있게 한다. 그리고 이러한 앎은 문제되는 어떤 사실을 찾아내어 무엇을 무엇으로서 규정하는 그런 발견했음이 아니고, 하나의 실존적인 가능성 안에 머무름이다.

> 근원적으로 실존론적으로 파악하면, 이해는 현존재가 각기 그때마다 그 때문에 실존하고 있는 그 존재가능에로 기획투사하면서 존재함을 말한다. 이해는 고유한 존재가능을 열어 밝혀주어서, 현존재가 이해하면서 각기 그때마다 그 자신에게 무엇이 문제인지를 어떻게든 알고 있게 한다. 그러나 이러한 '앎'은 어떤 사실을 발견했음이 아니라 어떤 실존적인 가능성 안에 머무름이다. …… 실존은 의심의 여지가 있을 수 없다. '의문이 되는 것'이 가능하기 위해서는 열어 밝혀져 있음이 필요하다.[4]

그렇다면 우리가 실존적인 가능성 안에 머무름은 무엇을 의미하는가. 우리는 실존적 가능성을 통해서만 존재하는가. 그렇다면 실존은 무엇이고 가능성은 무엇인가. 우리들의 존재 자체는 대체 어디로부터 어떻게 드러나는가.

---

4 *SuZ*, 336쪽.;『존재와 시간』, 444/5쪽.

산다는 것
죽는다는 것 01

인간이란 무엇인가?

인간은 무엇으로 규정될 수도 파악될 수도 없는 존재자이다.
인간의 있음(존재)는 그야말로 그 자신의 가능성 속에서 존재 전체의 의미를 문제 삼으며 있다는 의미 안에서 이해되어야 한다.
그 자신의 가능성은 개체적이고 구체적인 한 인간의 몫이다. 가능성은 캐고 들 수 없다.
가능성은 그야말로 하나의 신비로움이다.
그것은 다만 한 인간에게 깃들이고 그 인간이 스스로 살 수 있음의 근거이다.

1. "인간은 존재한다." 혹은 "한 인간으로서 내가 존재한다."는 말의 의미

인간이라는 존재는 무엇인가? 하이데거가 이미 답하고 있는 바, 인간의 있음(존재)은 다른 여타의 존재자들이 세계 내부적으로 존재하는 것과는 다르다. 이를테면 하나의 사물이나 도구들이 있음(존재)과 한 인간이 있음의 의미는 다르다. 사물이나 도구들은 그것 자체(눈앞에 있음)로서 혹은 무엇을 위한 쓰임새 안에서(손안에 있음으로서) 있다. 그러나 인간의 있음은 그 자신의 가능성 속에서 존재 전체의 의미를 문제 삼으며 있음이다.

현존재의 '본질'은 그의 실존에 있다. 따라서 이 존재자에서 끄집어내올 수 있는 성격들은 어떤 이렇게 저렇게 '보이는' 눈앞의 존재자의 눈앞에 있는 '속성들'이 아니고 오히려 그때마다 각기 그에게 가능한 존재함의 방식들이

며 오직 이것일 뿐이다. …… 도구는 본질적으로 '무엇을 하기 위한 어떤 것' 이다.[5]

마찬가지로 인간의 죽음이란 다른 존재하는 것들이 죽음 혹은 소멸함과는 다른 의미를 지닌다. 그것은 인간만이 갖는 존재의 독특함에 근거한다. 그렇다면 인간이 존재함이 어떤 독특함을 갖는 것일까. 이에 관해서는 이미 많은 앞선 연구에서 다루고 있다. 따라서 나는 다음 장에서 그것들을 간략하게 살피는 것에 그칠 것이다. 다만 내가 주목하고 있는 주제는 삶 그리고 죽음임을, 그리고 바로 인간의 삶과 인간의 죽음임을 다시 한 번 되새겨 본다.

우리는 대개 죽음을 생명이 다함 혹은 생명이 끝남 이라고 이해한다. 다함과 끝남은 결국 어느 개체의 생명활동이 마침내 그침이다. 물론 생명현상이 인간에게서만 발원하는 것이 아니다. 따라서 생명이 마침내 그침인 죽음 또한 인간만이 겪을 수 있는 것도 아니다. 그런데 왜 우리는 계속 인간의 죽음을 문제 삼고 있는 것일까.

우리가 인간의 죽음을 문제 삼고 있음을 달리 말해보면, 그것이 인간의 삶과의 연관 속에 있으며, 그 삶은 생명이 유지되는 한에서 이야기될 수 있기 때문만이 아니다. 인간 현존재의 죽음은 다른 존재자의 생명이 다함, 곧 소멸과는 다른 독특함을 지니고 있다. 따라서 인간 생명이 가지고 있는 본래적인 특이함에 관해 잠시 살펴볼 필요가 있을 것이다.

고대 그리스 철학 이래로 생명은 비오스(βιος)와 조에(ζωή)라는 두 개념으로 이루어졌다. 비오스는 에토스와 같은 맥락에서 그 의미가 이해되어, 인간 일반의 삶의 양식을 의미하는 단어로, 즉 주로 인간의 삶과 관계하여 쓰였다. 이에 비하여 조에는 일반적인 의미로 보편적이며

5 *SuZ*, 42 ,69쪽.;『존재와 시간』, 67, 101쪽.

전체적인 생명을 의미함으로써 넓은 의미로 생명 현상 일반을 가리키는 말로 사용되었다고 한다. 그리고 이러한 두 개념이 오늘날 생명과 삶을 동시에 의미하게 된 것은 중세에 이르러 비오스와 조에가 비타(vita)라고 번역되면서부터라는 것이다. 그럼으로써 유기체의 생명과 인간의 역사적이며 문화적인 삶의 차이와 동일함이 은폐되기에 이르렀음이 지적되고 있다.[6]

인간 생명과 생명 일반은 존재론적으로 같은 것인가. 하이데거는 같은 것이 아니라고 분명하게 말한다. 그렇다면 인간 생명과 생명 일반은 존재론적으로 어떻게 구별 가능한 것일까.[7] 애초에 인간과 생명을 가지고 있는 다른 존재자, 즉 동물을 구별했던 방식은 인간에게 있어서 보편적인 것이라고 여겼던 성질에 근거해 있다. 즉 전통적으로 인간을 규정하는 것은 하느님의 모상이나 이성적 동물이라는 본질을 상정함에 있다.

하이데거는 우선 이성적 생명체로 인간을 해석하고 있는 방식에서는, 초온(생명체)의 존재양식이 눈앞에 있음과 앞에 존재함의 의미로 이해되고 있다는 것을 지적하고 있다. 그리고 인간을 하느님의 모상으로서 규정지음은 인간을 창조자에 의한 하나의 창조물로서 다른 창조된 사물들의 눈앞에 있음이라는 의미와 같은 것으로 개념파악하고 있는

6 A. Müller, "Bios(Leben, Lebensform)", *Historisches Wörterbuch der Philosophie*, Joachim Ritter(Hg.), Basel/Stuttgart 1971, Bd.1, 948/9쪽. 신승환,「마르틴 하이데거의 생명 이해와 한스 요나스의 생명철학」,『하이데거 철학과 동양사상』, 한국하이데거학회 편, 철학과 현실사, 2001, 360쪽에서 다시 따옴.

7 생명철학적 입장에서 이에 관한 이해를 모색해보고자 하는 신승환 교수가 쓴 여러 편의 논문들이 나와 있다. 신승환,「'생명해석' 의 철학과 탈형이상학적 사유틀」,『생명과 더불어 철학하기』, 철학과 현실사, 2000.「생명해석학과 철학함」,『하이데거의 자연, 환경, 생명』, 한국하이데거학회, 철학과 현실사, 2000.「마르틴 하이데거의 '생명' 이해와 한스 요나스 '생명철학' 의 존재론적 함의」,『하이데거 철학과 동양사상』, 한국하이데거학회, 철학과 현실사, 2001. 참고.

것이라고 말한다.

> 1. 이성적 동물, 이성적 생명체로 해석되고 있는 초온 로곤 에콘. 그런데 초온(생명체)의 존재 양식이 여기서 눈앞에 있음과 앞에 존재함의 의미로 이해되고 있다. …… 2. 인간의 존재와 본질을 규정하기 위한 다른 실마리는 신학적인 실마리이다. 그리고 하느님은 말씀하셨다. "우리 모습을 닮은 사람을 만들자." 그리스도교적 – 신학적 인간학은 여기에서부터 고대의 정의도 함께 채용하여 우리가 인간이라고 이름하는 그 존재자에 대한 해석을 획득한다.[8]

이는 근대 인간학에서 인간을 사유하는 사물, 의식, 체험의 연관에서 출발하는 논의와 뒤엉키게 된다. 그러나 사유함이 존재론적으로 규정되지 않은 채 남아 있는 한, 또는 묵시적으로 자명하게 인간의 존재가 어떤 물음에도 놓이지 않는 그런 주어진 어떤 것으로 간주된다면, 근대의 인간학적 문제틀은 존재론적 기초에서 전혀 규정되지 않은 채 남아있게 되는 것이다. 이러한 식으로 인간을 파악하는 것은 인간과 동물에 대하여 근원적으로 접근할 수 있는 길을 막아선다. 따라서 하이데거는 이 물음을 위해서 존재론적 해명이 요구된다고 말한다.

우리는 생명의 특성으로, 존재의 양식을 자기 자신 안에 갖는다는 의미에서 자기성(Selbstkeit)을 요구할 수 있다. 하이데거가 생명성의 특징으로 삼고 있는 바, 자기성이란 생명의 존재 양식이 자체 존재 양식에 자리한다는 것이다. 여기에서는 자기 산출(Selbst-erzeugung), 자기 전달(Selbst-leitung) 그리고 자기 개선(Selbt-erneuerung)으로 언급할 수 있으며, 그것은 자기 보존(Selbst-erhaltung)이라는 개념 속에 표현된다.

이 자기라는 말은 숨겨진 힘, 엔텔레키(Entelechie, 목적인자) 또는 자아

8 *SuZ*, 48/9쪽.;『존재와 시간』, 75/6쪽.

성을 의미하는 것이 아니다.[9] 오히려 그것(자기성)은 하나의 생명체가 그 개체의 존재를 유지하려는 존재의 고유함(자기것다움, Eigen-tümlichkeit)이다. 생명을 생명이게 하는 것은 일차적으로 이 고유함과 자기성(Selbstkeit)인 것이다. 고유함은 스스로 자기 것으로 만들 수 있는 자신(Sich-zu-eigen-sein)이라는 것으로 있다. 하이데거는 자기것다움(고유함)이란 그 어떤 별나고 특별한 속성이 아니라, 오히려 존재할 수 있음의 한 양식으로 이해한다.

> …… 해낼 수 있는 능력 그 자체는 자기 것으로 만들 수 있는 자신(sich zu eigen)이 되며 그러한 자신으로 남는다. 그것도 그 어떤 이른바 자기의식이라는 것이 없이, 또는 그 어떤 반성이라는 것도 전혀 없이, 자기 자신에게로 그 어떤 소급연관도 맺음이 없이 그렇다. …… 즉 해낼 수 있는 능력은 본질차원적인 이러한 자신을-자기 것으로-만들 수-있음에 바탕해서 보자면, 자기것-다운(eigen-tümlich)것이라고 말이다. …… 그러나 자기것다운 것이라고 해서 그 모든 것이 다 자기차원적이고 자아차원적인 것은 아니다. …… 자기것-다움(Eigen-tümlichkeit)은 각각의 모든 해낼 수 있는 능력이 띠고 있는 근본성격의 하나이다. …… 자기것다움은 그 어떤 별나고 특별한 속성이 아니라, 오히려 존재할 수 있음의 한 양식, 즉 자신을 자기 것으로-만들 수-있음의 방식으로 존재할 수 있음의 양식이다.[10]

그런데 통상적으로 자기라는 말은 우선 나 자신(ich selbst)이라는 것

9 M. Heidegger, *Grundbegriffe der Metaphysik : Welt-Endlichkeit-Einsamkeit*, GA.29/30, Frankfurt/M, 1983, 339/40쪽. (앞으로는 *Grndbegriffe*로 줄임).; 하이데거, 이기상 · 강태성 옮김,『형이상학의 근본개념들』, 까치, 2001, 381쪽. (앞으로는『근본개념들』로 줄임) 참조: 신승환, 같은 글, 367쪽에서 다시 따옴.

10 *Grundbegriffe*, 340쪽.;『근본개념들』, 381/2쪽.

으로 우리에게 떠오른다. 전통적인 논의 안에서 우리들은 자기라는 말은 고유한 자아를 가리키는 것으로 이해하고 있다. 즉 우리는 자기를 주체, 의식, 자기의식으로 간주함으로써, 자기를 다른 표상들과 마찬가지로 언제나 눈앞에 있는 것으로 삼아 버리고 있는 것이다. 우리들은 자기가 무어냐고 묻는다면, 언제나 바로 나라고 대답한다. 이때 나라는 표현은 자신이 아닌 다른 어떤 사물들을 규정하는 것이 아니다.

다시 말해 나라는 표현은 다른 것의 술어가 될 수 없는 것이다. 이와 같이 다른 것의 술어가 될 수 없고 오로지 주어 자리에만 놓일 수 있는 것은 절대적 주체 또는 주어이다. 그렇다면 우리는 결코 다른 것의 술어가 될 수 없으면서 동시에 다시 눈앞에 표상되는 어떤 것으로, 즉 주체, 의식, 자아라는 식으로 자기를 드러내고 있었던 셈이다.

그러나 앞에서 제시된 자기것다움으로서의 고유함은 인간이 존재하는 한, 끊임없이 그 자신에게 간직된다. 마찬가지로 자기성은 자기 자신 자체로부터 도피하지 않고 자기 자신에로 되돌아와서 본래적인 자신일 수 있는 가능성 안에서만 해명될 수 있다. 자기는 자신을 우선 다른 이들(그들)이 배려하고 있는 세계로부터 이해하려는 식의 빠져있음(Verfallen)으로 존재하지만, 빠져있음은 자기를 앞질러 라는 염려[11]의 구조에 동일근원적으로 속해 있는 것이다.

우리들이 저마다 자기 자신에 대해 나라고 말하고 있다면, 이때 우리는 언제나 이러한 나로서 세계 속에 있는 나를 의미하고 있다. 저마다 그러하므로, 각각의 자기 자신으로서의 나를 포함한 다른 이들(그들)은 또한 그들에게서는 각각 나이다. 각각의 나는 스스로를 문제 삼는다. 따라서 다른 이들(그들) 자신이 그들 자신들의 존재에서 그 존재 자체가 문제되는 존재자들로서 규정된다면, 그들 또한 하이데거에 의하면 염려에 의해서 규정되어 있다.

11 염려에 관해서는 이글의 제1장 제2절과 제3절에서 다루어 보기로 한다.

> 무엇보다도 타인이라는 세계내부적으로 만나게 되는 현존재의 존재 양식은 손안에 있음과 눈앞에 있음과는 구별된다. …… 이러한 존재자는 눈앞에 있는 것도 손안에 있는 것도 아니며 자유롭게 내어주고 있는 현존재 자신과 똑같이 그렇게 존재하고 있다. 즉 그 존재자도 존재하며 함께 거기에 있다.[12]

인간 생명과 생명 일반은 존재론적으로 구별된다. 이는 존재적인 생명과 존재론적 삶의 구별을 의미하는 것이다. 인간이라는 존재자는 삶에서 그리고 삶을 통하여 존재하는 생명을 의미한다. 그리고 그 존재는 다름 아니라 삶의 의미를 묻는 존재이다. 따라서 생명 현상에 따른 인간의 자기 이해의 과정은 생명에서 삶으로, 현상에서 이해와 해석으로의 도약이다. 여기로부터 인간 생명은 생명 일반의 현상을 넘어 현존재(거기에 있음, Da-Sein) 개념으로 대체된다. 인간 생명은 역사적 현사실성으로서의 삶[13]인데, 그것은 자기를 스스로 드러내고 밝힘에 의해 규정되는[14] 것이다.

인간의 생명은 우리의 생물학적이고 몸에 따른 기본 조건이면서 동시에 인간의 문화, 역사 그리고 철학적 삶에 의해 형성된다. 이에 비오스와 조에라는 이 두 측면이 지니는 차이와 공통점의 상호 관계가 정당하게 해석되어야 함이 요청된다. 왜냐하면 이것이 수행되지 않는다면, 생명문제는 단편적으로 이해될 수밖에 없으며, 궁극적으로 생명의 문제는 이 두 요소가 지니는 차이와 동일성의 상호 작용에 따라 그 근거가 정립되어야 하기 때문이다.

---

12 *SuZ*, 118쪽.;『존재와 시간』, 165쪽.

13 M. Heidegger, *Phänomenologische Interpretation zu Aristoteles*, GA.61, Frankfurt/M, 1985, 60쪽. 참조: 신승환, 같은 글, 365쪽.

14 M. Heidegger, *Parmenides*, GA.54, Frankfurt/M, 1983, 신승환, 같은 글, 365쪽에서 다시 따옴.

우리에게 주어진 과제는 존재론적인 삶과 존재적인 생명의 구별과 연관성을 설정하는 것이다. 이 글에서 물음을 던지면서 문제 삼고 있는 것은, 인간의 생명과 삶, 그리고 죽음에 관한 것이다. 따라서 자연과학적 연구가 삼고 있는 바의 생명에 관한 논의와 구별하여 생명에 대한 근원적인 반성과 성찰을 존재론적 해명을 통해 근거 짓는 일이 요청되는 것이다.[15] 하이데거는 이에 대하여 다음과 같이 쓰고 있다.

> 생물학은 '생물에 대한 과학'으로서 현존재의 존재론에 기초하고 있다. 생명은 하나의 고유한 존재 양식인데, 그것은 본질적으로 오직 현존재에서만 접근 가능하다. 생명의 존재론은 일종의 결여적 해석의 방법으로 성취된다. 그것은 어떤 것이 그저 단지 살아 있기만 한 것처럼 존재할 수 있다는 것이 어떤 경우인지를 규정한다. 생명은 단순한 눈앞에 있음도 아니고 또한 현존재도 아니다. 다시금 현존재는 사람들이 그것을 생명(삶)이라고–존재론적으로는 규정하지 않은 채–설정하고 거기에다가 어떤 다른 것을 추가하는 식으로 그렇게 존재론적으로 규정될 수 없다.[16]

이 말은 인간을 현존재라 명명할 수 있는 하이데거의 생각을 드러내 준다. 생명 일반에 대한 존재론은 생명을 문제 삼고 있는 인간 현존재의 존재로부터 접근될 수 있는 것이다. 인간 현존재(거기에 있음)의 '거기'가 결여된 생명 존재론은 단지 살아 있기만 하는 것들을 그 경우마다 분류하여 파악하면 그만이다. 그러나 인간 현존재(거기에 있음)는 그 자신의 생명 현상을 존재론적으로 규명한다.

그것은 인간 현존재의 존재를 살아 있는 눈앞의 것으로 삼아, 이런

15 참조: 신승환, 같은 글, 360~362쪽.

16 *SuZ*, 49/50쪽.;『존재와 시간』, 76/7쪽.

저런 성질을 덧붙이는 식으로 이루어질 수 있는 것이 아니다. 인간 현존재의 존재는 스스로가 그 자신 스스로의 근거로서 존재하며, 처해있음의 상황 안에서 언제나 스스로를 앞지르며 자기 자신에게로 되돌아오는 염려로서 열어 밝혀진다.

2. 스스로의 근거로서 존재하는 인간 현존재

이성이 주도하고 있는 서양적 인식과 설명 방식의 원칙은 동일성의 원칙과 근거의 원칙이다. 이성은 존재자의 다양함 속에서 개별적 존재자의 동일성을 확보한다. 이러한 확보 안에서 이성은 각양각색으로 존재하는 다양한 존재자들에게서 동일한 요소들을 발견해 낸다. 이성은 다양한 존재자들을 보다 넓은 보편범주 속으로 정리해 다양과 혼잡에 질서를 부여하는 능력이다.

그러나 우리가 살고 있는 이 세계에는 다양과 혼돈, 이질적인 것, 설명할 수 없는 것들과 불합리한 것들이 있다. 그러나 주도적 이성은 이러한 것들에 질서를 형성하게 하고 논리적이고 합리적인 것들만을 강조함으로써 현실세계가 드러나는 혼돈과 갈등을 논리적으로 제거하게 한다.

그런데 이성에 힘입어 일반법칙으로 확고해져 버린 세계의 모습은 실제로 인간 개개인이 살아감으로써 매 순간마다 체험하게 되는 역사적 사회적 현실 자체가 아니다. 왜냐하면 인간들이 체험하는 현실은 그야말로 매순간적이며, 각자로서의 개인들이 얻는 삶의 과정이기 때문이다. 우리의 현실적 삶은 수량화된 객관적 기술로써 설명해낼 수 있는 것이 아니다.

마찬가지로 인간은 보편개념적으로 파악될 수 있는 대상이 아니다. 인간으로서의 우리들이 세계 속에 있다는 것은 법칙적으로 계산할 수도, 개념적 보편성에 잡아둘 수도 없는 각각의 독특한 사건이다. 우리들의 삶은 각자에게 일회적으로 일어나는 고유함을 지닌다.[17] 그 인간의 있음의 독특함은 무엇일까?

하이데거는 인간의 있음(존재)이 다른 사물적 존재자의 있음과는 다른 존재의 방식으로 열어 밝혀진다고 말한다. 인간이 있다라는 사실은 그 있음을 전통적인 형이상학이 차용하고 있는 본질적 차원에서 설명하거나 증명할 수 없다는 것이다. 즉 인간은 무엇임으로 규정될 수 있는 존재자가 아니며, 오히려 그가 어떻게 존재할 수 있는가라는 가능성 속에서 열어 밝혀져야 한다는 것이다. 그리고 하이데거는 그 인간 존재의 독특함을 바로 실존에서 찾아낸다.

> 현존재가 그것과 이렇게 또는 저렇게 관계를 맺을 수 있고 또 언제나 어떻게든 관계맺고 있는 존재 자체를 우리는 실존이라고 이름한다. …… 현존재는 언제나 자기 자신을 그의 실존에서부터, 즉 그 자신으로 존재하거나 그 자신이 아닌 것으로 존재하거나 할 수 있는 그 자신의 한 가능성에서부터 이해한다.[18]

하이데거는 그의 사유를 열어가면서 인간을 전통적인 개념으로써 파악하지 않고 거기에 있음(Da-Sein, 현존재)이라고 부른다. 인간을 거기에 있음이라 할 때 거기는 인간들이 머무르는, 그리하여 온 갖가지 일들이 일어나고 열어 밝혀지는 바로 그 자리이다. 거기에는 인간들이 하나의 존재자로서 존재함이 열리고 있다. 중요한 것은 인간들이 다른 존재자와는 다른 방식으로 존재한다는 점이다.

다른 존재자들은 그것이 무엇임 혹은 무엇으로서 있음의 방식으로 존재한다. 그러나 인간들은 이미 주어져 있는 무엇임 혹은 무엇으로서

---

17 참조: 이기상,『하이데거의 존재사건학』, 서광사, 2003, 25/6쪽.

18 *SuZ*, 12쪽.;『존재와 시간』, 28쪽.

있음이 아니라, 있음의 근거를 스스로 열어나가는 방식으로 존재한다. 인간이 스스로 열어나가는 방식으로 있다는 것은 그가 그 있음(존재)이 다른 어떤 것에 의해서 어떤 것으로서 고정되거나 붙잡히지 않음을 뜻한다. 우리들 저마다에게는 그 스스로 존재해야 함의 근거가 우리 자신에게 있다. 그렇다면 존재함이 열리는 거기 또한 스스로에게서 열어 밝혀져야 한다. 우리(인간들)가 본래적으로 존재하는 존재방식은 바로 결단함으로서의 실존이다. 그리고 실존은 시간성 안에서 이해될 수 있다.

> 도래적으로 자기 자신에게로 돌아오면서 결단성은 자신을 현재화하면서 상황에로 데려온다. 기재는 도래에서 발원하며, 그래서 존재해오고 있는 도래가 현재를 자기 자신에서부터 내보낸다. 이런 식으로 존재해오며-현재화하는 도래로서 통일적인 현상을 우리는 시간성이라고 이름한다. 오직 현존재가 시간성으로서 규정되어 있는 한에서만, 현존재가 자기 자신에게 앞질러 달려가보는 결단성이라 특징지은 본래적 전체 존재가능을 가능케 한다. 시간성이 본래적인 염려의 의미로서 밝혀진다.[19]

인간만의 그 탁월한 존재방식으로서의 실존은 인간이 바로 스스로로서 있을 수 있음이다. 그리고 하이데거를 따르면, 그 존재는 바로 염려로 구성된다. 염려라는 존재구성틀로부터 이해할 수 있는 인간존재는 다름 아니라 바로 세계 속에 있음(존재)이다. 그리고 세계 속에 있음(존재)은 처해있음으로서 거기에 있음(Da-Sein)이다. 그런데 거기는 우선 그리고 대개는 일상으로 구성되며, 그 일상과 인간의 실존은 염려의 구성틀 안에서 근본적으로 시간성으로부터 규정된다.[20]

우리들 각자는 자기 자신으로서 자신의 근거를 놓아야 하는, 그리고 "(인간)현존재가 자기 자신의 존재로서 근거의 존재인 것이며, 이 근거

19 *SuZ*, 326쪽.;『존재와 시간』, 432/3쪽.

는 언제나 단지 그 존재자의 존재가 근거가 됨(근거존재)을 떠맡아야 하는 그런 존재자의 근거일 뿐"[21]이다. 스스로가 스스로에게 근거가 될 수밖에 없음은 그리고 스스로 그 근거를 떠맡아야 함은 각자의 길을 놓음과 길을 내어 냄이 저마다의 탓으로 떠맡겨짐이다.

> 현존재는 내던져진 현존재로서 존재하고 있으니, 그 자신에 의해서 그의 '거기에'로 데려와진 것은 아니다. 현존재는 존재하는 한, 자기 자신에게는 속하지만 그 자신이 자기 것으로 만들도록 내준 것은 아닌 그런 존재가능으로 규정되어 있다. 현존재는 실존하는 한, 결코 자신의 내던져져 있음의 배후로는 되돌아갈 수 없으며 …… 그래서 현존재는 이러한 '그가 존재하고 있으며 존재해야 한다'는 사실을 각기 그때마다 고유하게 처음으로 자기 자신의 존재에서부터 튀어나오도록 하여 '거기에' 데려올 수는 없는 것이다.[22]

떠맡겨짐은 우리가 어떤 부담을 떠맡으려 하지 않으면 그 부담을 일으키는 일을 저지르지 않으면 된다는 식으로서의 책임짐으로 이해되어서는 안 된다. 부담을 회피할 수 있다는 것은 그 부담되는 상황이 눈앞에 있는 존재자로 다가올 때 그리할 수 있다. 즉 책임을 짐은 부담되는 거리들을 저지르지 않거나 혹은 이미 저질렀다 하여도 그에 걸맞은 대가를 치루거나, 또는 그 상황으로부터 도망쳐서 그 부담을 다른 이에게 떼어 넘길 수 있다는 것을 뜻한다.

떠넘겨질 수 있는 것은 자기 자신의 일부분일 뿐이다. 우리는 자신에게 좋은 것이거나 자기가 좋아하는 것들을 다른 이들에게 넘겨주지

---

20 이에 관해서는 제1장 제3절에서 살펴볼 것이다.

21 *SuZ*, 284쪽.;『존재와 시간』, 379쪽.

22 *SuZ*, 284쪽.;『존재와 시간』, 379쪽.

않는다. 우리는 그것만큼은 자기의 소유로 만들고자 한다. 우리가 내놓아 다른 이에게 떠넘기려 하는 것은 다만 자기가 그것으로부터 피하고 싶은 것에 한해서이다. 그러나 자기 자신 만큼은 어떤 방식으로도 다른 이에게 떠넘겨줄 수 있는 그의 일부분이 아니다. 그것은 그야말로 전체로서 자기 스스로이기 때문이다.

우리의 있음(존재)은 스스로이며 그 스스로는 존재의 근거가 자기 자신에게 놓여있으므로 우리는 자기 자신의 존재를 짊어져야 한다. 자기 자신으로서 자기 자신의 근거를 놓아야 하는 이 자기 자신은 결코 그 근거에 대해서 권한이 없지만 그럼에도 실존하면서 근거가 됨을 떠맡지 않으면 안 된다. 이 근거가 됨, 곧 내던져져 있음을 떠맡음은 자기 자신 전체를 거는 것이다. 따라서 떠맡음은 일종의 소유와 일종의 포기나 버림이 아니다. 즉 우리는 태어난 순간부터 죽음에 이르기까지 자기 자신의 존재 전체를 통째로 떠맡는다.

> 그렇다면 현존재가 어떻게 이 내던져진 근거로 존재하고 있는가? 오직 유일하게 현존재가 그가 내던져져 있는 그 가능성들에로 자신을 기획투사한다는 방식으로서이다. 자기 자신으로서 자기 자신의 근거를 놓아야 하는 이 자기 자신을 결코 그 근거에 대해서 권한이 없지만 그럼에도 실존하면서 근거가 됨[근거존재]을 떠맡지 않으면 안된다. 자신의 내던져진 근거가 되는 것이 곧 염려에게 문제가 되고 있는 존재가능인 것이다. 근거가 되면서, 다시 말해서 내던져진(태어나진) 것으로 실존하면서 현존재는 끊임없이 자신의 가능성 뒤에 남아 있다.[23]

하이데거의 논의를 빌리면, 우리는 우리가 내던져진 그리하여 “자기 자신의 의지나 선택에 의해 자신의 거기에(Da) 오게 된 것이 아닌, 무

23 *SuZ*, 284쪽.;『존재와 시간』, 380쪽.

력한 존재"[24]라는 것, 그리고 언젠가 끝날 수밖에 없는 삶이라는 길 위에 놓여 있는 한, 현실적으로는 자기 것으로 삼을 수 없는 가능으로 규정되는 유한한 존재임을 이해해야 한다. 그 유한성 자체가 바로 인간 현존재의 가능성이기도 하다.

우리는 저마다 태어남으로써 떠맡아야 할 존재의 근거로서 있다. 우리는 스스로 존재해야 하는 실존적 존재의 근거로서 있다. 우리가 무력하게 스스로 근거로서 있다는 말은, 우리가 우리의 태어남의 계기에 아무런 의지나 선택의 연관을 갖지 못한다는 것을 뜻한다. 스스로는 일단 고유성(Eigentümlichkeit)과 자기성(Selbstkeit)으로 드러난다. 그러나 인간 현존재에게 이 고유함과 자기성은 현사실성 안에서 이해되어야 한다. 우리는 스스로 있음으로서 삶의 길을 놓아가는 길 위에가 서로 다름을 가지고 있고, 각자의 그 길은 서로에게 동일한 길에서 만날 수 없다.

인간 현존재는 실존하며 현사실적 존재이므로, 우리 인간 현존재에게 동일한 길 놓음은 이미 가능하지 않음으로 열려 있다. 모든 이들은 사람이지만, 누구도 같은 사람이 아니며, 같은 사람일 수 없다. 길은 모두 길이지만 같은 길은 없다. 모든 이들이 같은 길을 놓지 않으므로, 모든 이들에게 길 놓음과 길 끝, 길 끝 너머는 저마다 같지 않다. 따라서 우리들 모두는 길 위에서 이미 각자이며, 스스로 길 위에 있을 수밖에 없다. 따라서 그 존재의 '도대체 왜?'와, '어떻게'도 각자의 몫이다. 여기에서 묻고 있는 것은 삶에 연관하여 그 삶 자체를 묻고 있는 것이다.

하여간 삶에 관하여 우리가 묻고 있는 바, 그것은 왜와 어떻게에 관한 것이다. 우리는 일상적으로 삶을 때로는 막막하게, 때로는 데면데면 마주 대하고 있다. 그러나 삶 전체를 묻는다는 것은 우리가 삶을 아무렇게나 그리고 막무가내로 마주 대하는 방식으로만 겪지 않으려 하

24 참조: 전동진, 「하이데거에 있어서 존재의 유한성과 유일성」,『하이데거의 존재사유』, 한국하이데거학회편, 철학과 현실사, 1995. 19~24쪽.

기 때문이다. 무엇보다도 우리들은 스스로의 존재를 문제삼으며, 물음하는 존재이기 때문이다. 우리는 살아있는 한, 삶에 관한 각자의 왜와 어떻게를 줄곧 문제 삼고 있다. 그렇다면 이제 중요한 것은 우리가 어떻게 삶의 왜를 묻고 왜 삶의 어떻게를 물을 수 있는가에 있다.

우리의 왜는 다름 아닌 우선 ~때문에, ~을 위하여, ~에로 향하여로 향해 있다. 다시 말해서 우리는 때문에 살고 위하여 살아 갈 수 있으며, 향하여 살아 낸다. 이때의 무엇은 보편적인 성질로서의 본질에 관한 것이거나 일상적으로 틀잡혀버려 고정된 어떤 것이 아니다. 오히려 그 무엇은 우리에게 스스로 삶을 살아갈 수 있게 하며 스스로에게 삶을 살아 낼 수 있게 하는 자신의 삶 자체의 근거와 관련되어 있다. 그렇다면 왜와 어떻게는 스스로의 존재가능으로서 동시에 자기 자신의 존재의 근거가 된다.

때문에는 생명을 존속하거나 유지해야 함을 목적으로 삼는 본능적인 이유가 아니다. 오히려 때문에는 우리에게 스스로 떠맡음으로부터 어떠한 삶의 길을 내어가야 한다는 의미에서 떠맡아 스스로 삶 길을 냄 그 자체이다. 마찬가지로 위하여는 삶이 목표로 삼고 있는 도달점이 아니다. 따라서 왜, 때문에 그리고 위하여는 결코 완성되지 않는다. 우리들은 살아 있는 한, 절대로 완성될 수 없다. 우리는 우리의 존재가능이 앞서 있는 한, 늘 미완인 상태이고, "미완 상태를 제거함은 곧 그의 존재를 없애버림을 말한다."[25]

더구나 무엇을 향하여는 존재하는 것들 모두를 그것들 자신의 존재함의 근거에로 내어 줌이다. 즉 존재하는 것들이 스스로 그 자신을 열어 밝힐 수 있도록 길을 그 자신들에게 내맡김이다. 인간현존재는 존재하는 것들의 주인으로서 혹은 지배자로서 거기에 존재하지 않는다. 하이데거의 말을 빌면, 현존재는 존재하는 것들을 보살피며 지키는 목

25 *SuZ*, 236쪽.;『존재와 시간』, 318쪽.

자로서 있다.

우리는 존재하는 한, 스스로를 앞질러라는 의미인 염려와 관계 맺고 있다. 그렇기에 우리에게 우선 다가오는 문제는 무엇 ~때문에, ~을 위하여 그리고 ~을 향하여이다. 염려는 일차적으로 자기 자신을 향해 있다. 그리고 모든 존재하는 것(존재자)들을 향해 있다. 물론 우리는 그때그때마다의 일상에서 존재자 전체를 만날 수 없다. 우리는 모든 존재자를 가질 수 없다. 존재자들은 우리의 마음이 내키는 대로 취할 수 있는 것이 아니다. 따라서 우리의 시선이 머무는 곳은 무엇 자체가 아니고, 그 스스로를 앞질러라는 의미인 염려가 머물러 있는 거기이다. 즉 염려라는 실타래가 알록달록 수놓아 가는, 즉 의미 지어짐으로서의 바로 거기에 우리가 있음이다.

우리는 어떤 방식으로건 삶을 염려한다. 염려할 수 있음은 그 삶이 손댈 수 없게 단절된 채로 우리에게 통째로 드러나 있는 것이 아니라, 우리 스스로에 의해 변화할 수 있음의 가능성을 품고 있기 때문이다. 그러나 그 가능성은 우리를 앞질러 있으며 하물며 은닉되어 있다. 왜냐하면 삶은 현사실적이고 실존론적임에도, 우선 그리고 대개는 무차별적인 일상성[26]에 빠져있기 때문이다.

> 현존재는 분석의 출발에서 한 특정한 실존함의 차별성에 있어 해석하지 말고 오히려 그의 무차별적인 우선 대개에 있어 열어보여야 한다. 현존재의 이러한 일상성의 무차별성은 아무 것도 아닌 것이 아니며, 오히려 이 존재자의 한 긍정적인 현상적 특징이다. 모든 실존함은, 그것이 존재하는 것을 볼 때, 이러한 존재 양식에서부터 그리고 그 안으로 되돌아가서 존재한다. 우리는 이러한 현존재의 일상의 무차별성을 평균성이라고 이름한다.[27]

---

26 일상, 일상성에 관해서는 이 글의 다음 장에서 다루어볼 것이다.

그러나 우리가 태어났다는 사실로부터 우리의 선택이나 의지와는 상관없이, 삶 자체는 이미 우리 자신에게 떠맡겨져 있다. 우리가 그나마 문제 삼을 수 있는 것은 이럴 수도 있었고 저럴 수도 있었던 삶의 첫 발 떼기가 하필이면 왜 그 어떤 길 위에서였을까 하는 것뿐이다. 그러나 삶이 벌써 시작해버렸으므로 태어난 그 순간부터 우리는 이미 거기 안, 어떤 길 위에 놓인 것이다. 그리고 우리는 그 어떤 길 위에를 받아들일 수밖에 없다.

스스로 그 자신 존재의 근거가 된다는 것이 우리들은 무엇이든 다 해낼 수 있지도, 영원히 살 수 있다는 것을 뜻하는 것은 아니다. 우리는 그저 얼결에 내던져지는 방식으로 한 세상에 태어나 조물조물 길을 내다가 죽음을 맞을 뿐이다. 우리들 누구에게나 삶이라는 길 놓기 저 끝에 죽음이 입을 벌리고 웅크리고 있다. 따라서 어떠한 길 위에 놓임에 하필 왜 그 길에 놓였을까 라는 물음은 우리에게 그다지 유익하지 않다. 우리가 이미 아무런 권한 없이 태어났으므로, 우리는 길 위에 놓인 것뿐이다.

우리들은 누구나 삶의 끝, 곧 길이 끝남인 죽음에 관해서 무력하다. 죽음은 인간이 좌지우지할 수 있는 것이 아니다. 그럼에도 우리가 한 삶을 살아갈 수 있음은 우리가 죽을 수 있기에 가능하다. 그렇다고 죽을 수 있음이 능동적인 선택이나 결정지음에 관련해 있는 것도 아니다. 인간이 죽음에로 자신을 이끄는 것이 아니라, 오히려 죽을 수 있음이 인간을, 그리고 인간의 삶을 그리에로 끌어당긴다. 죽음이 일어나는 때는 막연한 언젠가가 아니며, 죽음은 인간이 반드시 만날 수밖에 없는 필연성이다. 인간은 죽음이 있기에 인간으로 살 수 있으며, 죽음은 인간으로 하여금 죽는 그 순간 스스로를 자기 자신일 수 있게 해준다.

---

27 *SuZ*, 43쪽.;『존재와 시간』, 68/9쪽.

3. 인간 현존재의 세계 속에 처해있음과 기분[28]

여기에서 말하고 있는 떠맡음은 인간이 무엇을 결정짓게 하는 근거로서 의지작용에 따르는 것이 아니다. 오히려 떠맡음은 이미 의지작용에 앞서서 떠맡겨짐이라는 사태로 일어난다. 인간이 저것을 떠맡자, 혹은 떠맡아야 한다는 의지작용이 일어나기에 앞서 떠맡음은 이미 인간 자신에게 떠맡겨져 있다. 이를 하이데거의 표현을 빌면 처[處]해있음(Befindlichkeit)이라고 한다.

---

28 현대 인식론에서는 기분을 감각, 감성, 감정과는 분류되는 정서라고 이해하는 듯하다. 감각은 인간의 신체적 기관을 통하여 느끼는 결과이다. 우리는 눈을 통해서 아름다운 것도 보고 추한 것도 본다. 일차적으로 우리가 감각한다는 것은 보이고 있는 것이 아름답다거나 추하다는 판단이 아니라, 우선 무엇인가가 우리의 신체 기관에 잡히고 있다는 것이다. 귀는 시끄러움에 감각하기도 하고 조용하고 듣기 좋은 음악에 감각하기도 한다. 우리의 신체 기관은 각각 감각할 수 있는 것들이 만나짐으로 감각한다. 감정은 어떤 것이 신체의 기관에 어떻게 만나지는가에 따라 달라진다. 우리는 신체에 닿는 감각된 느낌을 적절한 상황에 대한 믿음이나 욕구와 같은 인지적요소를 통하여 느낀다. 흔히 우리는 좋아하는 사람의 손을 잡으면, 일단 촉각에서 손이 닿아짐을 감각하고 그 손이 좋아하는 사람의 손이라는 믿음에 근거한 인지적 판단 안에서 쾌감을 가질 수 있다. 이것은 인지주의자들이 택하고 있는 견해로써, 여기서 인지적 요소란 하나의 원인이나 결과가 된다. 감성이라는 용어는 일반적으로 감각을 매개로 하여 받아들이는 능력이라고 사전적으로 정의된다. 즉 감성은 감정의 능력으로서, 특정한 감정, 예컨대 통증, 쾌감, 공포감 등의 감정을 느낄 수 있는 우리 마음의 능력을 뜻하는 것이다. 정서는 흔히 감정이나 느낌과 동일시하는 강한 성향 안에 있다. 이를테면 우리는 공포나 불안, 연민 등과 같은 것들을 정서의 항목으로 여긴다. 그리고 그 정서들에 ~감, ~심이라는 말을 붙이면 그것은 감정을 지칭하는 것으로 이해되고 있다. 그런데 여기에서 감정론자들이 제기하는 논의에 따르면, 그것에 관한 '무엇을 어떻게 느낌' 으로서의 감정이 없이는 정서란 개념적으로 불가능하다는 것이다. 그들에 따르면 인지론자들이 말하는 믿음이나 욕구와 같은 인지적 요소라는 것은 결코 정서 그 자체와 동일시될 수 없다. 인지주의자들의 입장이나 감정론자들의 견해를 살펴보았을 때, 우리는 정서를 인지적 요소들만으로 구성되는 것으로도 감각적으로 느끼는 것들을 종합해내는 감정으로도 받아들일 수 없게 된다. 정서는 인지적 차원이나 감각과 감성을 통한 감정의 차원이 아니라, 오히려 우리를 에워 쌓고 있는 보다 복잡한 마음의 구조이다. 우리는 정서 안에서

처해있음은, 인간 현존재가 어떤 규정된(분위기 잡힌) 구체적인 상황에 내던져져 있음을 표현하는 것이다.[29] 알려져 있는 대로 처해있음은 'Befindlichkeit' 라는 독일어에 대한 한국어 옮김이다. 이 말을 옮긴 한국어는 우선 처해있음과 심정성이다. 심정성[心情性]은 인간 현존재가 기분이라는 심정적 상황으로 있다는 것을 표시한다고 한다.[30]

따라서 처해있음은 인간 현존재가 기분에 의해 열어 밝혀진 구체적인 상황 속에 내던져지는 방식으로 처해 있다는 것을 뜻한다. 이는 "인간이 그때마다 놓여 있는 상황에 그 초점이 맞춰진 채, 현존재의 있음의 방식을 나타내는"[31] 것이다. 처해있음은 인간 현존재의 있음의 방식을 규정해준다. 이는 인간 실존의 방식을 함께 구성하고 있다. 즉 처해있음은 실존의 방식인 이해함(Verstehen) 그리고 말(Rede)과 더불어 인간이 열어 밝히는 거기, 즉 세계 속의 열어 밝혀져 있음의 성격으로서의 진리의 성격을 말한다.[32]

세계와 만날 수 있다. 그러나 그 정서가 반드시 세계 속에 세계와 서로 속해 있는 것 같지는 않다. 예컨대, 수험생의 정서라고 할 때, 우리는 시험을 앞둔 수험생의 고단함과 피곤함, 그리고 곧 닥칠 시험에 대한 두려움으로 그것을 이해한다. 그러나 모든 수험생이 꼭 그런 정서를 갖는 것은 아니다. 장애우들의 정서라고 할 때도, 우리가 일상적으로 이해하고 있는 장애우들의 정서 밖에 있는 장애우들도 있다. 그러나 기분은 본질적으로 세계 속에 있다. 기분은 우리들을 사로잡음으로, 우리가 세계 속에 기분잡혀 있음으로 속하게 한다. 따라서 나의 견해로는 기분과 정서는 차이를 갖는다. 그러나 여기에서 이에 관해 자세하게 논의하기에는 인식론 전반에 대한 나의 이해가 부족함을 인정하고 있으므로, 정서에 관하여 세밀한 논의는 할 수 없다. 다만 자세한 것은 다음을 참조할 수 있겠다. 참조: 임일환, 「감정과 정서의 이해」,『감성의 철학』, 민음사, 1996, 21~68쪽.

29 참조:『존재와 시간』, 이기상 옮김, 582쪽 옮긴이의 주. 구연상,『공포와 두려움 그리고 불안』, 청계, 2001, 39쪽에서 다시 따옴.

30 참조:『존재와 시간』, 소광희 옮김, 경문사, 1996, 198쪽 주 b). 구연상, 같은 책, 같은 곳에서 다시 따옴.

31 구연상, 같은 책, 같은 곳.

32 참조: 구연상, 같은 책, 같은 곳.

우리가 처해있음이라는 명칭으로 알리는 것은 존재적으로는 가장 알려져 있고 일상적인 것인 기분, 기분 잡혀 있음이다.

> 우리가 존재론적으로 처해있음이라는 명칭으로 게시하고 있는 것은 존재적으로는 가장 잘 알려져 있고 일상적인 것인 기분, 기분잡혀 있음이다. 그 모든 기분에 대한 심리학 – 이 심리학은 더구나 아직도 전혀 연구되어 있지 않은 미개척 분야이다 – 에 앞서 이러한 현상을 기초적인 실존범주로 보고 그 구조를 윤곽짓는 것이 중요하다.[33]

그리고 이는 세계 속에 있음으로서의 인간 현존재가 기분을 통해 열어 밝혀질 수 있다는 것이다. 인간 현존재는 세계 속에서 그때마다 각기 이미 언제나 기분 잡혀 있다.

> 기분은 '인간이 어떤 상태에 있으며 어떤 상태로 되는가'를 드러내 준다. 이러한 '인간이 어떤 상태에 있음'에서 기분 잡혀 있음은 존재를 그것의 '거기에'로 데려온다.[34]

다시 말해서 우리가 기분을 느낀다고 하는 것은 우선 기분 자체가 아니라, 기분에 의해 열어 밝혀지는 우리들 자신의 그때마다의 거기에 있음이다. 즉 기분 속에서 알려지는 것은 다름 아닌 바로 우리 자신의 세계 속에 있음이다. 따라서 처해있음이란 우리가 우리 자신의 세계 속에 있음을 발견할 수 있는 한 근본 양식에 대한 이름이다. 처해있음은 기분을 통한 세계 속에 있는 자기 발견의 방식이다.

---

33 *SuZ*, 134쪽.;『존재와 시간』, 186/7쪽.
34 *SuZ*, 134쪽.;『존재와 시간』, 187쪽.

그것은 단순히 있음의 방식이 아니라, 있음이 기분을 통해 열려질 수 있는 방식을 말하는 것이다. 그것은 단순히 감각이나 감정을 가짐이 아니라, 깨달음과 생각함까지 뜻할 수 있다는 점에서 느낌이라는 말로 이해할 수 있다. 즉 느낌은 인간 현존재를 덮치는 기분을 맞아들이는 것이다. 느낌은, 기분을 통해[35] 열어 밝혀지는 것을 그것이 있는 그대로 있게끔 해주는 것이다.

처해있음은 인간 현존재로서의 우리 자신이 세계 속에 내던져져 있다는 사실을 열어 밝힌다. 우리는 그때그때마다 언제나 이러저러한 기분 속에 있다. 기분 속에 있음은 기분을 통해 열어 밝혀지는 세계 속에 있음이 자기 자신에게 떠넘겨지고 있음을 말하는 것이다. 우리는 이러저러한 기분을 통해 드러나는 그 순간, 자신의 있음을 떠맡아야 한다. 그 기분이 유쾌한 것이건 불쾌한 것이건 그때마다의 기분은 우리들 인

35 Stimmung – 대개의 하이데거 연구자들은 '기분' 이라고 번역한다. 구연상 교수는 이 말의 뜻을 기분과 열어 밝혀져 있음의 연관을 찾는다. 우리는 이미 앞서 열어 밝혀져 있는 세계 속에 있다. 그리고 우리가 열어 밝혀져 있음에서 자신의 '있음(존재)' 을 얻는 것은 기분을 통해서이다. 기분이 우리에게 오는 방식은 '덮쳐옴' 이다. 즉 그때그때마다 분위기 잡힌 채로 열어 밝혀져 있는 세계 속에 있는 각자의 기분이 우리를 사로잡아버리고 만다. 우리는 '덮쳐오는 기분에 의해 사로잡힌 자기가 존재함' 을 이해한다. 그는 우리가 구체적인 세계라는 '거기' 에 존재함이 '처處해있음(Befindlichkeit)' 의 방식으로 일어남에 관해서 하이데거와 뜻을 같이한다. '처해있음' 이란 자기 자신의 있음(존재)에 대한 일종의 자각과 같다. '처해있음' 이란 사람이 어떤 느낌의 상황으로 있음, 느낌을 통해 밝혀진 상황 속에 있음을 뜻할 수 있다. 또한 '처해 있음' 은 사람이 '어떤 규정된(분위기 잡힌)' 구체적인 상황에 내던져져 있음을 표현하는 것이다. 사람은 어떤 분위기 잡힌 구체적인 상황 속에 존재할 때, 우선 그 자신의 '있음(존재)' 을 자기가 살아가고 있다는 느낌 '으로 잡아낸다. 즉 사람의 '있음' 의 한 방식으로서의 기분은 우리로 하여금 우리가 '세계 속에 태어나 세상 속에서 살아가고 있다' 는 것을 느끼게 한다. 어떤 세계의 분위기나 기분을 통해 우리의 있음이 열어 밝혀질 수 있기 위해서 우리는 하여간 그 분위기 혹은 기분을 느낄 수 있어야 한다는 것이다. 따라서 구 교수는 '처해있음' 이란 ' 기분을 통한 자기 발견 '의 방식이라고 말한다. 그리고 그것은 '있음의 방식' 이 아니라, '있음의 열려짐의 방식' , 그것도 '있음' 이 '기분을 통해' 열어 밝혀질 수 있는 방식이라는 것이다. 참조: 구연상, 같은 책, 39~46쪽.

간 현존재를 그 자신의 있음 앞으로 데려다 놓음으로써 우리로 하여금 자신의 있음을 떠맡도록 한다. 하이데거는 이와 같이 기분을 통해 세계 안에서 열어 밝혀진 있음의 사실을 내던져져 있음(Geworfen-sein)이라고 부른다.[36]

> 그의 '어디에서'와 '어디에로'는 은폐되어 있지만 그럴수록 더욱더 그것 자체에 있어서는 은폐되어 있지 않고 열어 밝혀진 현존재의 존재성격을, 즉 이러한 '현존재가 존재하고 있다는 사실'을 우리는 이 존재자가 그의 '거기에'로 내던져져 있음이라고 칭한다. …… 내던져져 있음이라는 표현은 떠맡음의 현사실성을 암시해야 한다.[37]

내던져져 있음은 열어 밝혀진 인간 현존재의 존재성격, 즉 이러한 "현존재가 존재하고 있다는 사실"이다. 그것은 떠맡음의 현사실성을 암시하는 것이다. 즉 인간 현존재의 처해있음 속에서 열어 밝혀진 "현존재는 존재하고 있으며 존재해야 한다는 사실"은 눈앞에 있음에 귀속되는 거부될 수 없는 사실성을 표현하는 그러한 있음의 사실이 아니다. 이는 우리 인간 현존재가 세계 속에 내던져져 있다는 것이 그가 무엇으로 확정되어버렸다는 것이 아니라, 존재해야 함을 떠맡음으로서 "실존 속으로 받아들여진 현존재의 존재성격"으로서의 현사실성을 의미한다.[38]

그렇다면 기분은 어떻게 우리에게 오는가. 하이데거를 따르면 기분이 오는 방식은 거기에 있음(현존재)로서의 우리들 자신을 덮쳐 옴이다. 기분이 덮치는 것이 거기에 있음이고 그 거기가 있음 일반이 열어 밝

36 참조: 구연상, 같은 책, 41/2쪽.

37 *SuZ*, 135쪽.;『존재와 시간』, 188쪽.

38 참조: *SuZ*, 135쪽.;『존재와 시간』, 188쪽. 참조: 구연상, 같은 책, 41/2쪽.

혀지는 자리를 의미하는 한, 기분의 덮침은 거기에 있음(현존재)이 그때그때마다의 기분에 의해 우리 자신에게 열어 밝혀진다는 것 자체를 의미한다.

> 기분은 '밖'에서부터 오는 것도 '안'에서 오는 것도 아니며 오히려 '세계 속에 있음'의 방식으로서 이 '세계 속에 있음' 자체에서부터 피어올라온다. …… 기분은 그때마다 이미 세계 속에 있음을 전체로서 열어 밝혀왔고 무엇에로 향함을 처음으로 비로소 가능하게 한다. 기분잡혀 있음은 우선 심적인 것과 연관을 가지는 것이 아니며, 그 자체 내면적 상태도 아니고, 그 내면상태에서부터 수수께끼 같은 방식으로 밖으로 나와 사물들과 사람들을 물들여버리는 것이 아니다.[39]

기분이 덮쳐 온다는 것은 기분이 우리 자신의 세계 속에 있음의 방식을 바꾸고 있다는 것을 말한다. 기분은 세계 속에 있음(현존재)의 열어 밝힘으로서 세계 속에 있음 그 자체로부터 피어오르는 것이다. 우리가 덮쳐 오는 기분을 느끼고 이때의 기분이 기존의 기분을 밀어내는 방식으로 피어오르고 있다면, 우리에게는 전혀 다른 세계가 펼쳐지는 것이다. 이제 우리는 새로이 열어 밝히는 세계로부터 자신을 포함한 모든 존재하는 것들을 만난다.

그러나 세계는 이미 나름대로 앞서 열어 밝혀져 있으며 우리는 세계 속에 내던져지는 방식으로 있다. 하여간 기분은 그때그때마다의 처해 있음에서 세계 속에 있음 그 전체를 열어 밝힌다. 즉 세계 속에 있음 전체가 열어 밝혀지는 것은 기분을 통해 그러할 수 있다. 우리가 기분 속에 있음은 기분을 통해 열어 밝혀지는 세계 속에 있음이 우리들 자신에게 떠넘겨지고 있다는 것을 말하는 것이다. 우리는 늘 이러 저러

39 *SuZ*, 136쪽.;『존재와 시간』, 190쪽.

한 기분 속에 있다. 그리고 그 기분은 우리들 자신의 있음 앞으로 데려다 놓는다. 우리는 그때그때마다의 기분 속에서 우리들 자신을 발견하며 그 있음을 떠맡을 수밖에 없다.

우리는 기분에 따라 사람들과 사물을 다르게 본다. 이를테면 우리의 기분이 유쾌하지 않을 때는 만나는 모든 이들과 마주 대하는 모든 것들을 유쾌했을 때와는 달리 보게 된다. 이렇게 다르게 볼 수 있음은 결코 의도한 것이거나 심리적인 상태에서 비롯되는 것이 아니다. 오히려 우리를 덮치는 기분에 따라 세계가 달라지는 것이다. 사람들은 유쾌하지 않음으로 덮쳐오는 기분을 나름대로 조절하기도 하고 억제함으로써 그 기분을 드러내는 것을 참기도 한다. 그런데 이러한 조절과 억제가 다름 아니라 우리가 드러내는 행동이 기분에 의해 조율될 수 있음을 말하는 것이다.

우리는 날아 갈 듯한 기분도 느끼고 극단적으로 우울하여 죽고 싶은 기분도 느낀다. 날아 갈 듯한 기분은 무언가로부터의 구속에서 벗어나거나 몰두하고 있던 문제로부터 해방될 때의 개운함이다. 혹은 무언가에 몰두할 때, 우리는 그 몰두함 자체로부터 신바람 나는 기분을 느끼면서 그 무언가에 더욱 몰입할 수 있기도 하다. 하여간 우리는 그러한 기분 속에서 명랑하고 활기차게 열리는 세계를 발견한다. 우리는 우리가 기분 속에서 맞아들이는 세계 속에 존재한다.

그러나 세계가 원래부터 밝았던 것은 아니다. 다만 그때마다 드러나는 세계로부터 느껴지는 기분이 그렇기 때문에 세계가 그렇게 스스로에게 다가와 열리는 것이다. 반면 죽고 싶은 기분 속에서 세계는 온통 우울한 잿빛이다. 하늘이 맑고 해가 밝아도 그 자신과는 아무 상관이 없다. 나에게 세계는 아예 처음부터 끝까지 어둡다. 세계는 때로는 밝기도 하고 때로는 어둡기도 하다. 그러나 그때마다 지극히 개별적인 나의 기분에 의해서 그 세계의 밝음과 어두움이 어찌 저찌 되는 것은 아니다. 세계는 이미 어떤 방식으로든 기분잡혀져 있다는 것을 드러낼 뿐이다. 우리는 우리를 덮치는 기분을 나름대로 느낌으로써 세계를 만난다.

이 말은 우리가 속해 있는 세계가 우선 일상 세계라고 하더라도 그 세계는 그 안에 있는 존재자들에 의해 이미 기분잡혀 있기도 하다는 말이다. 다른 이들과 함께 거기에 있는 한, 인간 현존재는 흔한 말로 남다르게 뛰어나거나 대단한 것으로 존재하지 않는다. 일상 속에서 그는 그저 남들과 티 나게 다르지 않도록 그리고 남들과 발걸음을 맞추는 식으로 삶을 살아간다.

따라서 한 인간 현존재의 기분잡혀 있음은 그가 속해 있는 일상을 통째로 부수지는 못한다. 다만 그에게 그 일상과 일상의 구성이 그렇게 느껴짐으로 맞아들여질 뿐이다. 우리는 때론 신나는 기분을 느끼기도 하고 아주 죽을 맛 같은 기분을 느끼기도 한다. 그런데 이러한 기분을 통해서 우리들은 세계 속에 있음으로서의 자기 자신이 바로 그 거기에(세계 속에)에로 내던져져 있음을 발견한다. 자기 자신의 기분과는 겉돌고 있는 세계 속에서도 우리는 비록 겉도는 식으로긴 하지만 바로 거기에 나 자신이 내던져져 있음을 분명하게 느낄 수 있다.

우리는 본래적으로 그 기분 속에서 내던져져 있음을 스스로 떠맡기도 하고, 반면 그 어떤 기분으로부터 등을 돌려 버리는 방식으로 비본래적으로 그 내던져져 있음을 회피하기도 한다. 문제는 우리가 내던져져 있음을 떠맡건 회피하건 간에 그러함이 언제나 어떤 것으로부터 떠맡음이거나 회피함인 한, 이미 내던져져 있음이 앞서 열어 밝혀져 있다는 것이다. 그리고 열어 밝혀져 있음은 기분 잡혀진 처해있음에 의해서 구성되어 있다.

그 기분을 맞아들이는 것이 처해있음이다. 그것은 기분을 통해 열어 밝혀지는 것을 있는 그대로 있게끔 해 준다. 처해있음은 어떤 기분을 그것이게 해준다. 그리하여 그 기분을 통해 열어 밝혀지는 모든 것들, 즉 세계, 도구의 도구로서와, 함께 거기에 있음으로서의 다른 사람들,

자기 자신의 실존 등을 거기에 있게끔 해준다. 즉 처해있음은 세계 속에 있음의 전체를 열어 밝히는 근본방식의 하나이다. 왜냐하면 인간 현존재는 처해있음으로 존재하고 인간 현존재가 존재한다는 것은 실존이라는 탁월한 방식으로 존재하는 것이며, 그러한 실존 자체는 본질적으로 세계 속에 있음이기 때문이다.[40]

> 현존재는 실존한다. 그 외에도 현존재는 각기 내 자신이 바로 그것인 그런 존재자이다. 실존하는 현존재에게는 각자성이 본래성과 비본래성의 가능조건으로서 속하고 있다. 현존재는 그때마다 각기 이 두 양태 가운데 한 양태 안에서, 또는 그 둘의 양태적 무차별 속에서 실존한다. 현존재의 이러한 존재규정들이 이제는 선험적으로, 우리가 세계 속에 있음이라고 이름하고 있는 존재구성틀에 근거하여 고찰되고 이해되어야 한다. 현존재분석론의 올바른 단초는 이 구성틀의 해석에 달려 있다. '세계-속에-있음'이라는 합성된 표현이 이미 그것의 형태에서 그것으로써 일종의 통일적인 현상을 의미하고 있음을 보여준다. …… 이러한 표현으로써 게시된 현상적 실상은 실제로 삼중의 관점 취득을 보장한다. …… ① '세계-속에.' 이 계기와 관련지어서는 '세계'의 존재론적인 구조를 탐문해야 하고 세계성 그 자체의 이념을 규정해야 할 과제가 생긴다. ② 각기 그때마다 세계 속에 있음의 방식으로 존재하는 그 존재자. 그것으로써 모색되어야 할 것은 우리가 '누구인가?'라고 캐물을 때 묻는 바로 그것이다. 현상학적 제시에서 규정되어야 할 것은 누가 현존재의 평균적인 일상성 속에서 존재하는가이다. ③ 속에-있음 그 자체. '속에' 자체의 존재론적 구성이 끄집어내져야 한다. 이러한 구성틀의 계기들의 하나를 부각시키는 것은 다른 계기들을 함께 부각시킴을 말한다. 다시 말해서 그때마다 전제 현상을 봄을 말한다.[41]

---

40 참조: 구연상, 같은 책, 45쪽.

41 *SuZ*, 53/4쪽.;『존재와 시간』, 80/1쪽.

세계는 처해있음을 통해 앞서 열어 밝혀져 있다. 이미 열어 밝혀진 세계는 세계 안에 있는 것(세계 내부적 존재자)들을 만나게 해준다. 우리들 인간 현존재에 속하는 세계의 앞선 열어 밝혀져 있음은 처해있음에 의해서 함께 구성되어 있다. 그리고 세계 안에 있는 것들을 만나게 해줌에는 각각의 로서 구조가 속한다. 우리는 어떠어떠한 것들을 세계 안에서 다양한 '로서 구조'를 통해 만나게 된다. 어떤 것은 그것이 어떤 로서 연관에서 만나지느냐에 따라 우리에게 다양한 것으로서 마주칠 수 있는 것이다.42

그런데 우리가 어떤 것을 만난다는 것은 "오직 세계 속에 있음 그 자체가 실존론적으로 선행적으로 그렇게 규정되어 있어서 세계 속에 있음이 그렇게 규정된 방식으로 어떤 것을 만나게 되는 것에 의해서 관계될 수 있다."는 말이다. 이 말은 처해있음과 실존의 두 가지 양태를 지시하고 있다. 우선 처해있음은 세계가 어떠하다는 것을 그때그때마다의 기분에 따라 앞서 열어 밝히고 있으며, 그와 함께 세계 안에서 우리가 관계할 수 있는 것들이 어떠한 것들인가도 앞서 열어 준다.

여기에서 속에 있음이라는 말이 규명되어야 한다. 속에 있음은 세계 속에 있음에서 속에 있음, 곧 독일 말 in-sein에 대한 한글 표현이다. 속에 있음은 바로 세계 속에 있음에 관한 것이다. 만약 세계가 사물적 존재자들의 총합으로서 이해되고 있다면, 속에 있음은 어떤 것들이 어떤 틀 안에 모여 있다는 것을 뜻하게 될 것이다. 즉 상자 안에 어떤 것들이 모여(담겨져) 있다는 식으로 속에 있음은 눈앞에 있는 것들로서의 존재자들이 맺고 있는 공간적 관계를 말하는 것이 된다. 그러나 인간 현존재가 세계 속에 있음이란 옷상자 속에 옷이 담겨있다거나 물이 물병이나 물잔 속에 담겨 있다는 것과 같은 의미가 아니다.

세계가 오로지 인간 현존재의 존재와 관련하여 이해될 수 있는 것이

---

42 참조: *SuZ*, 137쪽.;『존재와 시간』, 190쪽. 구연상, 같은 책, 45쪽.

라면, 따라서 인간 현존재의 존재에게는 오직 실존범주들만이 적용가능하다면, 세계는 인간 현존재의 실존범주에 의해서만 파악될 수 있다. 그렇다면 세계는 인간 현존재의 실존규정들 중 하나이다. 인간 현존재의 실존과 관련하고 있는 세계는 인간을 현존재라 부를 수 있을 때의 바로 '거기(Da, 현)'를 말하는 것이다. 즉 거기는 세계 속을 뜻한다. 세계 속인 거기는 이미 열어 밝혀져 있는데, 이는 세계와 도구 그리고 다른 이들이 함께 열어 밝혀져 있음이 속한다. 다시 말해서 속에 있음은 도구와 타인들이 곁에 있음과 더불어 있음으로 앞서 열어 밝혀져 있음을 함축하고 있다.

세계 속에 있음으로서 우리들은 우리들 자신의 존재가능성들을 앞서 이해하고 있다. 그리고 자기 자신의 존재가능성에로 스스로를 기획투사하는 것을 하이데거는 이해라고 부른다. 그리고 이해가 언제나 세계 속에 있음에 대한 이해이고 존재가능성에 대한 기획투사라면, 그리고 이 존재가능성 전체가 그 의미의 다양성에 따라 분류파악될 수 있는 것이라면, 이해는 말에 의해서 구성되어 있다. 그런데 인간 현존재는 이미 자신이 세계 속에 내던져져 있다는 사실을 잘 알고 있다. 그리고 하이데거를 따르면 이 앎은 인식적 앎이 결코 아니고 기분에 의해 발견되어 있는 것이다. 인간 현존재는 언제나 그때마다의 기분에 잡혀 있다. 하이데거는 이러한 기분잡혀 있음을 처해있음이라고 말하고 있다. 그리고 그 처해있음은 바로 인간 현존재가 세계 속에 있음으로써 가능하다.

> 처해있음의 기분잡혀 있음이 실존론적으로 현존재의 세계방성을 구성한다. …… 처해있음에는, 거기에서부터 관계되는 것을 만날 수 있는 세계에 열어 밝히면서 의존해 있음이 놓여 있다.[43]

43 *SuZ*, 137/8쪽.;『존재와 시간』, 191/2쪽.

왜냐하면 우리는 열어 밝히는 처해있음에 근거해서, 일상적인 둘러봄이 자칫 잘못 보거나 그로 인해 착각에 빠질 수도 있다는 사실을 염두에 두어야 하기 때문이다. 그 경우 절대적인 세계인식이라는 이념에서 보면 그 사실은 하나의 비존재이다. 이론적인 바라봄은 늘 세계를 획일성으로 끌고 간다. 세계를 이론적으로 바라봄은 세계가 오로지 자기에게 편안한 때에만 가능한 것이다.

그런데 우리는 처해있음에서 이미 앞서 열어 밝혀진 기분 속에서, 그리고 그 기분이 열어 밝히고 있는 세계를 만난다. 즉 열어 밝힘은 특정한 대상에 대한 이론적이고 관찰적인 바라봄이 아니다. 그것은 그때그때마다의 기분에 의해서 우리들이 내던져져 있음으로부터 등을 돌림이거나 그것에로 향함이다.

> 처해있음은 우리들 인간 현존재를 그의 내던져져 있음과, 그의 존재와 더불어 그때마다 이미 열어 밝혀진 세계에 의존해 있음에서 열어 밝힐 뿐 아니라, 처해있음 속에서 인간 현존재는 끊임없이 '세계'에 내맡겨지며, 자기 자신을 어떤 방식에서는 회피하는 식으로 자신이 그 '세계'에 관계되도록 버려둔다.[44]

우리들은 꺼리는 기분, 즉 슬픔이나 분노, 공포나 두려움 등과 같은 기분으로부터는 피하는 식을 선택하려 한다. 그런데 피하기 위해서는 이미 앞서 열어 밝혀짐 안에서 그러한 기분을 덮쳐오게 하는 것을 발견해내어야 한다.

그것은 기분이 일어나는 이유를 말하는 것이 아니다. 물론 우리는 무엇 때문에 즐겁기도 슬프기도 하고 때로 분노하기도 한다. 그리고 무엇이 이유가 되기 때문에 이유가 되는 그것이 무섭고 이유가 되는 그

44 *SuZ*, 139쪽.;『존재와 시간』, 193/4쪽.

것을 마주 대하기가 두렵기도 하다. 그 무엇은 ~때문에 그리고 ~을 이유로 라는 식으로 표상화한 어떤 것이다. 그렇다면 우리들은 우리가 표상한 것들로 인해서 그 표상된 것들이 일으키는 결과로 어떤 기분에 잡혀 있게 되는 것일까. 만일 표상되는 대상들로부터 우리의 기분이 발원하고 있다면, 그것은 존재적인 기분이다. 그러나 이 글에서 시도하려 하는 것은 처해있음에서 발원하는 기분에 대한 존재론적 접근이다.

그렇다면 존재적인 이해에서 기분에 대한 논의를 끝낼 수는 없다. 기분이 잡쳐질 수 있고 뒤바뀌어버릴 수 있다는 사실[45]은 단지 인간 현존재가 그때마다 각기 이미 언제나 기분잡혀 있음을 말하고 있을 뿐이다. 다시 말해서 인간 현존재가 기분의 열어 밝힘에 굴복하지 않고 자신을 열어 밝혀진 것 앞으로 데려오지 않게 한다는 것, 즉 열어 밝혀진 거기에서 등을 돌린다는 것은 이미 그가 본질적으로 그 기분잡힌 거기에의 기분잡혀져 있음 속에 존재한다는 말이다.

우리가 어떤 것을 배려함과 다른 이들을 심려한다는 염려의 구조는 우리들이 자기 자신의 존재가능을 염려하기 때문에 가능한 것이다. 우리는 존재자들을 배려하고 심려하면서 우리 자신의 실존가능성에 대해 염려한다. 그런데 그 배려와 심려는 일차적으로 우리들의 기분에 따라서 배려되고 심려된다.

배려와 심려, 그리고 염려가 인간 현(거기에, Da)존재의 근본적인 존재방식이라고 할 수 있다는 것, 그러한 방식들이 기분에 의해 규정된다는 것은 현(거기에)존재도 기분에 의해 규정되어 있어야 한다는 것을 뜻한다. 기분은 현(거기에)존재의 존재를 구성하는 존재성격들 중 하나이다. 따라서 기분을 덮쳐오게 하는 것은 거기에 존재하는 인간 현존재의 염려이며, 세계 속에서 기분이 덮쳐오는 것은 다름 아닌 인간 현

45 '다르게 느껴질(보일) 수 있음' 은 스스로에 의한 인위적이고 심리적인 상태에서 그리되는 것이 아니다. 세계는 기분에 따라서 달리 느껴진(보인)다.

존재의 존재이다.

> 일상적 배려에서의 방해받지 않은 침착함뿐만 아니라 저지당한 언짢음도, 전자의 후자로의 바뀜이나 그 반대도, 불쾌감 속에 빠져듦도 존재론적으로 아무 것도 아닌 것이 아니다. 비록 이러한 현상들이 현존재에게서 이른바 가장 무의미하고 가장 일시적인 것으로 주목받지 못한 채 남아 있기는 하지만 말이다. 기분이 잡쳐질 수 있고 뒤바뀌어버릴 수 있다는 사실은 단지 현존재가 그때마다 각기 이미 언제나 기분잡혀 있음을 말하고 있을 뿐이다.[46]

하이데거는 현(거기에)존재의 존재성격을 현존재의 실존범주라고 이름하며, 그 실존 범주를 처해있음(기분잡혀 있음), 이해함(실존성) 그리고 말 또는 빠져있음으로 규정한다. 이러한 실존범주가 현(거기에)존재의 근원적인 구조인 속에 있음을 구성하고 있다면, 그것들은 동일한 근원으로부터 나온 것, 즉 동일근원적인 것들이다.

> 처해있음은 '거기에'의 존재가 그 안에 머물고 있는 실존론적 구조 가운데 하나이다. 처해있음과 더불어 똑같이 근원적으로 이해가 그 존재를 함께 구성하고 있다. 처해있음은, 비록 그것이 단지 이해를 억누르고 있는 상태로서 일지라도, 그때마다 나름의 이해를 가지고 있다. 이해는 언제나 기분[분위기]잡힌 이해이다. …… '그 때문에' 안에서 실존하는 세계 속에 있음이 그 자체로서 열어 밝혀져 있으며, 이 열어 밝혀져 있음이 이해라고 명명되었다. …… 실존범주로서의 이해에서 할 수 있는 것은 어떤 무엇이 아니라 실존함으로서의 존재함이다. 이해에는 실존론적으로 존재할 수 있음이라는 현존재의 존재양식이 놓여 있다.[47]

---

46 *SuZ*, 134쪽.;『존재와 시간』, 187쪽.

이해는 현존재의 존재를 그의 그때마다의 세계의 세계성인 유의미성에로와 마찬가지로 근원적으로 그의 '그 때문에'에로 기획투사한다.[48]

하여간 이제 처해있음(기분잡혀 있음)의 본질규정을 다음과 같이 요약할 수 있다. 첫째, 처해있음은 우리 자신의 세계 속에 내던져져 있음을 기분에서 열어 밝힌다. 둘째, 세계, 도구들과 함께 거기에 있음으로서의 다른 사람들, 그리고 실존, 즉 세계 속에 있음 전체를 근원적으로 열어 밝힌다. 셋째, 우리가 세계에 의지하며 존재함을 가능하게 해준다.[49]

4. 인간의 존재가능 — 해낼 수 있음의 능력과 현존재의 근원적인 가능성

우리는 앞서 생명체의 특성으로 고유함과 자기성을 제시해 보았었다. 이때 고유함이라는 자기 것 다움(Eigen-tümlichkeit)은 각각의 모든 해낼 수 있는 능력이 띠고 있는 근본 성격의 하나이다. 해낼 수 있는 능력은 자체에게 속해 있고, 그 자체에 의해 자리 잡혀 있다. 즉 자기 것 다움은 존재할 수 있음의 한 양식, 다시 말해 자기를 자신 것으로 만들 수 있음의 방식으로 존재할 수 있음의 한 양식이다.[50]

생명체는 자기 보존성을 어떤 힘이나 엔텔레키 또는 자아성에서 구하지 않는다. 자기 보존성은 생명체가 개체의 존재를 유지하려는 존재의 고유함을 의미한다. 고유성으로서 자기 존재성은 존재자들을 그 존재자이게 하는 그러한 목적의 근본성격이다. 생명체는 자기 존재의 목

---

47 *SuZ*, 142/3쪽.;『존재와 시간』, 198/9쪽.

48 *SuZ*, 145쪽.;『존재와 시간』, 201쪽.

49 참조: *SuZ*, 134~140쪽.;『존재와 시간』, 186~191쪽. 구연상, 같은 책, 39~46쪽.

50 *Grundbegriffe*, 340쪽.;『근본개념들』, 382쪽.

적을 자체 목적성으로 이해한다. 그런데 자체 목적성이란 질서 잡힌 구조 연관성에서 주어지는 것이다. 즉 생명은 관계의 그물에 존재하며 관계의 그물에서 그 의미를 갖는다.[51]

이것은 생명체의 특징이 신진 대사로 자신의 개체를 유지하고, 생식을 통한 번식을 하며, 진화를 겪음으로서 변화하는 환경에 적응한다는 것을 말하는 것이다. 자연은 그러한 것들이 관계하고 있는 관계의 그물망이다. 따라서 생명체가 존재함의 근거는 대사와 번식, 그리고 진화라는 현상이 일어날 수 있게 하는 여러 가지들의 관계의 그물망인 자연 안에서 발견된다.

해낼 수 있음(Fähigsein)은 자신을 앞에 내놓음(Sichvor-legen)이며 앞에 내놓으면서 자신을 자기의 고유한 자신을 위해서(das eigene Wozu) 자기 자신 안으로 앞에 내놓음이다. 해낼 수 있는 능력 그 자체는 자기 것답다고 말할 수 있다. 해낼 수 있는 능력(Fähigkeit)은 자기 것 다움이라는 성격을 띠고 있다. 그래서 해낼 수 있는 능력이 존재할 수 있는 경우는 오직 다음과 같은 때뿐이다. 즉 능력이 부여된 것이, 즉 유기체가 이러한 자기 것 다움에 의해서 규정되어 있을 때, 다시 말해서 유기체가 자신을 자기 자신의 자리에 간직해 둘 수 있는 가능성을 가지고 있을 때, 그때뿐이다.[52]

그러나 인간 현존재는 단순하게 대사와 번식 그리고 진화할 수 있음으로부터 그 존재의미나 존재근거를 말할 수 없다. 우리가 인간 현존재의 존재의미와 존재근거를 발견하는 거기는 인간 현존재의 고유한 존재가능에서부터이다. 흔히 우리는 인간을 가능적 존재라고 여기고, 그 가능성을 그때그때마다 손안의 것이나 눈앞의 것으로 실현될 수 있음이라 받아들이지만, 인간 현존재의 본래적인 가능성은 자기 자신의

51 참조: 신승환, 같은 글, 367쪽.

52 참조: *Grundbegriffe*, 339쪽.;『근본개념들』, 380쪽.

현재성을 늘 앞질러 있다.[53] 즉 가능성은 언제나 현실로 실현되지 않은 채 있다. 가능성이 실현된다면, 그것은 이미 현실성이지 더 이상 가능성이 아니기 때문이다. 따라서 가능성이란 인간 현존재가 무언가를 구체적으로 해낼 수 있음을 지시하는 것이 아니다.

따라서 인간 현존재가 간직하는 그 자신의 고유성은 생명체 일반에게 열려있는 자기 것 다움과는 다르다. 생명체 일반에게 고유성이 구체적으로 대사를 이룰 수 있고 번식할 수 있고 진화할 수 있음에로 제한되어 그 자체 존재목적이 자기 보존에 머무르고 있다면, 인간 현존재의 고유성이란 바로 그가 그 자신으로서 그의 존재가능 안에서 그 존재가능에로 다가갈 수 있고 자기 자신의 근거에로 되돌아 올 수 있음으로서의 실존에 다름 아니다. 물론 인간 현존재에게도 해낼 수 있음이라는 구체적인 기대함에서 일어나는 가능성이 남아있기는 하다. 그러나 이러한 기대함 또한 인간 현존재의 존재가능이 앞서 있기에 열어 밝혀질 수 있다.

우리는 다만 아직 닥치지 않은 시간 속에 상정된 무엇 무엇에 대한 해낼 수 있음이라는 성취를 꿈꿀 뿐이다. 그러나 인간 현존재의 가능성은 어떤 구체적인 시간 속에 있는 어떤 것들에게 향하여 있는 것이 아니며, 인간의 삶이 끝나는 그 순간까지 파악될 수 있는 대상이 아니다. 다시 말해 인간 존재의 전체성 안에서 가능성이란 구체적으로 어떤 것, 혹은 구체적인 어떠함에로 향해 있지 않다.

그렇기 때문에 인간 현존재의 전체성을 인식한다는 것은 가능하지 않다. 왜냐하면 인간은 단 한 번도 그의 전체를 실현해낼 수 없기 때문이다. 인식함이란 인식의 주체가 인식 대상인 존재자를 마주하여 그것을 지각하고 자기의 것으로 만드는 것을 뜻한다. 그런데 인간 현존재의 전체성은 대상으로서 표상될 수 없다. 게다가 존재가능은 어떤 식

53 참조: *SuZ*, 236쪽.;『존재와 시간』, 317쪽.

으로도 대상화할 수 없는 것이다.

그러므로 우리가 시간 속에 머물러 있는 한, 우리는 가능성이 완전하게 실현되는 것을 어떤 방식으로도 확인할 수 없으며, 인식할 수도 없다. 그럼에도 인간은 그의 가능성 속에서 존재한다. 인간에게 현실성은 늘 가능성에 뒤서 있고, 인간으로 하여금 그때그때마다의 하루를 살게 하는 것은 앞서 있는 가능성의 힘이다. 가능성은 그야말로 인간 현존재가 바로 그로서 존재할 수 있음 자체이다. 즉 가능성은 현존재의 실존을 열어 밝혀낸다.

그런데 인간 현존재의 가능성에 관한 탐구는 일단 일상적인 인간 현존재가 누구인가라는 물음에 대한 답변으로 시작할 수 있다. 하이데거는 인간 현존재가 일상 세계 속에서 이미 다른 이들과 함께 존재하고 있다는 사실에서부터 그 논의를 출발한다. 하이데거는 다음과 같이 말한다.

> '타인'은 나를 제외한, 내가 그것과는 구별이 되는, 남은 여타의 사람들 전체를 말하는 것이 아니다. 오히려 타인은 사람들이 대개는 그것과 자기 자신을 구별하지 않고 그 속에 같이 속해 있는 그런 사람들이다. …… 우리는 타인을 배려하며 둘러보는 현전재가 본질적으로 그 속에 체류하고 있는 바로 그 세계에서부터 만난다. …… 현존재는 자기 자신을 우선 대개 그의 세계에서부터 이해하고 있으며, 타인의 공동현존재는 세계내부적인 손안의 것에서부터 다양하게 만나고 있다. …… 더불어 있음으로서의 현존재가 그것과 관계를 맺고 있는 그 존재자는 손안에 있는 도구의 존재 양식을 가지고 있지 않다. 그 존재자 또한 현존재이다. 이러한 존재자는 배려되는 것이 아니라 오히려 심려의 대상이 된다.[54]
> 현존재를 그 자신에게로 개별화시키며 이 개별화는 실존을 위해서 '거

54 *SuZ*, 118/9, 121쪽.;『존재와 시간』, 166/7, 169쪽.

> 기에'를 열어 밝히는 한 방식이다. 이러한 개별화는 가장 고유한 존재가능이 문제가 되면, 모든 배려되고 있는 것 곁에 있음과 모든 타인과의 더불어 있음이 소용없다는 것을 분명하게 해준다. 현존재는 오직 그 자신을 스스로 가능하게 만들 때에만 본래적으로 그 자신으로 존재할 수 있을 뿐이다.[55]

그런데 소용없음이, 곁에 있는 것들과 더불어 있는 타인들이 인간 현존재와 아무런 상관이 없어진다는 것을 뜻하는 것은 아니다. 소용없다는 것은 곧 곁에 있는 것과 더불어 있는 것에 대한 인간 현존재의 존재 방식인 배려와 심려를 스스로에게서 떼어놓음을 의미하는 것이 아니다. 다만 인간 현존재는 스스로를 그들(타인들, das Man) 자신의 가능성이 아니라, 자기 자신의 가장 고유한 존재가능에로 기획투사하는 한에서만 본래적으로 자기 자신임의 가능성을 얻는다는 말이다.

인간 현존재는 결코 타인의 가능성 속에서 존재하지 않는다. 우리들은 그 스스로의 존재가능성으로 있다. 물론 이미 인간 현존재는 철저하게 도구적 존재자 곁에 그리고 타인들과 더불어 존재한다. 이러한 관련은 인간 현존재의 실존을 앞서 구성하고 있다. 그러나 본래적인 의미에서 인간 현존재의 존재는 그의 전체존재가능으로 실존할 때 열어 밝혀진다. 그리고 이는 인간 현존재가 내던져짐이라는 현사실성 속에서 그 내던져짐조차 탓이 있음을 떠맡음으로 비로소 드러나게 된다.

여기에 인간 현존재의 고유한 존재가능이 오로지 미래를 향할 수 없는 이유가 있다. 고유한 존재 가능성이란 능동적인 힘을 가함으로써 아직 획득하지 못한 무엇을 얻고 혹은 아직 닥치지 않은 어떤 것을 해낼 수 있다는 의미가 아니다. 오히려 고유한 존재 가능성은 그의 있음(존재)이 그 자기 자신에게 떠맡겨짐을, 세계 속에 내던져짐을 떠맡음

---

55 *SuZ*, 123쪽.;『존재와 시간』, 172쪽.

으로써 열려지는 자기 스스로에로 기획투사하는 본래적인 결단성과 관련되어 있다.

결단성은 아직 이라는 미래를 능동적으로 결정지음이 아니다. 결단성은 이미 인간 현존재가 어떤 시간 속에 구체적으로 내던져져 있음에 의해 일어난다. 그렇기에 결단성은 그 내던져져 있음을 스스로 떠맡아야 함이라는 존재 근거와 관련되어 있다. 따라서 고유한 가능성은 인간 현존재의 내던져져 있음, 빠져있음, 결단성, 그리고 실존함으로부터 열어 밝혀져야 한다.

앞서도 말했듯이 실존이란 인간 현존재가 그 자기 자신 스스로 있음(존재)을 말한다. 더 풀어 말하자면, 실존은 자기의 있음(존재)에서 이 있음 자체를 문제로 여기는 인간 현존재의 존재를 일컫는 말이다. 그리고 인간 현존재가 실존한다는 것은 그 자신이 존재할 수 있는 여러 가지 가능성들을 문제 삼으면서 존재한다는 것을 뜻하는 것이다.

> 현존재는 언제나 자기 자신을 그의 실존에서부터, 즉 그 자신으로 존재하거나 그 자신이 아닌 것으로 존재하거나 할 수 있는 그 자신의 한 가능성에서부터 이해한다. 인간 현존재는 이러한 가능성들을 그 스스로 선택했거나, 아니면 그 가능성들 속으로 빠져들게 되었거나, 아니면 각기 이미 그 속에서 성장해왔다.[56]

이 말은 인간 현존재의 실존이 자기 스스로의 가능성에서부터 일어날 수도, 다른 한 편으로는 이미 그가 처해있는 세계로부터 그 세계에 의존하는 방식으로 일어날 수도 있다는 것이다. 우리들 인간 현존재는 세계 속에 있음(존재)으로서 세계를 구성하는 다양한 것들을 만난다. 그리고 우리들은 있는 한, 끊임없이 그것들과 이런 저런 관계를 맺고

---

56 *SuZ*, 12쪽.;『존재와 시간』, 28/9쪽.

있다. 우리는 우선 그리고 대개는 앞서 드러나 있는 처해있음에서 그것들과 관계를 맺는다. 그러나 인간 현존재는 처해있음의 앞서 드러나 있음에서 더 이상 변화하지 않음으로 존재하는 그런 존재자가 아니다. 오히려 인간 현존재는 실존으로서, 세계 구성의 연관 안에서 그의 고유한 가능성을 향할 수 있다는 존재이해 안에 있다.

실존은 관념적 존재나 이념적 존재와 대비되는 말이다. 실존은 현실 안에서 변화를 겪는 구체적 존재를 지칭하는 것으로 이해되어 왔다. 실존, 즉 Exsistenz이라는 말은 전통적으로 완전자로서의 신[神] 밖에(Ex-) 섬(sistere)을 뜻한다. 하이데거는 Exsistenz를 창조주로서 모든 것을 주도하는 신으로부터 떨어져 나와 스스로의 존재를 스스로 형성해 갈 수 있는 존재가능을 뜻하는 것으로 쓴다.

즉 실존이란 사물처럼 그 본질이 일단 정해지면 더 이상 변할 수 없는 것이 아니라, 자기 자신의 존재를 자기 스스로 이루어낼 수 있는 존재가능을 뜻하는 용어인 것이다. 다시 말해서, 인간은 스스로의 존재가 정해지면 그것으로 확정되고 마는 그런 존재자가 아니다. 인간 현존재는 자기 스스로 자신의 존재를 떠맡음으로서 자신의 가능성을 살아있는 한 설계하고 기획하면서 자신이 될 수 있는 자기의 도래적 모습에서부터 자기의 현재를 문제 삼는다.[57]

이에 Ex(밖에)가 의미하고 있는 것이 드러난다. 그것은 첫째 신으로부터, 둘째 본질로부터, 셋째 현실성으로부터의 '밖에'이다. 인간에 대한 전통적인 정의는 신이 부여하고 규정지은 성질 안에서 이미 정해져 있는 본질로서 인간을 인식할 수 있다고 하는 것에 근거한다. 그러나 인간존재양식의 독특함이 실존으로 드러날 수 있는 한, 인간 현존재는 그것들 밖으로 나와 서야 한다. 실존으로 이해할 수 있는 인간 현존재의 고유함은 그가 처해있는 현실성으로부터 나와 섬으로 이야기

57 참조.:『존재와 시간 용어해설』, 이기상 · 구연상, 까치사, 1998, 162~164쪽.

될 수 있다.[58]

어찌되었건 인간 현존재의 본질은 다름 아니라 바로 실존이며, 이 본질은 그의 존재할 수 있음에 있다. 그렇기에 인간 현존재의 존재성격은 이리 저리 보이는 앞의 존재자의 눈앞에 있는 속성들이 아니다. 오히려 그 성격은 그때마다 각기 그에게 가능한 존재함의 방식이고 오직 이것일 뿐이다. 인간 현존재에게 그의 존재함에서 문제가 되고 있는 그 존재는 각기 자기 존재이다. 각기 자기 존재를 문제 삼고 있는 인간 현존재는 저마다 그의 가능성으로 존재한다.

> 각기 우리들 자신인 존재자의 존재는 각기 나의 존재이다. 이러한 존재자의 존재에서 이 존재자 자체는 자기의 존재와 관계를 맺고 있다. 이러한 존재의 존재자로서의 그 존재자에게는 그의 고유한 존재가 떠맡겨져 있다. …… 현존재의 '본질'은 그의 실존에 있다. (실존은)그때마다 각기 그에게 가능한 존재함의 방식들이며 오직 이것일 뿐이다.[59]

실존이라는 존재양식에서 드러나는 구조의 연관이 분석되는 거기의 가운데에는 인간 현존재가 있다. 그러나 인간이 모든 삶의 중심에 있으면서 그 분석을 좌지우지한다는 의미는 아니다. 다만 어떤 것에 관하여 분석하기 위해서는 그 분석을 해낼 수 있는 존재자가 필요할 뿐이다. 실존이 인간 현존재의 존재양식을 가지는 존재자에게만 적용될 수 있는 것이라 한다면, 더욱이 그러하다. 이 점에서 우리는 실존의 존재 성격에 대한 규정들로서의 실존범주[60]들, 실존의 술어가 될 수 있는 것들을 전통적으로 범주라고 이름 하여 사물적 존재자에게 적용했던

58 참조: *SuZ*, 59~62쪽.;『존재와 시간』, 89~93쪽.

59 *SuZ*, 42쪽.;『존재와 시간』, 66/7쪽.

60 처해있음, 이해함, 그리고 말.

것과 엄밀하게 구분해야 한다.

그런데 앞서 간단하게 말했듯이, 실존이라는 말에는 그 누구도 대신 할 수 없는 자신의 삶을 자신이 살아야 한다는 각자성(Jemeinigkeit)과 각자가 그 자신의 존재를 존재해야 한다는 존재이행이 본질로 속함에도, 실존은 두 가지 존재양식으로 일어나고 있다.

> 현존재는 언제나 자기 자신을 그의 실존에서부터, 즉 그 자신으로 존재하거나 그 자신이 아닌 것으로 존재하거나 할 수 있는 그 자신의 한 가능성에서부터 이해한다. …… 실존은 오직 그때마다의 인간 현존재에 의해 장악하거나, 놓치는 방식으로 결정된다.[61]

분명 우리들 인간 현존재는 언제나 자기 자신을 실존에서부터 이해하고 있다. 우리들은 그 자신을 바로 그 자신에서부터 이해하거나, 또는 자신과는 다른 존재자로부터 이해하기도 한다. 실존은 그때마다 실존하는 현존재에 의해 결정된다. 그런데 실존을 구성하고 있는 구조의 연관을 지칭하는 실존성은 자기 자신에 의해 주도적으로 이루어지는 실존적 결단에 의해서 결정되는 것이 아니다. 따라서 다음에서는 실존의 방식과 실존을 구성하는 구조 연관을 살펴보도록 한다.

61 *SuZ*, 12쪽.;『존재와 시간』, 28/9쪽.

산다는 것
죽는다는 것 02

인간 현존재의 존재와 염려

"인간은 염려이다." 하이데거의 이 말은 어디로부터 근거하는가. 인간은 태어나면서 죽음에 이를 때까지 스스로에 관해 남들에 대해 그리고 도구들에 대해 늘 염려를 늦출 수 없다. 그렇다면 인간에게 염려는 어떤 의미를 지니며 어디로부터 발원하는가. 꼬리를 무는 물음 속.

앞의 절에서 우리는 인간 현존재의 독특한 존재 방식으로서 실존에 관해 논의해보았다. 실존은 한 개인이 단독적으로 존재함이 아니다. 인간 현존재가 실존함에는 다른 것들과의 연관이 놓여있다. 이 절에서는 그 연관구조를 알아보도록 한다.

인간 현존재는 살아가면서 수많은 문제들을 만난다. 그 문제들은 모두 조각조각 따로이 있는 것이 아니고 언제나 다른 문제들과 연관되어 있다. 우리들은 인간 현존재로서 세계 속에서 살아간다. 그리고 그 세계 속에서 문제들을 만나고, 만나는 문제들에 대해 물음한다. 우리들이 만나는 문제들은 일차적으로 나 자신과 관련되어 있다.

일상 세계 속에서 우리들은 도처에 널려 있는 문제거리들을 어떻게든 나름대로 문제 삼고 있다. 그러나 어떤 문제가 문제 삼아질 수 있다는 것은 그것을 문제 삼을 수 있는 인간과 같은 어떤 존재자가 존재할 때에만 가능하다. 이 존재자는 그 자신이 이미 자신의 존재를 이해하고 있어야 한다. 이는 그 존재자에게 자신의 존재가 어떤 방식으로건 열어 밝혀져 있음으로써 이해되고 있다는 말이다.

이미 앞에서도 사용하고 있어왔던 현존재(거기에 있음)라는 명칭은 바로 그 존재자를 지칭하는 것이다. 현존재가 문제를 물음할 수 있으려면, 그 물음을 물을 수 있는 현존재 자신의 존재를 이해하고 있어야만 한다. 물음할 수 있는 문제는 언제나 어떤 것에 대한 문제이다. 따라서 물음이 가능해지기 위해서는 어떤 것들이 앞서 현존재에게 이해되고 있어야 한다.

이 어떤 것은 존재하는 것 일반이다. 인간 현존재는 세계 속에서 이러한 어떤 것들을 도구로서, 다른 이들로서, 무엇보다도 자기 자신으로서 만난다. 그리고 하이데거는 인간 현존재가 그것들을 만나는 방식을 각각 배려(Besorge), 심려(Fürsorge), 염려(Sorge)라고 말한다.

> 세계 속에 있음이 본질적으로 염려이기 때문에, 앞의 분석에서 손안의 것 곁에 있음을 배려로, 세계내부적으로 만나게 되는 타인들의 공동현존재와 더불어 있음을 심려로 파악할 수 있었던 것이다. '~곁에-있음'은 배려인데, 그 까닭은 그것이 속에 있음의 방식으로서 그 속에 있음의 근본구조, 즉 염려에 의해서 규정되기 때문에 그렇다. 염려는 예컨대 현사실성과 빠져있음으로부터 떼어내서, 실존성만을 성격규정하고 있는 것이 아니라, 그러한 존재규정들의 단일성을 포괄한다. 따라서 염려는 또한 일차적으로 그리고 전적으로 자아의 자기 자신에 대한 고립된 행동관계를 의미하는 것이 아니다. 배려와 심려에 유비적으로 '자기염려'라는 표현을 쓴다면, 그것은 동어반복이 될 것이다. 염려는 자기 자신에 대한 어떤 특별한 관계를 의미할 수 없는데, 그 까닭은 이 자기 자신이 존재론적으로 이미 자기를-앞질러-있음에 의해서 성격 규정지어져 있기 때문이다. 그러나 이 규정에는 또한 염려의 다른 두 구조적 계기들, 즉 이미 ~속에-있음과 ~곁에-있음이 함께 정립되어 있다.[62]

인간 현존재에게 물음 되는 존재하는 것으로서의 어떤 것이 반드시 눈에 띄는 것으로 이해될 필요는 없다. 이렇게 눈에 띄지 않는 방식으로 존재하는 그것을 하이데거는 손안에 있는 것이라고 부른다. 우리는 손안에 있는 것을 도구로서 만난다. 도구와의 만남은 도구의 사용사태에서 인간 현존재의 존재가능성과 연관된다. 즉 우리는 도구를 우리들 인간 현존재의 존재가능성 때문에 사용하면서 만난다. 그러나 일상적으로 우리들은 우리 자신의 존재가능성 때문에서가 아니라, 우선 도구를 사용할 목적에서 도구를 사용하는 데 관심이 쏠려 있다. 우리가 도구에 마음 쏟는 것은 그 도구 자체 때문이 아니라, 도구의 사용목적 때문이다. 이러한 마음 쏟음을 하이데거는 염려의 한 양태로서 배려(Besorge)라고 부른다.

인간 현존재는 도구만이 아니라, 도구의 제작자와 사용자, 그리고 그 도구와 연관된 타인들과도 관계 맺는다. 그런데 그 타인들이 인간 현존재와 같은 방식으로 존재하는 존재자들인 한, 우리들은 그 타인들을 도구에 대한 배려의 방식과 같은 사용사태로서 만나지 않는다. 타인들은 또한 우리들과 긴밀한 관계에 있거나 우리들과 무관한 인간들이다. 우리는 그러한 타인과 심려(Fürsorge)의 방식으로써 관계 맺는다. 우리는 살아있는 한, 끊임없이 도구를 배려하고 타인을 심려하며 스스로를 염려한다.

그렇다면 다음에서는 "인간 현존재의 존재는 염려이다."라는 말의 의미를 살핌으로써, 우리들이 인간 현존재로서의 나 자신을 염려(Sorge)함, 도구를 배려함, 그리고 타인들을 심려함이라고 규정하고 있는 염려가 어떻게 구성되는가를 알아보도록 한다.

---

62 *SuZ*, 193쪽.;『존재와 시간』, 263쪽.

1. "인간 현존재(Da-Sein)의 존재는 염려다."라는 말의 의미

> 현존재의 존재는 염려이다. 이 존재자는 내던져져 있는 자로서 빠져있으며 실존한다. 그의 현사실적 '거기에'와 더불어 발견된 '세계'에 내맡겨진 채 배려하며, 그 '세계'에 의존하고 있으면서, 현존재는 그의 세계 속에-존재-가능을 기대하고 있다.[63]

하이데거가 인간을 현존재(Da-sein, 거기에 있음)로 지칭하는 것은, 인간이라는 존재자가 전통적으로 인간을 설명하는 방식, 곧 이성적 동물이라던가 하느님의 모상으로서 본질 정의 될 수 없다는 것에 근거한다. 그러한 식의 정의는 인간에 대해서 보편적인 것을 이야기할 수는 있지만, 인간이란 본래 구체적인 세계에 속함으로써 존재한다는 것을 놓치고 만다. 하이데거를 따르면, 구체적인 하나의 세계는 처해있음(기분잡혀져 있음)으로부터 열어 밝혀지며, 인간은 그러한 세계 속에서 그 세계가 드러내는 도구 존재자들과 더불어 다른 이들과 함께 존재한다. 그러나 인간은 다른 존재자들과 달리 자기의 존재에 대한 존재이해를 갖는 유일한 존재자이다.

현존재라는 이름은 이러한 인간 존재의 독특함에 의한 것이다. 이는 인간이 그저 눈앞에 있음이나 존재를 문제 삼지 않는 일반 존재자와 달리, 자신의 존재를 문제 삼을 뿐 아니라 그 존재를 과제로 떠맡는 존재자이기 때문이다. 인간 현존재는 자기 자신의 존재를 그의 존재가능에서부터 그리고 바로 그 존재가능에로 기획투사하는 존재이다.

인간이 현존재라고 불릴 수 있는 것은, 현존재가 구체적인 세계 속에 존재함이고, 그 존재는 철저하게 시간성의 의미 이해로부터 발견되어야 하며, 인간 현존재는 자기 자신의 존재가능을 염려하고 있다는

---

63 *SuZ*, 412쪽.;『존재와 시간』, 536쪽.

구조로부터 열어 밝혀지기 때문이다. 이와 같이 하이데거는 시간을 넘어서 있는 보편적인 성질로 인간에 대해 접근하는 것이 아니라, 철저하게 시간 속에 있는 인간을 탐구의 주제로 삼는다.

이때, 염려란 자기 자신의 존재를 물음하는 것이다. 물음은 그 존재를 영원하거나 고정되어 있어 불변하는 것으로 여기지 않음에서부터 일어난다. 존재는 시간성과 연관되어 있다. 인간 현존재의 본질은 그가 자신을 어떻게 만들어 가는가에 달려 있다. 때문에 미리 주어져 있다거나 이미 고정되어 있음은 현존재의 본질이 아니다. 현존재는 아직 아닌 미래적 시간에 대해 그저 손 놓고 주저 앉아 기다리지 않는다.

하이데거는 아직 아닌 미래라는 시간 성격을 도래적 차원으로 잡아낸다. 도래에서 현존재는 그의 아직 아님으로서의 존재가능을 염려한다. 염려가 아직 아닌 자기 자신의 존재가능을 물음함에 있다는 것은 인간 현존재가 죽음에 이르기까지 끊임없이 자기 자신을 돌보며 간직하고 있기 때문이다. 돌보며 간직함, 그것이 바로 자기 자신을 물음하는 인간 현존재의 염려이다. 간직함은 인간 현존재의 유래를 간직함이다.

하이데거는 인간 현존재가 자기 자신의 의지나 선택과 무관하게 이 세상에 내던져져 있다고 말한다. 그러나 내던져진 존재로서 현존재는 세계가 해석되는 지평 속에서 자기 자신의 유한한 삶을 살아가는 동안에 본래적인 자기 자신으로 존재할 수 있음의 가능성 안에 있다. 인간 현존재는 이러한 존재이해를 마주하는 세계 속에서의 현사실적이고 구체적인 삶을 통해 획득한다.

따라서 인간 현존재는 자신의 존재를 간직하며 아직 아닌 도래에 나가 서 있다. 인간 현존재에게서 현재는 유래를 간직하면서 나가 서 있음으로 규정되어진다. 그렇기 때문에 돌보며 간직함이라는 인간 현존재의 염려는 철저하게 시간의 연관 안에서 일어난다. 인간은 이미 내던져져 있음과 마주함, 그리고 도래적 차원에서 언제나 자기 스스로를 염려한다.

인간 현존재는 그 염려를 자기 자신에게만 국한시키는 것이 아니라, 모든 존재하는 존재자들에게까지 펼쳐내고 있는 존재이다. 인간 현존재가 존재하는 모든 존재자들을 염려함은 바로 인간 현존재가 거기에서부터 존재하고 있음을 말해주는 것이다. 거기는 인간 현존재가 다른 존재자들과 더불어서 존재함이 열리는 바로 그곳이다. 따라서 인간 현존재가 자기 자신의 존재가능을 염려함은 우선 대개는 그들(das Man, 다른 이들) 속에 빠져있음으로 그들을 심려하고 세계내부적 존재자들을 배려함에서 드러나게 된다.

빠져있음(Verfallen)이란 인간 현존재가 그 자신의 존재가능을 망각하고 있음으로써, 다른 존재자들에 대해 그것들이 이미 열어내고 있는 세계 속에서 자기 자신의 존재물음을 상실하는 경향으로 존재하고 있음을 말한다. 그러나 비록 인간에게 존재물음이 제기되고 있지 않다고 하더라도 인간이 세계 속에 존재하는 한, 그는 이미 열어 밝혀져 있는 세계 내부적 존재자들을 이미 열어 밝혀져 있는 방식으로 염려하고 있다. 하이데거는 이를 비본래적 염려하고 부르고 있다. 그런데 비본래적인 염려는 본래적인 염려가 앞서 있음에서 그 성격을 규정할 수 있다. 왜냐하면 본래적인 염려가 앞서 이해될 수 있을 때, 그 이해로부터 비본래성에 관한 논의를 할 수 있기 때문이다. 본래적인 염려의 구조는 자기 존재의 존재가능 전체와 결부되어 있다.

하이데거가 인간 현존재의 존재를 염려라고 말할 때, 그는 존재론 이전의 단서 하나를 끌어들이고 있다. 즉 하이데거는 『존재와 시간』에서 인간 현존재의 존재를 염려라고 할 수 있는 근거를 철학적 사유가 시작하기 이전부터 전승되어 오고 있는 오랜 우화를 통해 제시한다.[64] 그는 염려의 위상이 인간은 육체(대지)와 정신(영혼)의 합성체라고 하는 잘 알려진 견해와의 연관 속에서 나오고 있음을 발견한다. 인간이 인간(호모)라는 이름을 얻게 되는 것은 흙(후무스)에서부터이다. 그 흙은 바로 호모라는 이름을 갖게 되는 구체적인 존재자로 빚어진 흙이다.

이 우화를 따르면, 염려가 처음으로 인간을 만들었다는 것으로부터 인간이라는 존재자는 그의 존재의 근원을 염려에 두고 있다고 할 수 있다. 그리고 하이데거는 "그것이 살아 있는 동안 염려가 그것을 소유할지니라."라는 이야기에서 그 존재자는 그 근원에 꼭 붙잡혀 있어, 그것이 세계 속에 있는 동안은 근원인 염려에 의해서 철저히 지배되고 있음으로 이해한다.

이 우화에서 표현되고 있는 인간에 대한 존재론 이전의 본질규정은 애초부터 이 세계에서의 인간의 시간적인 변화를 철저히 지배하고 있는 그 존재양식인 염려를 염두에 두고 있는 것이다. 즉 인간에게서는 염려가 그의 본성을 완성한다.[65] 염려가 할 일은 바로 인간의 완성, 즉 인간이 그의 가장 고유한 가능성에 대하여 자유로운 존재에서(즉 기획투사에서) 무엇일 수 있는 바로 그것이 되는 것이다. 그러나 염려는 똑같이 근원적으로, 이 존재자가 배려된 세계에 내맡겨져 있는 근본양식(내던져져 있음)을 규정한다. 염려의 이중 의미는 그 본질상 내던져져 있는 기획투사라는 이중 구조를 가진 하나의 근본구성틀을 뜻한다.

하이데거에 따르면, 인간 현존재는 자기 자신의 존재가능을 염려하

---

64 '염려'가 강을 건너갈 때, 그녀는 점토를 발견했다. 생각에 잠겨 그녀는 한 덩어리를 떼어내어 빚기 시작했다. 빚어낸 것을 바라보며 곰곰이 생각하고 있는데, 유피테르가 다가왔다. '염려'는 빚어낸 덩어리에 혼을 불어넣어달라고 유피테르에게 간청했다. 유피테르는 쾌히 승낙했다. '염려'가 자신이 빚은 형상에 자기 이름을 붙이려고 하자, 유피테르가 이를 금하며 자기의 이름을 주어야 한다고 요구하고 나섰다. 이름을 가지고 '염려'와 유피테르가 다투고 있을 때 텔루스(대지)도 나서서, 그 형상에는 자기의 몸 일부가 제공되었으니, 자신의 이름이 붙여지기를 요구했다. 다투던 이들은 사투르누스(시간)를 판관으로 모셨다. 사투르누스는 다음과 같이 얼핏 보기에 정당한 결정을 내려주었다. "그대, 유피테르, 그대는 혼을 주었으니 그가 죽을 때 혼을 받고, 그대, 텔루스는 육체를 선물했으니 육체를 받아가라. 하지만 '염려'는 이 존재를 처음으로 만들었으니, 이것이 살아 있는 동안, '염려'는 그것을 그대의 것으로 삼을지니라. 그러나 이름 때문에 싸움이 생겼는 바로, 그것이 후무스(흙)로 만들어졌으니 '호모(인간)'라고 부를지니라." *SuZ*, 197/8쪽.; 『존재와 시간』, 269쪽.

65 세네카, 『서한』124. *SuZ*, 198/9쪽.;『존재와 시간』, 270쪽에서 다시 따옴.

지만 우선 대개는 배려된 존재자들로서 살고 있다. 이 말은 인간 현존재가 일상 속에서 우선 대개 다른 이들(das Man, 그들)이 존재하는 대로 그렇게 존재하며, 다른 이들이 배려하는 것과 같이 그렇게 배려하는 존재자들의 세계에 빠져 있음으로써 거기에서부터 자기 자신까지도 이해하고 있음을 말하는 것이다. 다시 말하면, 존재자들 곁에 있음도 하나의 배려이다. 왜냐하면 그 배려가 속에 있음의 한 방식으로서 속에 있음의 근본구조인 염려에 의해서 규정되기 때문이다. 따라서 염려는 현사실성과 빠져있음, 그리고 실존성이라는 그 모든 존재규정의 단일성을 포괄적으로 구성한다.

인간 현존재의 존재는 세계내부적으로 만나게 되는 존재자 곁에 있음으로서 자기를 앞질러 이미 세계 속에 있음을 말한다. 이때, 이러한 존재는 존재론적이고 실존론적으로 뜻 새김 되고 있다. 그렇기 때문에 걱정이나 근심이라는 식의 존재적인 의미는 염려의 의미와는 근본적으로 다른 것이다. 왜냐하면 걱정이나 근심은 그것이 일어나게 되는 까닭을 제거하면 사라질 수 있는 것이기 때문이다. 그러나 염려는 그 까닭이 인간 현존재의 존재가능 전체에 있으므로 인간이 살아있는 한, 제거될 수 없다. 염려의 구성요소에는 실존성, 현사실성, 그리고 빠져있음이 속한다.

> '앞에'와 '앞질러'는 도래를 가리키고 있으며, 그러한 것으로서 도래는, 현존재가 그에게 바로 그의 존재가능이 문제가 될 수 있는 식으로 존재할 수 있는 것을 비로소 가능하게 한다. 도래에 근거하고 있는 자기 자신을 '자기 자신 때문에'로 기획투사함은 실존성의 본질성격의 하나이다. 실존성의 일차적 의미는 도래이다. 마찬가지로 '이미'도 그것이 존재하는 한, 각기 그대마다 이미 내던져져 있는 것인 그런 존재자의 실존론적 시간적인 존재의미를 뜻하고 있다. 염려가 오직 기재에 근거하고 있기 때문에만, 현존재는 그가 무엇인 내던져져 있는 존재자

로서 실존할 수 있다. 현존재가 현사실적으로 실존하는 '한에서', 그는 결코 지나가버리는 것이 아니라 '나는 존재해왔다'는 의미로 언제나 이미 기재해온 것이다. …… 염려의 세 번째 구성계기, 즉 '빠져 있으면서 ~곁에 있음'에는 '앞에'와 '이미'라는 지시가 없다. 이것은 빠져 있음은 그러니까 시간성에 근거하고 있지 않음을 의미하는 것이 아니라, 배려되고 있는 손안의 것과 눈앞의 것에 빠져있음이 일차적으로 그 안에 근거하고 있는 현재화는 시간성의 근원적인 양태에 있어 도래와 기재에 포함된 채 남아 있음을 암시할 뿐이다. 결단함으로써 현존재는 자신을 바로 빠져있음에서부터 되찾아왔으며 …… 시간성은 실존, 현사실성 그리고 빠져있음의 통일성을 가능하게 하며 그렇게 염려구조의 전체성을 근원적으로 구성하고 있다.[66]

염려는 이미 언제나 자기 자신의 존재가능, 곧 자기를 앞질러 있음에 의해서 성격규정되어 있다. 그러나 이 규정에는 염려의 다른 두 구조적 계기들인 이미 속에 있음과 곁에 있음도 또한 함께 정립되어 있는 것이다.[67] 이와 같이 염려가 인간을 흙으로 빚어, 인간이 살아 있는 한 인간을 자기의 것으로 삼을 수 있었던 것은 바로 사투르누스(시간)와의 결정적인 연관에서이다. 이 말은 인간 현존재의 존재가 염려라고 할 수 있을 때, 그 존재는 시간에 의해서 규정됨을 말한다.

하이데거를 따르면, 인간 현존재는 언제나 염려로서 존재한다. 그 인간은 세계 속에 있음이다. 그리고 인간은 자기 자신의 존재가능에서부터 규정되는 존재이다. 그리고 인간 현존재가 바로 그 세계 속에 있음을 염려하는 존재가능으로서 있음은 현존재가 바로 시간적 존재이기 때문이다. 즉 인간 현존재는 시간성 안에서 존재한다. 그렇기 때문

---

66 *SuZ*, 327/8쪽.;『존재와 시간』, 434/5쪽.

67 참조: *SuZ*, 192/3쪽.;『존재와 시간』, 262/3쪽.

에 염려는 시간성을 이해함으로 열어 밝혀질 수 있다.

즉 인간은 그의 염려로서의 존재를 시간성을 이해함으로써 발견한다. 하이데거는 시간성에 관해 다음과 같이 풀이한다.

> 도래적(zukünftig)으로 자기 자신에게로 돌아오면서 결단성은 스스로를 현재화하면서 상황으로(gegenwärtigend in die Situation) 데려온다. 기재(있어왔음, Gewesenheit)는 도래(Zukunft)에서 발원하며, 그래서 존재해온 도래가 현재를 자기 자신에서부터 내보낸다. 이와 같은 식으로 존재해오며-현재화하는 도래로서 통일적인 현상을 우리는 시간성이라 이름한다.[68]

인간은 시간적 존재이다. 인간은 시간성을 떼어내고 이해될 수 없다. 인간은 시간 속에 있고 인간은 시간을 이해하는 존재이며 인간이라는 자리로부터 시간이 발원함은, 인간의 있음이 저마다 시간 속에 구체적으로 있음이기 때문이다. 왜냐하면 시간이 일어나는 거기는 바로 구체적으로 있는 개개인으로서의 인간에게서만 열어 밝혀지기 때문이다.

하이데거는 시간의 본질 근원을 존재의 진리를 열어밝히는 인간존재로서의 거기에 있음(현존재, Da-Sein)이 그 자신의 존재의미를 구현시켜 나가는 실존적-실존론적인 삶의 수행과정 속에서 주시하고자 한다. 즉 시간의 본질근원에 대한 하이데거의 물음은 존재일반의 의미를 해명하려는 그의 궁극적인 의도 하에서 존재를 이해하고 있는 인간존재의 실존론적인 존재구성틀을 논의해 나가는 가운데 전개되고 있

---

68 *SuZ*, 326쪽.;『존재와 시간』, 432/3쪽.

69 참조: 신상희,『시간과 존재의 빛 — 하이데거의 시간이해와 생기사유』, 한길사, 2001, 91쪽.

다.[69] 하이데거를 따르면 인간현존재의 실존론적인 존재구성틀은 염려(Sorge)이다. 그리고 염려는 시간성의 구조를 통해 열어 밝혀진다.

하여간 인간의 존재구성틀로서의 염려는 자신을 앞서서 세계 속에 이미 있으면서 세계내부적인 존재자 곁에 있음이다. 자신을 앞서서라는 의미는 스스로에게 아직 오지 않음이라는 식으로 알 수 없거나 없다고 일상적으로 우리가 통속적으로 치부해버리고 있는 미래를 말하는 것이 아니다. 앞서서는 오히려 다가감이 열어 밝혀지는 도래에로 향하고 있다. 두 번째로 세계 속에 이미 있으면서(schon-sein-in-der-Welt)에서의 이미는 더 이상 지금이 아님이라는 의미에서의 일상적인 과거를 지시하는 것이 아니다. 이미는 인간 현존재가 존재해왔음을 지시하고 있는 것이다.

염려는 그때그때마다 이미 존재의 열어 밝혀져 있음에 내던져져 있는 그런 존재자의 현사실적이고 실존론적인 존재의미를 품고 있다. 염려의 세 번째 구성요소인 존재자 곁에 있음(Sein-bei, 일상적 현재)은 세계내부적 존재자 곁에 친숙하게 머물러 있으면서 자기가 배려하며 교섭하는 여러 존재자의 존재의미를 밝혀내며 살아가는 실존방식을 가리킨다.

하이데거는 세계 속에 있음이 세계 내부적 존재자 곁에 있음인 배려(Besorge)일 뿐 아니라, 또한 다른 인간과 더불어 있음인 심려(Fürsorge)이며 그래서 자기 존재의 자기염려(Selbst-sorge)라는 사실을 보여준다. 그리고 그는 세계 속에 있음에 있어서의 속에 있음을 분석의 특별한 주제로 삼는다. 즉 인간 현존재는 언제나 이미 세계 속에 내던져져있으며, 이 내던져져 있음을 기획투사에서 받아들이고 내던져진 기획투사를 분류파악(Artikulieren)된 의미전체에로 되돌아오게 한다는 것이다. 이러한 의미로 인간 현존재는 세계 속에 있음이며, 염려이다.[70]

---

70 오토 페겔러, 이기상 · 이말숙 옮김,『하이데거 사유의 길』, 문예출판사, 1993, 62쪽.

하이데거가 염려의 구성틀에 근거하여 시간의 본질 근원을 해명하고 있다고 한다면, 우리는 잠시 일상적(통속적) 시간이해를 살펴볼 필요가 있다. 우리는 우리가 일상적으로 삶의 길을 갈 때, 우리는 늘 지금을 기점삼아서 더 이상 지금이 아님과 아직 지금이 아님의 연속으로 시간을 이해한다. 우리는 더 이상 지금이 아님을 과거라고 하고 아직 아닌 지금을 미래라고 하며, 그리고 막연한 지금을 현재라는 식으로 부른다.

하이데거가 보기에 이러한 과거 · 현재 · 미래라는 개념들도 참다운 시간현상이기는 하지만, 그러한 식으로는 결코 시간의 근원을 밝혀주지 못한다. 그리고 이 통속적으로 이해되고 있는 시간개념들과 시간현상들은 인간 현존재(Da-Sein, 거기에 있음)가 우선 그리고 대개 스스로를 비본래적으로 이해함으로써, 비본래적인 시간성에서 발원하는 파생된 시간현상에 지나지 않는다고 한다.[71]

> 우선 통속적인 시간개념에서 밀어닥치는 '미래', '과거', '현재'라는 그 모든 의미들을 멀리해야 한다. 이것은 또한 '주관적인' 또는 '객관적인', 혹은 '내재적인' 또는 '초월적인' '시간'의 개념들에도 해당된다. 현존재 자신이 자기 자신을 우선 대개 비본래적으로 이해하고 있는 한, 통속적인 시간이해의 '시간'이 비록 진짜 현상을 내보이고는 있지만 일종의 파생적인 현상을 내보여주고 있다는 것을 추정해도 될 것이다. 이 현상은 비본래적인 시간성에서 발원하고, 이것 자체는 또한 나름의 근원을 가지고 있다. '미래', '과거', '현재'라는 개념들은 우선 비본래적인 시간이해에서부터 자라나온 것이다.[72]

우리가 주목해야 하는 것은 시간이 어떻게 근원적으로 발원하는가

71 참조: 신상희, 같은 책, 93쪽.

72 *SuZ*, 327쪽.;『존재와 시간』, 433쪽.

이다. 하이데거가 발견하는 바, 그것에는 "죽음을 향해 앞서 달려가 본 결단성(vorlaufende Entschlossenheit Zum Tode)"이 주도적인 역할을 한다. 왜냐하면 결단성이란 본래적 실존, 즉 자기 자신에 의해 장악된 그의 가장 고유한 가능성 안에서 그리고 이러한 가능성으로부터 현존재(거기에 있음, Da-Sein)가 자기 자신으로 존재하게 되는 그러한 현존재의 실존을 일컫는 말이기 때문이다. 다시 말해서 인간 현존재의 존재가능 전체를 열어 밝혀주는 시간적 현상이 결단성이라는 열어 밝힘 안에서 전적으로 드러나기 때문이다.

> 죽음을 향한 존재는 그의 존재 양식이 미리 달려가봄 자체인 바로 그 존재자의 존재가능으로 달려가봄이다. 이러한 존재가능을 미리 달려가 보며 밝히면서 현존재는 자신을 자기 자신에게 자신의 극단적인 가능성의 관점에서 열어 밝힌다. 그런데 가장 고유한 존재가능으로 자기 자신을 기획투사함이란, 그렇게 밝혀진 존재자의 존재 안에서 자기 자신을 이해할 수 있음, 즉 실존함을 말한다. 미리 달려가봄은 가장 고유한 극단적인 존재가능을 이해할 수 있는 가능성, 다시 말해서 본래적 실존의 가능성임이 입증된다.[73]

자기 스스로의 존재가능성을 열어 밝힘은 스스로를 떠맡으면서 앞설 때 가능하다. 즉 자기 자신의 고유하고 독특한 존재가능을 앞서 잡는 결단성에서 인간의 존재의미로서의 시간성이 근원적으로 경험될 수 있다. 인간 현존재가 그의 가장 고유한 가능성을 향하여 앞서 달려가 보는 결단을 통하여 자신을 간직할 수 있는 한, 그는 본래적으로 스스로를 앞서가고 있는 것이다.

그리고 자기의 존재가능성을 열어 밝히면서 자신을 앞서가는 참에 그

---

73 *SuZ*, 262쪽.;『존재와 시간』, 351쪽.

는 비로소 스스로에게로 다가올 수 있다. 이는 염려의 구성요소로서의 자신을 앞서가고 있음(Sich-vorweg-sein), 즉 실존성(Existenzialität)의 본질 성격이다. 앞서는 자기 자신의 존재가능성을 향해 스스로를 기획투사(Entwruf)하면서 스스로에게 다가가고 있는 그런 존재자의 실존론적인 시간적 존재의미를 가리키고 있다.[74]

그렇다면 이제 그 인간 현존재가 어떻게 시간성 속에서 논의되어야 하는가 하는 문제와, 시간성이 드러나는 염려의 구조, 그리고 염려를 형성하는 개별적인 계기들 역시 시간성에서 이해됨을 더 살펴보도록 한다. 더 나아가, 인간 현존재가 염려에 근거하여 이해될 수 있다고 한다면, 인간이 맞아들일 수밖에 없는 죽음이 어떻게 염려와 연관되고 있는지를 살펴본다.

2. 염려 그리고 현존재

우리는 하이데거에서 인간을 구성하는 근거가 염려(Sorge)임을 이해하고 있다고 말한다. 그런데 우리가 이해하고 있다고 여기는 염려는 어떤 염려인가. 하이데거는 『존재와 시간』에서 이미 "인간 현존재의 존재는 염려이다."[75]라고 밝히고 있다. 그리고 『존재와 시간』제2편 제3장에서는 '인간 현존재의 본래적인 전체존재가능과 염려의 존재론적 의미로서 시간성'의 문제를 다루고 있다.

현존재의 존재는 염려이다. 이 존재자는 내던져져 있는 자로서 빠져있

---

74 참조: M. Heidegger, *Die Grundprobleme der Phänomenologie*, GA.24 406쪽.(앞으로는 *Grundprobleme*로 줄임.); 하이데거, 『현상학의 근본문제들』, F.W. 폰 헤르만 엮음, 이기상 옮김. 문예출판사, 1994, 407쪽. (앞으로는 『근본문제들』로 줄임.) 참조: 신상희, 같은 책, 94/5쪽. 각주 6).

75 *SuZ*, 412쪽.;『존재와 시간』, 536쪽.

> 으며 실존한다. 그의 현사실적 '거기에'와 더불어 발견된 '세계'에 내맡겨진 채 배려하며 그 '세계'에 의존하고 있으면서, 현존재는 그의 세계 속에-존재-가능을 기대하고 있다. …… 현존재의 근본구성틀로서 염려가 밝혀졌다. 염려라는 표현의 존재론적 뜻은 다음과 같은 '정의' 안에 표현되고 있다 : (세계내부적으로) 만나게 되는 존재자 곁에 있음으로서 자기를 앞질러 이미 (세계) 속에-있음, 그로써 현존재의 존재의 기초적인 성격들이 표현된 셈이다. 즉 '자기를-앞질러'에서는 실존이, '이미 ~속에 있음'에서는 현사실성이, '~곁에-있음'에서는 빠져있음이 표현되고 있다.[76]

그렇다면 인간 현존재는 어떤 방식에서 염려로 말해질 수 있을까. 어떻게 염려로서 인간 현존재가 드러나는 것일까. 그리고 어째서 인간 현존재의 본래성과 전체존재가능이 시간성과 연관될 수밖에 없을까. 이 절에서 시간성에 대하여 이해해보는 것은 조금 뒤로 미루기로 한다. 여기에서는 인간 현존재가 탄생으로부터 죽음에 이르기까지 관련되는 관계구조를 먼저 살펴보도록 한다.

1) 태어남 — 세계 속에 내던져져 있음의 현사실성

인간 현존재는 하나의 세계 속에 태어남으로써 인간으로 불리운다. 하이데거가 전승되는 유럽적 형이상학의 틀을 벗어나 인간을 현존재라고 부를 때, 현존재라는 명칭을 정리해보면 다음과 같이 이해할 수 있다. 우선, 현존재는 존재물음을 물을 수 있는 존재자이다. 현존재는 존재물음을 할 수 있기 위해서 존재를 이미 이해하고 있어야 한다. 둘째, 현존재가 존재물음을 물어보는 곳은 존재자이다. 즉 현존재는 존

---

76 *SuZ*, 412, 249/50쪽.;『존재와 시간』, 536, 334쪽.

재자에게 그의 존재를 묻고 있는 셈이다.

그렇다면 현존재는 존재자에게 그의 존재를 묻기 위해서 우선 존재자 자체에로 다가갈 수 있어야 한다. 여기에서 문제가 생긴다. 과연 현존재로서 인간은 존재자 그 자체에로 접근할 수 있을까. 존재자들은 이미 세계 속에서 나름대로는 이러 저러하게 이해되고 해석되어 있다.

이러한 이해와 해석되어 있음은 바로 인간이 세계 속에 존재함이 다른 존재자들과 더불어 있음이라는 사실 때문이다. 일차적으로 속에 있음은 이러한 관계의 구조틀 안에 현존재가 놓여 있음이다. 따라서 속에 있음은 바로 세계가 현존재에게 어떻게 이해될 수 있는가에 따라서 다르게 해석될 수도 있다. 만약 세계가 존재하는 것들의 총합으로서 이해된다면, 속에 있음은 마치 술이 술잔 안에 있는 것처럼 눈앞에 있음이라는 존재양식을 갖는 존재자들 사이의 어떤 공간적인 것이 된다.

그러나 세계가 인간 현존재의 존재와 연관되어 있다고 한다면, 세계는 단순한 사물적 범주에서가 아니라, 현존재의 실존범주들에 의해서 이해될 수 있어야 한다. 인간 현존재는 세계 속에 존재한다. 그리고 인간 현존재는 눈앞에 있음이라는 존재자들의 존재양식으로 존재하지 않는다. 인간 현존재의 존재양식은 실존이다. 그렇다면 세계는 인간 현존재의 실존을 규정하는 그런 것이다. 현존재는 세계에 속함으로써, 존재자 전체, 즉 존재자의 존재에 대하여 이해할 수 있다. 즉 현존재는 세계 속에 있을 때에만 존재자 그리고 존재자 전체와 관계할 수 있으며 세계는 인간 현존재에 의해서 비로소 열어 밝혀진다. 따라서 세계와 인간 현존재는 서로를 속하게 한다.

세계는 어떤 인간 현존재의 존재에게 선물로 주어지는 것이 아니다. 세계는 이미 어떤 존재자들에게서 열어 밝혀져 있다. 인간 현존재는 이미 앞서 열어 밝혀져 있는 세계 안에 내던져지는 방식으로 태어남으로써 그 세계 안에 있는 존재자들을 마주하게 된다. 인간 현존재가 태어남으로 세계 속에 있음은 일단 존재하는 것들인 존재자들에게 마음을 쏟음으로써 존재자들에 빠져있음으로 드러난다. 빠져있음은 인간 현존재가 눈앞에 있는 것들과 손안에 있는 것들에게 새로운 의미를 부여하는 것이 아니라, 오히려 이미 앞서 열어 밝혀진 세계 안에서 그것들을 이해하고 있다는 것을 뜻한다.

한 인간이 세계 안에 태어난다는 것은 그 인간이 세계 속으로 뛰어듦이고, 그 뛰어든 세계가 이미 어떤 식으로건 앞서 이해되고 있다는 것을 함께 의미한다. 인간은 그의 존재를 바로 그 세계 속에서 존재자들과의 관련 안에서 이해하며, 그것들의 관련구조를 이해하면서 존재한다. 태어남이라는 한 인간 현존재의 사건은 그 현존재의 의지나 선택에 따른 것이 아니다. 인간은 누구나 자신의 의지와는 상관없이 얼결에 세계 안에 내던져진다. 인간의 태어남이란 그런 식이다. 따라서 모든 인간은 존재의 근거에 대한 권한을 가지지 않는다. 인간은 누구나 태어남에 무력하다. 하여간 아무런 권한 없이 무력하게 세계 안에 태어남을 하이데거는 내던져짐이라고 부른다. 기억해야 할 것은 다음과 같다.

인간 현존재가 무력하고 권한 없이 세계 속에 내던져짐으로 탄생한다는 것은 엄연한 사실이다. 그러나 그 존재의 근거에는 권한이 없음에도 인간 현존재는 자기 자신 스스로 존재의 근거가 된다는 것이다. 그것은 인간이 실존함을 떠맡음으로 열어 밝혀진다. 실존은 인간 현존재의 고유하고 자기적인 존재가능과 관련되어 있다. 그렇다면 인간 현존재가 떠맡아야 하는 것은 단순하게 그의 탄생이나 근거에서 끝나는 것이 아니라, 오히려 존재가능 자체이다.

인간 현존재는 존재가능을 떠맡음으로써 스스로의 존재의 근거가 되며, 그 존재가능으로부터 현사실적으로 존재할 수 있다. 인간 현존재의 존재가 현사실적이라는 말은 인간 현존재가 속해 있는 세계가 이미 무엇으로 확정되어 있지 않다는 것을 의미한다. 인간 현존재는 세계를 이미 무엇으로 분류파악되는 눈앞의 것으로 대하지 않는다. 세계는 그런 식으로 이성적으로 파악됨으로써 고정될 수 없으며, 파악됨에 붙잡혀 있지 않다. 세계는 인간 현존재와 서로를 구속한다. 이는 인간 현존재는 세계 속에 있음으로써만 존재할 수 있으며, 세계는 인간 현존재가 열어 밝힐 때 비로소 드러난다는 말이다.

한 인간이 세계 속에 내던져지는 방식으로 태어난다는 것은 그가 어떤 길 위에 이미 들어서 있음을 의미한다. 그 길은 이제 갓 태어난 인간이 스스로 닦아놓을 수 없는 길이다. 인간은 자기 자신이 닦아놓지 않은 길에 들어설 수밖에 없다. 인간은 그 길을 의욕하면서 선택할 수도 없다. 다만 그는 얼떨결에 어떤 길 위에 이미 들어서 버린 것이다. 길은 앞서 드러나 있다.

그 길은 내 눈앞에 있는 술잔이나 책상의 길이 아니다. 그 길은 또한 내 집 옆에 사는 친구의 길도 아니다. 그 길은 나 자신이 그 길 위에 이미 들어서 버린 그 순간, 나의 길이다. 그 길은 어딘가에서 끊어진다. 거기에 그 길은 무한하게 남아있을 수 없다. 우리는 그러한 끊어짐을 죽음이라고 부른다. 그리고 나는 죽음을 만나는 그때까지 그 길 위에 들어서 나의 길을 나가야 한다. 이제 나로 지칭되었던 인간 현존재가 떠맡아야 하는 것은 나의 존재가능 전체로서의 죽음까지이다.

인간 현존재는 세계 속에서 그 세계가 이미 앞서 드러나 있음에 빠져있으면서도 나름대로 어떻게든 그 세계를 열어 밝힘으로 자기 자신의 존재 전체에로 향한다. 이제 다음에서 다루고자 하는 것은 빠져있음의 성격과 빠져있는 일상성, 그리고 일상성에 빠져있음으로부터 자기 존재에로 다가가는 실존하는 인간 현존재의 결단성의 문제 등이다.

2) 삶 — 길이 그때 마다 이미 열어 밝혀져 있음

반복하여 말하고 있는 바, 우리는 세계 속에 존재한다. 그 세계는 우리가 어떤 존재자들과 그리고 다른 이들과 더불어 있음으로써 있다. 세계는 우리들 인간 현존재가 그의 존재를 다른 존재하는 것들을 통해서 열어 밝히는 바로 거기이다. 그리고 그 열어 밝힘은 우선 그리고 대개는 일상 안에서 일어난다. 그러나 인간 현존재가 지니는 존재의 탁월함은 그 열어 밝힘이 사실로 고정되어 버린 것이 아니라, 떠맡음으로써 자기 자신의 존재가능으로 실존함에 있다. 우리는 이러한 가능성을 현사실성에서 발견한다. 그렇다면 우리는 사실적인 일상과 존재가능이라는 현사실적인 현존재의 삶에 대해서 살펴보아야 한다.

그러기 위해서 손안의 존재자를 배려함과 다른 이들을 심려함, 그리고 현존재 자신을 염려함의 구조가 밝혀져야 한다. 그리고 현존재가 자신을 염려함은 바로 본래적인 양심에서 비롯되는 것이라는 점과, 이때 양심이 불러내는 결단성의 의미가 드러나야 한다.

① 곁에 있는 손안의 존재자를 배려(Besorge)함.

하이데거는 실존이라는 인간 현존재의 존재방식에 관해 말한다.

> 현존재가 그의 존재에서 바로 이 존재 자체가 문제가 되고 있는 그런 이해하는 존재가능으로서 존재함을 말하며, 이 존재자는 그렇게 존재하면서 각기 그때마다 나 자신이다.[77]

그렇다면 그러한 나 자신이 과연 있기는 할 수 있는 것일까. 하이데거는 일상 속에서 존재하고 있는 현존재에 대해 묻는다.

> 일상성 속에서 존재하고 있는 현존재 그는 누구인가? 현존재의 그 모든 존재구조들, 따라서 이러한 누구인가라는 물음에 대답할 현상까지도 현존재의 존재방식들이다.[78].

77 *SuZ*, 231쪽.;『존재와 시간』, 311쪽.
78 *SuZ*, 114쪽.;『존재와 시간』, 160쪽.

그 대답으로 그가 간직하고 있는 바는 다음과 같다.

> 그것(현상)의 방향에 대한 탐문은 현존재의 구조로 우리를 인도할 것인데, 그 구조는 세계 속에 있음과 동일하게 근원적인 것으로서 더불어 있음과 공동현존재[함께 거기에 있음]이다.[79]

우리는 우리에게 이미 친숙해진 세계를 만난다. 그 세계 내부에는 이미 이렇게 혹은 저렇게 이름 붙여져서 의미가 부여된 사물과 도구들이 있다. 우리가 그 사물과 도구들을 만나는 방식은 ~로서이다. 사물들의 ~로서는 그 사물들이 그것일 수밖에 없는 본질의 차원이다. 하나의 돌멩이는 그 자체로는 세계 안에 있는 것(세계내부적 존재자)이다. 그러나 세계 현상과 관련지어 본다면 하나의 돌멩이와 같은 무생물에게는 세계라는 현상이 아예 없다. 즉 무생물인 물질은 세계 없음(Weltlosigkeit)[80] 속에 존재한다.

한 그루의 나무는 그것이 나무 의자가 될 수도 있고 나무 문틀이 될 수도 있는 등 여러 가지로 변형될 수는 있지만, 그 스스로 그리할 수는 없다. 물론 나무 한 그루에는 쓸모에 따라 여러 가지로 변형됨이 가능태로서 있기는 하지만, 그것에는 그 나무를 그렇게 변형시키는 인간의 행위가 따라야만 한다. 즉 도구들은 자기 스스로 그 쓸모를 드러낼 수 없으며, 오로지 그것을 ~로서 어디에 사용하기 위하여 제작하는 인간의 행동관계 안에서 그 본질이 규정된다.

인간 현존재는 우선 대개는 주위의 도구 존재들과 둘러보는 왕래를 통한 배려로서 관계를 맺고 살아간다. 이러한 관계맺음에는 이미 다른 이들과 보이건 보이지 않건 관계맺음이 함께 작용하고 있다. 이에 각

79 *SuZ*, 114쪽.;『존재와 시간』, 160쪽.

80 참조: *Grundbegriffe*, 263쪽.;『근본개념들』, 298/9쪽.

각의 도구 존재자들이 의미를 얻기 위해서는 도구들의 사용사태 전체가 드러나야 한다.

> 도구가 그것을 가지고 어디에 사용하는 그것의 사용성을 가지고 있는데, 이 손안의 것의 존재성격이 사용사태이다. 따라서 사용사태에는, 어떤 것을 가지고 어떤 것에[어디에] 사용하도록 함이 깔려 있다. …… 이 사용사태는 세계 안에 있는 것인 존재자의 존재이며, 이 존재자는 각기 그때마다 이미 우선 그리로 자유롭게 주어져 있다."[81]

도구 존재자가 거기에 사용사태를 가지고 있는 그 어디에(Wobei)[82]가 쓰임새의 그것을 위하여(Wofür)[83]이며 유용성의 '거기에'이다. 하나의 도구 존재자는 현존재와 연관하여 그 쓰임새와 거기에를 갖는다. 다시 말해서 도구 존재자의 일차적인 그것을 위하여는 하나의 그 때문에(Worum-willen)[84]이다. 이 그 때문에는 언제나 그 도구 존재자에게 그의 존재에서 바로 이 존재 자체가 문제되는 현존재의 존재에 상관된다.

도구 존재자들은 모두 현존재가 그것을 사용함에 그 의미를 갖는다. 현존재로 하여금 그 때문에 도구 존재를 사용케 함이 존재적으로 의미하는 것은 그것이 현재 있는 그대로 그리고 그것이 그것 때문에 그렇게 있듯이 그렇게 존재하도록 함이다. 이는 하이데거를 따르면, 하나의 현사실적인 배려함(Besorgen) 내부에서 그렇게 하도록 함이다.[85] 도구 존재자들에 대한 염려의 구조는 배려(Besorge)이다. 그리고 그 배려는 도구 존재자의 그 때문에, 비로소 ~로서로 규정되는 것이다.

이러한 배려로 존재 의미를 이해할 수 있는 사용사태는 거기에 사용

81 *SuZ*, 84쪽.;『존재와 시간』, 120쪽.

82 Wo-bei : 어디에

83 Wo-für : 유용성의 그것을 위하여

84 Worum-willen : 현존재의 존재 때문에

되는 그것을 위하여와, 궁극적으로 모든 그것을 위하여가 그리로 소급되는 그 때문에 등이 일정한 이해에서 앞서 열어 밝혀져 있어야 한다. 인간 현존재는 그 사용사태가 배려(Besorge)에서 앞서 이해된 방식으로 도구 존재자들을 만난다. 그리고 도구 존재자들은 인간 현존재를 서로서로의 관련 속에서 만나게 한다. 하이데거는 개별인간들이 우선 다른 이들을 그가 사용하고 있는 도구나 사물을 통해서 만나고 있다고 말한다.[86]

하이데거는 동물의 동물성을 생명 없이 존재하는 것과 구별해서 살아가는 것의 살아 있음을 이루고 있는 것이 무엇인지가 명확하게 밝혀져 있을 때 규정할 수 있다고 말한다. 그가 이미 지적하고 있는 바, 어려움은 "생명이란 무엇인가?"라는 물음과 관련된 것이다. 나아가 일종의 방법적인, 즉 어떠한 길 위에서 살아가는 것의 살아 있음이 그 본질에서 접근될 수 있고 접근되어야 하는가? 라는 어려움이 있다는 것이다.[87] 하이데거는 동물이 세계 안에 존재하기는 하지만, 세계 현상과 관련지어 볼 때, 동물의 세계는 빈곤(Arme)하다고 말한다.

> 세계 빈곤(Weltarm) — '풍부함'과는 맞 구별되는 '빈곤감(Armut)' — '더 많음'에 견주어 '더 적음'. 동물은 세계 빈곤 속에 존재한다. 동물은 덜 가지고 있다. 무엇을 동물은 덜 가지고 있는가? 동물에게 접근될 수 있는 그런 것, 동물이 동물로서 그것과 왕래할 수 있고 그것에 의해서 동물이 동물로서 관심을 가질 수 있고 그것에 대해서 살아 있는 것으로서의 동물이 관련을 맺고 있는 그런 것을 동물은 덜 가지고 있다.[88]

85 참조: *SuZ*, 84쪽.;『존재와 시간』, 121쪽.
86 참조: *SuZ*, 84쪽.;『존재와 시간』, 121쪽.
87 참조: *Grundbegriffe*, 265/6쪽.;『근본개념들』, 300/1쪽.
88 *Grundbegriffe*, 284/5쪽.;『근본개념들』, 320쪽.

하이데거가 제기한 "동물은 세계 빈곤 속에 존재한다."라는 논제는 "인간은 세계 형성 속에 존재한다."라는 논제와의 관계에서 본 것이다. 그러나 그는 빈곤(Arme)을 더 많음에 견주어 순전히 더 적음 혹은 더 보잘 것 없음이라는 의미로 이해하지 않는다. 물론 동물은 왕래할 수 있고, 그것에 대해서 관련을 맺을 수 있는 것들을 덜 가지고 있다. 이에 비해 인간의 세계는 넓게 증가할 수 있을 뿐만 아니라, 점점 더 두루두루 스며들 수 있게 풍부하다. 따라서 우리는 인간이 세계 안에 있는 것들과 행동관계를 맺고 있으며, 바로 그 관련 맺을 수 있는 것들과 행동관계들의 증가가능성에 관해 이야기 하고 있는 것이고, 이때 인간을 세계를 형성(Bildung)한다는 점에서 성격 규정될 수는 있다는 것이다.

> 인간의 세계는 풍부한데, 그 범위에서 본다면 더욱 크고, 그 침투가능성에서 본다면 더 멀리까지 미친다. 즉 인간의 세계는 끊임없이 광범위하게 증가할 수 있을 뿐만 아니라, 또한 그 세계는 그 침투가능성과 관련해서도 점점 더 두루두루 스며들 수가 있다.[89]

그러나 하이데거는 세계 빈곤-세계 형성이라는 구별을 그때그때마다 접근가능한 존재자들의 총합에서 끌어내며, 세계 빈곤보다 더 높은 가치가 있는 것으로서 자명하게 알려져 있는 세계 형성과 비교하여 논의하고 있는 것이 아니다. 다시 말하면 세계 빈곤과 세계 형성이란 말은 처음부터 어떤 우열적인 단계질서라는 의미로 받아들여질 수 없다는 것이다.

② 함께 거기에 있는 다른 현존재를 심려(Fürsorge)함

89 *Grundbegriffe*, 285쪽.;『근본개념들』, 321쪽.

하여간에 우리가 존재하는 세계는 그 성격이 세계 없음인 물질들과 세계가 빈곤함으로의 동물과 식물, 그리고 세계를 형성하는 인간들로 구성된다. 인간 현존재는 세계 속에 존재하면서 만나게 되는 세계 안에 있는 것들을 우선 손안에 있는 도구와 눈앞에 있는 물질적 자연을 통하여 자기 주위에 있는 다른 이들을 만나게 된다. 그런데 다른 이들이 존재하는 방식은 그 자체가 세계 속에 있음(존재)으로서 이다. 즉 자기 자신과 더불어 그 존재자도 세계 속에를 형성하고 있는 것이다. 하이데거는 현존재라는 말에 관해서 다음과 같이 말한다.

> 현존재라는 표현이 분명하게 보여주고 있는 것은, 이 존재자가 '우선은' 다른 이와 연관되어 있지 않은 상태에 있고, 그래서 추가로 나중에 다른 이와 '함께' 있을 수 있다는 것이 아닌가. 그렇지만 우리가 공동현존재라는 용어를, 존재하는 타인들이 그리로 세계 안에 있는 것으로만 한 현존재에게 열어 밝혀져 있으며 그렇게 또한 거기에 있는 사람들에게도 열어 밝혀져 있는데, 그 까닭은 현존재가 본질적으로 그 자체에서 더불어-있음(공동존재)이기 때문이다. '현존재는 본질적으로 더불어-있음[공동존재]' 이다.[90]

이 말은 현존재를 실존론적으로 규정하는 것이다.

> 더불어 있음은 각각 고유한 현존재의 한 규정성이며, …… 고유한 현존재는 오직, 그것이 더불어 있음이라는 본질 구조를 가지고 있는 한에서 타인을 만나게 되는 함께 거기에 있음으로 존재하는 것이다. 함께 거기

---

90 *SuZ*, 120쪽.;『존재와 시간』, 168쪽.
91 *SuZ*, 120/1쪽.;『존재와 시간』, 168/9쪽.
92 *SuZ*, 121쪽.;『존재와 시간』, 168쪽.

에 있음은 그것이 더불어 있음의 세계를 통해서 더불어 있음에게 자유롭게 내어지는 한에서 타인들의 현존재를 성격규정하고 있는 것이다. 그런데 이것은 자기와 같은 종류의 다른 이들이 있음을 확인하는 식으로나, 여러 다수의 '주체들'이 함께 그 자리에 있음에 근거하지 않는다.[91] '현존재는 본질적으로 더불어 있음[공동 존재]'이다.[92]

이 말에서 드러나고 있듯이 이러한 더불어 있음(공동존재)은 다른 이가 한 사람도 현사실적으로 눈앞에 없고 지각되지 않을 때라도 현존재를 실존론적으로 규정하고 있다. 즉 현존재의 혼자 있음도 세계 속에 더불어 있음인 것이다.

현존재가 혼자 있음은 더불어 있음(공동 존재)의 결여적 양태의 하나이고, 그 가능성은 더불어 있음에 대한 증명이다.[93]

따라서 더불어 있음이라는 본질 구조를 가지고 있는 한에서만 고유한 현존재는 다른 이를 만나게 되는 함께 거기에 있음으로 존재할 수 있다. 하이데거는 함께 거기에 있음인 현존재라고 불리는 이 존재자가 우선은 다른 이들과 연관되어 있지 않은 상태에 있고, 나중에 다른 이들과 함께 있을 수 있다는 것이 아님을 밝힌다.

현존재는 그가 존재하고 있는 한, 그는 더불어 있음 속에서 서로 함께 있음이라는 존재양식을 갖는다. 그러나 이 서로 함께 있음이 다수의 현존재들이 그 자리에 있는 셀 수 있는 수[數]로 개념파악 될 수는 없다. 이러한 개념으로 파악된 현존재에게는 심려가 없다. 즉 인간 현존재는 다른 현존재를 수로 파악하면서, 마치 도구 존재자들을 만나는 바로 그 방식처럼 관계하지 않는다.

---

93 *SuZ*, 121쪽.;『존재와 시간』, 168/9쪽.

하이데거는 다음과 같이 말한다.

> '다른 이들'은 나를 제외한, 내가 그것과 구별되는, 남은 여러 사람들 전체를 말하는 것이 아니다. 오히려 다른 이들은 사람들이 대개 그것과 '자기 자신'을 구별하지 않고 그 속에 같이 속해 있는 그런 사람들이다. …… '자기 자신'이 '다른 이들'과 함께 같이 거기에 있음은 어떤 세계 안에 함께-눈앞에 있음이라는 존재론적인 성격을 갖지 않는다. '함께'는 현존재적인 어떤 것이다. …… 이러한 함께 하는 세계 속에 있음에 근거해서 세계는 그때마다 각기 이미 언제나, 내가 다른 이들과 함께 나누는 그런 세계인 것이다. 현존재의 세계는 공동세계이다. 속에 있음은 다른 이들과 더불어 있음[공동존재]이다. 다른 이들의 자체존재는 함께-거기에-있음[공동현존재)]이다.[94]

이는 어떤 나 자신이 있고 나를 제외한 모든 이들이 다른 이가 아니라는 것이다. 다시 말해서 나 또한 다른 이들 속에 있으며, 다른 이들을 함께 구성한다. 다른 이들 또한 나와 똑같이 존재하고 있는 이들이고 다른 이들은 내 곁에 있는 손안의 존재자들이 존재하듯이 존재하는 것이 아니라, 오히려 나는 다른 이들의 하나로서 존재함을 의미한다. 즉 다른 이들 가운데서 어떤 나만이 독특한 방식으로 존재하지 않는다는 것이다. 다른 이들과 나는 '함께 세계 속에 존재'한다. 그 모든 현존재는 자기 자신의 존재가능을 존재한다.

이 말은 나를 다른 이들과 구별하여 다른 이들 속으로 도피하려 하는 인간에게 던지는 탁월한 경고와 같다. 물론 우리는 다른 이들과 함께 존재할 수밖에 없으며 그렇게 존재한다. 우리는 자기 자신을 다른 이들 속으로 숨김으로써 자기 자신의 존재를 존재함이라는 의미를 스스로에게서 내려놓는다. 그러나 다른 이들 속으로 자기 자신을 숨기고

94 *SuZ*, 118쪽.;『존재와 시간』, 166쪽.

도피하려 하더라도, 그 다른 이들은 또 다른 의미에서는 각자로서의 나이다. 각자로서의 나이므로 다른 이들은 결코 나 자신의 단순한 복사물이거나 소유물이 아니다. 함께 세계 속에 더불어 있음으로서의 현존재는 나름대로 이미 다른 현존재와 관계하고 있는데, 우리는 이 관계를 현존재의 자기 자신과의 관계와 동일시해서는 안 되고 또 그것은 이 관계의 투사도 아니다.[95]

> 더불어 있음에는 타인의 함께 거기에 있음도 열어 밝혀져 있는데, 이것이 말하고 있는 것은 다음과 같은 사실이다. 즉 현존재의 존재이해에는 이미 – 그의 존재가 더불어 있음이기에 – 타인에 대한 이해가 놓여 있다. …… 따라서 타인과 더불어 있음과 타인에 대한 존재에는 일종의 현존재에 대한 현존재의 존재관계가 놓여 있다. …… 그러나 사람들은 이런 관계는 그 자신 존재이해를 가지고 있으며 그래서 현존재와 관계맺는 그러한 각기의 고유한 현존재에게 이미 구성적인 것이라고 말하고 싶을 것이다. 이 경우 타인들에 대한 존재관계는 자기 자신에 대한 고유한 존재를 '타인 안으로' 투사하는 것이 된다. 타인은 자기 자신의 복사인 셈이 되고 만다.[96]

일상적인 더불어 있음을 구성하는 것은 다른 인간 현존재이다. 따라서 우리들 인간 현존재의 삶의 길은 우선 그리고 대개는 다른 인간 현존재, 즉 다른 이들에 의해 놓아진다. 그리고 더불어 있음으로부터 현존재를 이해해야 한다면, 거기에는 염려의 현상이 일어나고 있다.

그러나 이 염려는 도구 사물들에 대한 것, 즉 세계 안에 있는 것인 손안의 것과의 둘러보는 왕래인 배려(Besorge)와는 다르게 이해되어야

95 참조: 이기상,『하이데거의 實存과 言語』, 문예출판사, 1991, 94쪽.
96 *SuZ*, 123/4쪽.;『존재와 시간』, 172~4쪽.

한다. 왜냐하면 더불어 있음이라는 존재 양식이 배려함과 같이 세계 안에 있는 것으로 만나게 되는 존재자를 향한 존재이지만 그 존재자는 손안에 있는 도구의 존재양식을 가지고 있지 않기 때문이다. 따라서 하이데거는 다른 현존재에 대한 염려를 심려(Fürsorge)라는 말로 표현한다.

심려는 더불어 있음으로서의 현존재의 존재구성틀인 염려에 근거하고 있다. 다른 이들에 대하여 서로를 위하여 있음, 서로 친하며 있음, 그리고 서로 상대 않으며 있음, 서로 아무런 상관하지 않음 등은 심려의 가능한 방식들이다. 다른 이들과의 관계 속에서 인간 현존재는 다른 이들과 이럴 수도 있고 저럴 수도 있다. 그러나 이러한 관계의 방식들은 결코 그 인간 현존재들 각자의 주체됨에 근거하지 않는다.

다른 이들은 나라는 현존재와 똑같은 방식으로 그렇게 존재하고 있는 이들이다. 그들은 나의 외부에 실재하는 도구 존재자들이 존재하듯이 존재하는 것이 아니다. 오히려 내가 다른 이들(그들) 중의 하나로 존재한다는 의미로 존재하고 있다. 그리고 이 다른 이들이라고 하는 그 존재자 또한 현존재이다. 이 존재자는 배려되지 않고 심려의 관계 속에, 심려의 대상이 된다. 이와 같이 심려에는 두 가지 가능성이 드러나고 있다. 즉 다른 인간 현존재를 도구 존재자적으로 배려하는 식으로의 심려와 다른 이의 실존에 관계하는 해방적 심려가 그것이다.

다시 말해서 심려의 극단적인 가능성 중 하나는 다른 이의 염려를 빼앗아버리고, 그를 배려함 속에서 그 대신 나섬으로, 그를 대신하여 뛰어들 수 있음이다.

> 심려는 그것의 긍정적인 양태를 고려한다면 두 가지 극단적인 가능성을 지닌다. 심려는 다른 사람의 '염려'를 마치 빼앗아버려 배려함 속에

서 그 대신 나서서, 그를 위하여 뛰어들 수 있다. 이러한 심려는 이제 배려해야 할 것을 다른 이를 위해서 [자기가] 대신 떠맡는다. 이때 다른 이는 그의 자리에서부터 쫓겨나서 일단 뒤로 물러나게 되며, 이후에 배려된 것을 떠맡게 되거나 거기에서 해방되거나 한다. 이러한 심려에서 다른 이는 빼앗아간 이와 빼앗김에 의존하며 지배받는 사람이 된다. 그런데 그때 그 지배는 암묵적이어서 지배받는 이에게 감춰진 채 남아 있더라도 그러하다.[97]

또다른 가능성은 다른 이를 위하여 대신 뛰어들어 그의 염려를 빼앗아 버리는 것이 아니라, 본래적으로 염려로서 되돌려 줌으로써 앞서 뛰어드는 심려의 가능성이다. 이 경우는 다른 이로 하여금 그 자신이 그의 염려 속에서 투명해지고 그의 염려에 대해서 자유롭게 해주는 일종의 해방적 심려이다.

이와는 다르게 타인을 위하여 그렇게 대신 뛰어들기보다는 그의 실존적인 존재가능에서 타인에 앞서 먼저 뛰어드는 그런 심려의 가능성도 존립한다. 이 경우 타인에게서 '염려'를 빼앗아버리는 것이 아니라, 오히려 이제 비로소 본래적으로 염려로서 되돌려준다. 이러한 심려는 본질적으로 본래적인 염려로서 – 다시 말해서 타인의 실존에 관계되지 그가 배려하는 어떤 무엇에 관계되지 않는다. – 타인으로 하여금 그 자신이 그의 염려 안에서 투명해지고 그의 염려에 대해서 자유롭게 되도록 도와준다.[98]

이러한 심려는 다른 이의 실존에 관계되는 것이지 그가 배려하는 식

97 *SuZ*, 122쪽.;『존재와 시간』, 170쪽.
98 *SuZ*, 122쪽.;『존재와 시간』, 170/1쪽.

으로 존재자에 관계되지 않는다. 즉 상대방이 자신의 고유한 삶을 스스로 찾을 수 있게 모든 관심을 기울이면서도 적절한 거리두기를 잊지 않는, 후기 하이데거의 용어를 끌어다 쓰자면, 내맡기는(초연한) 관계이다.[99] 우리는 이러한 방식으로 다른 이들과 거기에 함께 존재한다. 그리고 바로 이 내맡김(초연함, Gelassenheit)은 앞으로 이 연구에서 다루고자 하는 기다림과 죽음이라는 데에 닿아 있다.

③ 일상과 인간 현존재

어린 아이나 성장기에 있는 자식을 둔 부모는 누구나 그들의 자식이 그들의 자식으로서 잘 성장하기를 나름대로 걱정[100]한다. 문제는 부모가 부모로서 그 자식들의 삶에 그들 뜻대로 개입하고 있다는 점이다. 부모는 자식이 아직 어리다는 식으로 자식의 삶을 통제하고 관할한다. 부모는 자식에게 매일 이런저런 것을 강요하기까지 하는데, 이것은 자식이 어떤 가능성 속에서 성장하고 있는지에 관해 이해하려 하지 않기 때문이다. 끊임없이 부모들은 자식에게 자기들의 기준에 맞추어 떠들고 자식들을 그 기준에로 내몬다.

그런데 만일 자식이 학교에서 문제를 일으킨다면, 어떤 부모도 자기 자식이 그릇되어서 그리했다는 판단을 내리지는 않는다. 오히려 자식의 친구 때문에 라는 탓을 일삼는다. 마찬가지로 공부를 잘하는 친구 곁에 자식을 두면 내 자식도 덩달아 공부를 잘하게 된다고 믿는다. 그 또한 공부 잘하는 친구 때문이다. 모든 부모는 그들의 자식이 모범생

99 전동진,「생동적 질서」, 110쪽. 참조: *SuZ*, 126쪽.;『존재와 시간』, 175/6쪽. '초연함' 이란 독일어 Gelassenheit를 옮긴 말이다. 이 말은 옮긴이에 따라 '초연한 내맡김', '내맡김' 등 조금씩 다르게 번역된다. 이에 관해서는 이 글의 제6절에서 살펴보기로 한다.

100 걱정이나 근심이라는 것은 존재적 의미의 존재경향이다. 그것은 구체적으로 '어떤 것' 을 걱정하고 근심하는 것이다. 반면 심려는 더불어 있음에서 자유로이 열어 밝혀지는 함께 거기에 있음의 그 있음(존재) 자체에로 향해 있다.

으로서, 우등생으로서 성장할 것을 기대하며 확신한다.

그런데 그 근거는 모범생 친구와 우등생 친구, 그리고 좋은 친구의 친구로서들이 힘을 가하고 있기 때문이다. 그런데 마침내 그 자식들이 모범생도 되고 우등생도 되어서 부모에서 자랑할 만한 꺼리들을 갖추게 되면, 거기에 그 근거는 감쪽같이 사라진다. 그 결과는 오로지 부모의 덕이며 자신들의 자식이 이룬 성과일 뿐이다. 그렇다면 그들의 자식 그 자신은 대관절 무엇이며 어디에 있을까.

부모들에 대한 자식의 기대 또한 매한가지다. 자식들은 자기의 부모가 늘 모범적으로 가정생활을 할 것을 기대하고 늘 풍요로운 삶을 그들에게 제공해야 한다고 생각한다. 그 때문에 부모는 늘 자식의 기대에 부응하기 위해 자기 자신을 스스로에게서 포기하고 오로지 자식만을 위해서 산다고 읊조린다. 만일 자식들에게 나름대로 좋은 환경이 제공되지 못한다면, 그래서 그 자식이 풍족하게 성장할 수 없게 된다면, 자식들은 그것이 부모가 부모로서 자기에게 제대로 잘하고 있지 못했기 때문이라 여긴다.

그렇다면 그때, 그 부모는 대체 어디에 있을까. 이 모든 것은 주어져 있는 ~로서 구조가 일상적으로 앞서 있기 때문이다. 그런데 우리는 어떻게 어떤 ~로서를 통해서 그 자신의 실존을 규명할 수 있으며 그의 존재가능을 열어 밝힐 수 있는가. 오히려 ~로서 구조는 철저하게 존재적이며 일상적인 것이 아닌가. 그렇다면 ~로서 구조는 어떻게 구성되는가.

분명 존재적인 ~로서의 구조 안에 우리가 평생 매어 잡혀 있다는 것은 우리의 운명이다. 재미있는 것은 ~로서가 그때그때마다 더해지는 방식으로서가 아니라, 오히려 곱해지는 구조를 갖기도 한다는 것이다. 우리는 간단한 수학적 지식을 알고 있다. 우리가 알고 있는 수학적 기호인 +와 ×는 셈에 관한 법칙이다. 즉 1+2의 결과는 3이며 1×2는 2라는 식이다. 1은 다른 수와 합해지면 1만큼이 더해질 뿐이다. 그러나 다른 수의 경우는 그 수가 갖는 횟수가 더해진 만큼 값이 증가한다.

3+4와 3×4는 똑같은 수를 매개로 함에도 결과가 전혀 다르다. 그것은 +와 ×의 셈 기호가 의미하는 바가 다르기 때문이다.

분명 인간 현존재가 세계 속에서 삶의 길을 감이라는 것은 수학적인 기호로 환산될 수 없다. 그렇다면 ~로서가 더하기 되지 않고 곱하기 될 수 있다는 것은 어떻게 이해할 수 있을까. 우리들이 삶의 길을 놓음은 우선 대개는 일상으로 시작된다. 삶이 펼쳐지는 거기, 즉 세계는 특정한 이해와 해석의 틀에 의해서 이미 형성되어 있다. 각각의 모든 해석은 나름의 앞서 가짐, 앞서 봄, 앞서 잡음을 가지고 있다.[101]

> 현존재는 이해로서 자신의 존재를 가능성들에로 기획투사한다. 이러한 이해하면서 가능성들에로 향한 존재는, 열어 밝혀진 가능성들인 그 가능성들이 현존재에게로 되돌려지기에, 그 자체가 하나의 존재가능인 것이다. 이해의 기획 투사는 스스로를 형성할 수 있는 고유한 가능성을 가지고 있다. 이해의 이러한 형성을 우리는 해석이라고 이름한다. …… 손안의 것 곁에 배려하며 있음을 스스로에게, 만나게 되는 것을 가지고 어떤 사용사태에 쓸 수 있는지를 세계이해에서 열어 밝혀진 유의미성에서부터 이해하도록 한다. …… 둘러보며 그것의 '무엇을 위하여'에로 풀어헤쳐진 것 그 자체는, 즉 두드러지게 이해된 것은 어떤 것을 어떤

101 이해 안에서 기획투사된 가능성들을 정리하여 이해의 기획투사를 비로소 그 목표에 이르게 하는 현존재의 이행양상을 해석이라고 한다. 어떤 것을 어떤 것으로서 해석함은 첫째 이미 이해된 사용사태 전체성을 이해하는 존재이해및 세계이해를 앞서 가짐(Vorhabe)이고, 둘째 해석은 그때마다 앞서 가진 것에서 취해진 것을 특정의 해석에로 잘라내어서 사용사태 전체내부에서의 시야가 어떤 특정한 영역으로 제한되는 앞서 봄(Vorsicht)에 근거를 두고 있으며, 셋째 해석은 이미 특정한 개념설정과 결부된 앞서 잡음(Vorgriff)에 근거하고 있다. 하이데거는 이러한 구조요소가 이해의 앞선 구조, 즉 해석학적인 '로서 구조'를 구성한다고 한다. 참조: SuZ, 148~153쪽.;『존재와 시간』, 206~213쪽.; 이기상,『實存과 言語』, 문예출판사, 1991, 307/8쪽.

> 것으로서 라는 구조를 가진다.[102]
>
> …… 개개의 모든 해석은 나름의 앞서 가짐, 앞서 봄, 그리고 앞서 잡음을 가지고 있다. 해석이 [학문적]해석으로서 탐구의 명시적인 과제가 될 경우, 우리가 해석학적 상황이라고 부르는 이 '전제들'의 전체[앞서 가짐, 앞서 봄, 앞서 잡음]은 열어 밝혀야 할 '대상'에 대한 근본경험에 의거해서 그리고 그러한 경험 속에서 선행적으로 해명되고 확보될 필요가 있다.[103]

우리는 세계 안에 자기의 의지나 선택 없이, 즉 아무런 권한 없이 태어난다. 그리고 태어난 순간, 우리는 누구의 자식으로서 앞서 이해된 해석의 틀 안에서 살아 나간다. 거기에서 첫 번째 ~로서가 드러난다. 그리고 우리는 죽음을 맞이하는 그날까지 그 ~로서 안에서 살아가는데, 삶이 나가는 그 길에서 그 ~로서는 점점 많아지고 넓어져 간다. 우리는 틀 안에서 세계 안에서 열어 밝혀져 있는 ~로서를 획득하는데, 거기에는 새삼스레 새로운 것은 없다. 우리들은 이미 드러나 방향잡혀 있는 이런 혹은 저런 입장과 역할로서의 ~로서를 앞서 잡는 식으로 길을 만난다.

이를테면, 인간은 성장한다. 그리고 그 성장기마다 다른 의미부여 안에 놓여진다. 어린 아이는 어린이로서, 성장기에 있는 아이는 청소년으로서, 몸과 정신이 일정하게 커 있는 상태에 있는 인간은 청년으로서, 나이가 들은 인간은 노인으로서이다. 어린이는 그 로서가 아직은 제한적이다. 어린이는 그저 건강하게 양육하는 사람의 바람에 걸맞게 자라주기만 하면 된다. 청소년들은 그의 나이에서 불리는 의미가 확장된다. 그들에게는 모범생으로서, 우등생으로서 등의 의미가 부여

102 *SuZ*, 148/9쪽.;『존재와 시간』, 206쪽.
103 *SuZ*, 232쪽.;『존재와 시간』, 312쪽.

된다. 청년이 된 인간은 이제 그야말로 살기가 바빠진다. 그들은 이런 저런 의미가 중첩되어 여러 ~로서가 복잡하게 강제됨에 따라 그 각각의 ~로서가 다른 의미로 응축 · 변양되어 드러난다.

우리에게 붙잡힌 이런 혹은 저런 이라는 것은 그것이 이미 앞서 가짐에서 비롯하지만, 그렇다고 언제나 고정되어 있지는 않다는 것이다. ~로서는 그때마다 변화한다. 그 변화는 앞선 해석의 틀 안에서나, 혹은 자기 스스로를 통해서이다.

다시 말해서 우리는 이미 해석되어 있는 ~로서 구조 안에서 역할을 가지며, 그 역할에 따르는 그때그때마다의 입장을 겪는다. 그러한 길을 감 안에서 우리는 '~로서', ~로서' 있다. 그리고 변형될 수 있는 ~로서 구조 안에서 살아갈 수밖에 없다. 일상은 늘 우리에게 ~로서를 충실하게 이행할 것을 요구한다. 삶 안에서 우리는 어떻게든 이미 해석되고 의미 부여된 틀 안에서 그 틀에 걸 맞는 모습으로 있다. 그리고 그 방식은 오히려 ~에 걸맞게 하다라는 식이다.

즉 우리에게는 늘 틀이 앞서 있다. 우리는 우리 스스로를 일단 내던지고 앞서 있는 틀 앞에 마주서 있다. 결국 우리는 어떤 틀에 맞추어서 ~에 걸맞다 라는 식으로 우리들의 ~로서를 발견한다. 이제 우리 모두는 일상이 요구하는 ~로서를 이행해야 한다는 중압감 안에서 떠밀려진다. 그런데 우리는 다음과 같이 말한다. "난 원래 그래." 혹은 "난 본래 그래."라는 식으로. 그런데 우리가 틀어쥐고 놓을 수 없다고 하는 그 "나는 누구인가?" 그리고 그 원래나 본래가 그 말처럼 근원적으로 유래하는 곳은 어디일까.

> (누구인가 라는 물음에 답하는 '누구'는) 그때마다 각각의 내가 바로 그 존재자이지 다른 사람이 아니며, '누구인가'는 나 자신에서부터, '주체'에서부터, '자기 자신'에서부터 대답되고 있다.[104]

104 *SuZ*, 115쪽.;『존재와 시간』, 160쪽. (괄호 속은 글쓴이가 보탬)

여기에서 누구는 다양한 행동관계와 체험의 변화 속에서 자신을 동일한 것으로 여기는 그것이다. 이는 끊임없이 눈앞에 있는 것으로서, 밑바탕에 놓여 있는 것으로서, 주체로서 이다. 이 주체는 다양한 다름 속에서도 동일한 것으로서 자기 자신이라는 성격을 지닌다.

그런데 일상적 현존재의 주체는 그때마다 각기 나 자신이 아닐 수 있다.[105] 이는 우리가 스스로를 주체로 삼고 있음이 일상적이고 존재적인 배려에 머물고 있음을 가리키고 있는 것이다. 그러나 그 자신으로부터 길어내어지고 그리하여 스스로의 존재가능으로 향해 있는 나 자신이 존재함의 본질은 그러하게 표상할 수 있는 대상이 아니다.

다시 말해서 그 원래나 본래에도 그 자신이 집착하므로 차마 놓을 수 없는 ~로서가 있다. 우리는 그 어떤 ~로서에서부터 그의 원래와 본래를 움켜쥐고 있는 셈이다. 그렇다면 원래나 본래는 다분히 더불어 있음이라는 본질 구조에서, 함께 거기에 있는 다른 인간 현존재와, 사용사태 안에서 본질이 규정된 눈앞에 있음에서 근거한다. 그것들과 더불어 있음은 우리의 삶이 벌어지고 있는 바로 거기에서이다.

어차피 우리 모두가 길을 내어가는 존재지평은 세계이다. 그리고 그 세계는 이미 어떤 ~로서 구조가 형성되고 있다. 그리고 우리는 태어남에 걸맞는 어떤 ~로서 를 받아들이거나 선택할 뿐이다. 그렇다면 본래적으로 ~로서는 일상성을 담보하고 있는 것이 아닌가. 물론 그렇다. 왜냐하면 현존재의 앞서 가짐에는 언제나 다만 현존재의 비본래적인 존재 그리고 전체적이 아닌 것으로서의 현존재가 들어서 있기 때문이다.

하이데거는 다음과 같이 말한다.

> 실존이 현존재의 존재를 규정하고 실존의 본질이 존재가능에 의해 함께 구성된다면, 현존재는 그가 실존하는 한, 존재 가능적으로 각기 그

105 참조: *SuZ*, 115/6쪽.;『존재와 시간』, 160/1쪽.

때마다 아직 있지 않은 어떤 것이어야 한다.[106]

왜냐하면 실존이 현존재의 본질을 구성하고 있다면, 그 존재자는 자기를 온전한 전체 존재자로서 파악할 가능성을 본질적으로 거부하기 때문이라는 것이다.[107]

그렇다면 인간 현존재의 실존에서 실존하는 전체 현존재를 실존론적인 앞서 가짐 안으로 데려올 수 있는 본래적 방식이 이해되어야 한다. 하이데거를 따르면, 전체존재는 오직 죽음을 향한 존재로서 현존재를 이해할 때 논의할 수 있다. 현존재는 그가 존재하는 한, 그때마다 각기 그가 그것일 수 있고 그가 그것이 될 어떤 것이 아직 남아있는 채로 존재한다. 남아있는 그 어떤 상태에는 종말(끝)로서의 죽음이 속한다. 현존재의 존재가능임과 동시에 종말인 죽음은 그때마다 각기 가능한 현존재가 전체성을 제한하고 규정하는 것이다.

> 현존재에게는, 그가 존재하는 한. 그때마다 각기 그가 그것일 수 있고 그가 그것이 될 어떤 것이 아직 남아 있다. 그런데 이러한 유예 상태에는 '종말(끝)'이 속한다. 세계 속에 있음의 '종말'은 죽음이다. 존재가능, 다시 말해서 실존에 속하는 이 종말은 각기 그때마다 가능한 현존재의 전체성을 제한하며 규정한다.[108]

그러나 우리는 우리 자신의 가능성을 스스로에게서 길어내고 열어밝히기보다는 오히려 우선 대개는 함께 거기에 있는 다른 이들이 해석하고 규정해 놓은 삶의 논리와 문법에서 찾아낸다. 사람들은 대개는 그들이 하고 있는 일, 혹은 어떤 자리 안에서 바로 그것으로 존재한

106 *SuZ*, 233쪽.;『존재와 시간』, 313쪽.
107 참조: *SuZ*, 233쪽.;『존재와 시간』, 313쪽.
108 *SuZ*, 234쪽.;『존재와 시간』, 314쪽.

다.[109] 사람들은 그가 하고 있는 일이나 그 머무름에서 만나는 도구존재자들과 그 안에서 관계 맺는 다른 이들과 더불어 살아간다. 인간 현존재로서 우리는 그렇게 세계 속에 존재한다. 우리가 그러한 세계에 빠져드는 것은 자기 자신이 다른 이들과 다르면 안 된다는 것이 우리를 조율하고 있기 때문이다.

그것은 어떠한 경우에서 난처해함이나 곤란해 함을 느끼는 것보다 근원적이다. 우리는 자신이 다른 이들과 다름에 대해 불안해하며, 그것을 염려한다. 그렇기에 우리들은 다른 이들과 거리 가짐을 달갑게 여기지 않는다. 우리는 다른 이들과 크게 다름도 꺼려한다. 우리는 다른 이들이 사는 모습을 훔쳐보거나 흉내 내면서 그들을 좇아 산다. 우리들 자신이 느끼고 판단하는 것들은 다른 이들이 느끼고 판단하는 것과 그다지 다르지 않다.

우리는 그렇게 서로 이웃집 사람처럼 살아간다. 이웃집 사람이 특이하거나 괴이한 사람이면 곤란하다. 이웃집 사람은 늘 대하기에 부담없고 편안해야 한다. 부담스럽지 않고 편안하기 때문에 우리는 이웃집 사람을 특별하게 경계하지 않는다. 우리는 이웃집 사람들과 적당한 거리 둠 안에서 교제하며, 그 교제의 방법은 대강 다른 이들을 마주 대할 때에도 통용된다. 크게 마음을 쏟을 까닭도 없고, 특별하게 무심할 필요도 없다. 우리가 만나는 다른 이들은 이웃집 사람과 같은 식으로 대해지면 그만이다.

우리는 다른 이들 속에서 살려 하고, 그렇게 살아간다. 이는 다른 이들과 자기 자신과의 차이를 제거하거나 혹은 다른 이들 과의 거리를 확보하거나 또는 없앰으로써 자기의 탁월한 위상을 성취하거나, 다른 이들에 대한 우월한 입지를 획득하려는 것을 목표로 삼는 것일 수 있다.[110]

그러한 삶에는 우선 부담이 없다. 부담이 전혀 생기지 않는 것은 아

109 참조: *SuZ*, 126쪽.;『존재와 시간』, 175/6쪽.

110 참조: *SuZ*, 126쪽.;『존재와 시간』, 176쪽.

니지만, 부담이 일어나는 까닭이 자기 자신에게만 속한 것이 아니므로, 우리들은 적당히 그 부담을 모면할 수 있다. 우리들은 이웃집 다른 이들이 만들어 놓아가는 세계의 분위기 안에 적당히 응하며 다른 이들이 대처하는 것들을 따라 생각하고 행동할 수 있다. 자기 자신에게서 일어나는 다를 수 있음은 일단 무시되거나 퀘퀘 먼지 묵은 구석으로 처박혀 진다.

현재 우리들의 세계는 대중 매체를 통해 낱낱이 공개되고 파헤쳐진다. 우리들은 이런저런 매체를 통해서 가볼 수도 없는 곳에서 일어나는 사건과 사고를 만난다. 그리고 우리들은 이미 그것을 알려주는 매체가 떠드는 방식으로 그것들을 자기도 모두 알고 있다고도 말한다. 그런데 이미 벌어져 버린 사건들은, 매체를 통해서 사실과는 전혀 다르게 왜곡될 수 있다.

설령 왜곡되지 않았다고 하여도 이미 무엇인가가 매개되어 알려지는 것에 의해서 우리들은 전체로서의 그 자체에 관해서는 이해할 수 없기도 하다. 그럼에도 우리들은 다른 이들이 보고 판단하는 것에서 멀리 떨어져 있지 않은 태도를 간직하며 그들의 논리와 해석 안에서 맴돈다. 이러한 세계 이해와 해석에서 자기 자신이 떠맡아야 할 존재를 이행함의 부담은 사그러진다. 자기 자신의 존재를 이행함의 부담이 부드럽게 다른 이들 속으로 스며들어 녹아들 때, 우리는 편안함과 안심함을 느낀다. 즉 그것은 "나는 다른 이들과 크게 다르지 않다."라는 위안이다. 우리는 이러한 위안 속으로 숨어버린다. 편안함과 안심할 수 있는 위로는 자기 자신으로부터 숨는 것으로써 드러나게 된다.

일상성을 요약해보면, 다음과 같이 말할 수 있다. 그것은 세계를 앞서 드러내고 있는 존재자들의 이미 의미 부여된 존재양태, 그리고 그로부터 앞서 해석된 세계 이해의 구조이며, 따라서 인간 현존재는 우선, 대개는 비본래적인 방식으로서 그 속에서 실존한다. 그리고 나는 일상성을 길이 그때 마다 열어 밝혀져 있음에서 '이미 드러나 있음' 이라고 새겨본다.

3) 삶 — 길을 내어 냄 : 아직 아님 그리고 양심과 결단성

다른 인간 현존재와 함께 거기에, 그리고 사물 존재자들과 더불어 존재하는 인간 현존재에게 결단성은 무엇을 의미하는가? 하나의 물음을 던져보자. 우리들 인간 현존재는 다른 이들과 함께 거기에 존재함으로서 일상적인 결정지어버림의 의미에서 결단성을 이해하고 있는 것은 아닌가? 이러한 물음은 이미 어떤 방식으로든 해석의 맥락이 결정되어 있다는 것으로서의 일상성을 뜻함과 동시에, 우리가 그 일상성 안에서 결정지음이라는 말로 결단성을 이해하고 있다는 사실을 지적하고 있는 것이다.

분명 일상세계는 어떤 식으로건 이미 결정되어 있다. 그것을 결정짓는 것은 바로 인간 현존재이다. 인간 현존재는 자기 자신을 존재해 오게 하는 유래로부터 곧 자기 자신이 다가갈 도래에 이르기까지 그때마다의 현재성 안에서 자기를 조율하며(기분잡고) 그 조율됨(기분잡혀져 있음) 안에서 다른 이들과 사물 존재자들과 관계한다.

인간 현존재가 있어오고 있음을 이해하고 도래를 맞아들일 준비를 하면서 현재를 마주하고 있다는 것은 그가 시간적 존재라는 것에서 드러나는 것이다. 자기를 조율하며, 그 조율되는 관계의 연관구조를 이해하고 그럼으로써 그는 삶의 길 위에 존재한다. 그러나 이 점에서 이미 조율되고 있음(기분잡혀져 있음)이 앞서 있고, 이미 이해된 관련구조가 앞서 드러나 있다는 것이 문제이다. 일상 세계 속에서 결단성이라는 말은 인간 현존재가 자기의 의지를 발휘하여 어떤 것을 결정함으로 오해되고 있다.

프랑스의 철학자 사르트르나 레비나스가 결단성을 받아들이는 방식도 다르지 않아서, 그들은 결단성을 인간이 능동적인 의지를 통해 무엇을 할 수 있음으로 파악한다. 사르트르는 인간을 더 이상 불변하는 즉자가 아닌 것으로, 자신을 끊임없이 창조하는 능동적인 대자로서 규정한다.[111] 인간 현존재의 존재가능(Seinkönnen)을 할 수 있음으로 주목한 사르트르는 현존재의 결단성을 할 수 있음의 정점으로 파악하며, 이는 결단성을 주체로서의 현존재의 능동적인 의지가 최고의 상태로 발현되어 있는 것으로 간주하는 것이다. 이러한 오해는 레비나스의 철학에로 이어진다.[112]

레비나스는 하이데거 철학의 근본이 모든 것을 지배하려는 남성적인 힘의 표현인 할 수 있음을 극대화함에 있다고 말한다. 레비나스는 사르트르가 능동적으로 할 수 있음으로 오해한 하이데거의 현존재의 존재가능을 자기 철학의 중심에 놓지는 않지만, 그 또한 결단성을 모든 것을 쥐어 잡으려는 근대적 주체의 능동적인 의지가 집약된 것으로 받아들인다. 다시 말해서 레비나스는 하이데거의 결단성을 능동적인 남성적 힘으로서 할 수 있음을 할 수 있음(pouvoir de pouvoir), 즉 가능한 것의 장악으로 파악한다. 그는 이러한 주체적인 남성적 힘이 다른 것들에 대하여 지배의 관계를 맺는다고 보는 것이다. 즉 레비나스에게 소유, 인식, 장악은 할 수 있음과 같은 말이다.[113]

이와 같이 결단성이 현존재의 능동적인 의지의 차원에서 해석되었다는 것은 한편으로는 큰 오해를 불러일으킬 수 있다. 그것은 하이데거가 근본적으로 근대의 주체개념으로부터 벗어나고자 하지만, 다른 편으로 능동적인 의지를 중심으로 하는 결단성을 강조하게 됨으로써 다시금 근대의 주체개념에로 돌아가고 있다는 오해이다. 힘과 힘에 의한 지배나 장악은 인간의 주체적인 의지가 드러난 것이기 때문이다.

---

111 장 폴 사르트르, 『실존주의는 휴머니즘이다』, 방곤 옮김, 문예출판사, 1999, 14쪽.

112 참조: 피터 하, 「하이데거 철학에 있어서 "내버려둠"으로서의 결단성(Entschlossenheit) 개념 – 탈-주관적인 의지개념에 관하여」, 『하이데거 연구 제13집』, 한국하이데거학회, 세림 M&B, 2006 봄호, 100~103쪽.

113 참조: 엠마누엘 레비나스, 『시간과 타자』, 강영안 옮김, 문예출판사, 1996, 98~102쪽, 104~111쪽. ; 피터 하, 같은 글, 102쪽.

무엇보다도 중대한 오해의 가능성은 하이데거 후기 철학에서 그가 열어 밝히고 있는 내맡김(초연함, Gelassenheit)이 그의 후기 사유에서 중요한 내용으로 다루어지고 있음을 부각함으로써, 그가 전기 사유에서의 결단성 개념을 극복했다는 식으로 강조될 수도 있다는 점에 있다. 이러한 분석에서 결단성은 여전히 능동적인 의지의 차원인 할 수 있음으로 해석되고 있는 것이다.[114] 일상적으로 우리들은 이미 결단성을 그러한 식의 이해의 지평 안에 가두고 있다.

일상세계는 인간과 그리고 그와 존재자들이 관련 맺고 있음으로부터 구성된다. 그런데 여기에서 인간이라는 말은 우선 대개는 불특정한 다수, 곧 세상 사람들(그들, das Man)을 부르는 이름이다. 자기를 조율함은 딱히 누구인지 지시할 수 없는 이 불특정한 세상 사람들이 이미 조율해 놓은 바에 따라서 일어난다. 그리고 우리가 다른 존재자들과 맺고 있는 연관 구조 또한 불특정한 그들에 의해 이해되어 해석된 바에 따라서 우선 주어진다. 우리들의 자기 자신임은 그러한 의미의 지평 안에 머물면서 해석되는 것이다. 그러므로 자기 자신의 바로 그 자기임은 그 안에서 쉽게 발견할 수 없다.

그러나 하이데거는 인간 현존재가 우선은 일상세계에서 마주하는 존재자들에 빠져버려서 자기 자신을 잃어버린 비본래적인 그들(das Man)로 존재하지만 결단성(Entschlossenheit)을 통해 자기 자신 스스로를 되찾는다고 말한다.

> 자신의 '거기에'로 내던져져 있기에 현존재는 현사실적으로 각각 그때마다 하나의 특정한 – 즉 그의 – '세계'에 의존해 있다. 그와 더불어 '그들' 속에 배려하며 상실되어 있음(Verlorenheit)이 각각 그때마다 고유한 현존재에 의해서 불러내어질 수 있는데, 이 불러냄이 결단성의 방식

114 참조: 피터 하, 같은 글, 103쪽.

으로 이해될 수 있다는 것이다.[115]

그리고 여기에서 상실되어 있음은 바로 인간 현존재가 각자 자기 자신의 존재를 존재할 수 있음의 가능성, 곧 인간 현존재의 탁월한 존재방식으로서의 실존론적 가능성이다. 따라서 하이데거는 궁극적으로는 상실되어 있음이 결단성을 불러낸다고 말한다. 그에 따르면 결단성은 불러내짐이고, 결단성이 불러내짐이 바로 본래적인 열어 밝혀져 있음이라는 것이다.

> 양심은 '어떤 것'을 이해하게 해준다. 즉 양심은 열어 밝힌다. 이러한 형식적인 성격부여에서부터, 양심이라는 현상을 현존재의 열어 밝혀져 있음 안으로 되돌려 놓아야 한다는 지침이 생긴다. 우리 자신이 각기 그때마다 그것인 이 존재자의 근본구성틀은 처해있음, 이해, 빠져있음, 말에 의해서 구성되고 있다. 양심에 대한 더 철저한 분석은 양심을 부름으로서 밝혀준다. …… 양심을 불러냄을 이해함은 양심을 가지기를 원함으로 밝혀진다. 그러나 이러한 현상 안에는 우리가 찾고 있는, 자기 존재의 선택을 실존적으로 선택함이 놓여 있으며, 우리는 이것은, 그 실존론적인 구조에 상응하게, 결단성이라고 이름한다.[116]

불러내짐이라 할 때, 거기에는 불러내는 부름이 있어야 한다. 하이데거에 의하면, 불러내는 부름은 다름 아니라 인간 현존재의 양심(Gewissen)이다. 양심은 세상 사람들(그들) 속에서 상실한 자기 자신을 자신의 존재가능에로 불러 세우는 부름이다. 그리고 양심이 불러내고자 하는 것은 세상 사람들 자신이다.

그런데 양심의 부름에 의해 불러내진 자신은 어떠한 무엇으로 규정

115 *SuZ*, 297쪽.;『존재와 시간』, 396쪽.
116 *SuZ*, 269쪽.;『존재와 시간』, 360쪽.

된 것이 아니며 규정될 수도 없는 자기 자신이다. 그 자기 자신은 이미 무엇임으로 아직 정해져 있지 않다. 그러나 양심의 부름에서 불려내진 자는 분명히 현존재 자신이다. 왜냐하면 양심의 부름은 세상 사람들 자신으로부터 불려내진 자기 자신만을 남겨두고 모든 것 자체를 무의미의 심연 속으로 가라앉혀 버리기 때문이다.

따라서 불러내는 부름으로서 양심은 가라앉혀진 심연 속에서 푸르스름히 떠오르는 자기 자신! 바로 그 자기 자신을 그의 고유함에로 불러내는 결단성에 관련하고 있다. 그렇다면 하이데거의 결단성 개념은 양심이 불러내는 부름에로 자기 자신을 불러내어, 상실된 그 자기 자신을 되찾아 옴이다. 결단성과 연관된 양심의 부름은 의도적으로 계산된 것이 아니다. 양심이 부름은 오로지 나 자신에서부터 온다.

미리 계산된 의도에서가 아닌, 즉 무엇이라고 정할 수 없는 그것이 양심 속에서 인간 현존재 자신을 그의 존재가능으로 불러낸다. 그리고 그것이 현존재 자신에게서 나와서 다시 현존재 자신, 즉 존재가능으로 가는 것이라면, 그것은 바로 현존재 자신이다. 그렇다면 부르는 자로서의 현존재와 불러내진 자로서의 현존재는 어떠한 방식으로 존재하는가. 이 물음은 현존재가 부르는 자임과 동시에 불러내진 자라는 해명으로 해소될 수 있다. 부름을 부르는 자로서 그리고 불러내진 자로서 현존재는 들을 수 있는 자이다. 부름에 응답함은 부르는 부름을 귀를 기울임으로써 들음이다.[117] 부름은 들을 수 있으므로 부름이다.

> 양심은 현존재의 자기를 '그들' 속에 상실되어 있음에서부터 불러 세

117 "하이데거의 사유방식은 논리적이고 이론적인 추론이나 분석이라기보다는 상태 자체에 대한 통찰이고 시적인 감응이며 부름하는 "존재의 소리"에 귀를 기울이면서 존재의 사태를 드러내는 '존재사유'이기 때문이다. 이런 존재사유에서 존재이해는 보는 구조가 아니라, 듣는 구조이다." 참조: 윤병렬, 「하이데거의 전기사유에서 "들음"의 해석학적 위상」, 『하이데거연구 제 14집』, 세림M&B, 2006년 가을, 59쪽.

> 운다. 부름 받은 자기는 그의 무엇임에서는 규정되지 않은 채 텅 비어 있다. …… 따라서 모든 앎보다 더 근원적인 것은 탓이 있음이다. 그리고 오직 현존재가 그의 존재의 근거에서 탓이 있고 내던져져 있으며 빠져있는 존재자로서 그 자신을 그 자신에게 닫아버리기에 양심이 가능한 것이다. 만일 부름이 이러한 탓이 있음을 근본적으로 이해하게끔 해주는 것이라면 말이다. 부름은 염려의 부름이다. 탓이 있음이 우리가 염려라고 부르고 있는 그 존재를 구성하고 있다.[118]

인간 현존재는 언제나 현사실적으로 존재하며, 이는 현존재가 내던져진 자로서 곧 자기 자신의 실존에 내맡겨져 있다는 말이다. 현존재의 현사실성은 사실성이 아니다. 현존재는 자기 자신을 자신의 존재가능성들에게 내맡김으로서 존재한다. 불러내진 부름인 양심을 부르는 것은 이미 익숙해진 일상의 처해있음으로부터 현존재를 낯섦에로 내모는 불안을 경험하는, 바로 현존재이다.

양심의 부름과 부름을 들을 때, 현존재는 스스로를 불안 앞으로 불러 세운다. 그리고 그 속에서 그 자신의 본래적인 존재가능으로 되돌아가라고 외친다. 이러한 외침을 외치는 자, 즉 양심의 부름을 부르는 자는 다름 아닌 불안 속에 처해있어서 자신의 내던져져 있음에 대해 불안해하고 있는 현존재 자신이다. 부름을 부르고 부름을 들음에 불안이라는 것이 전제되는 이유는 이와 같이 부르는 자이고 동시에 불러내진 자이며 듣는 자가 바로 인간 현존재이기 때문이다. 불안은 현존재가 자기 자신을 만나는 탁월한 염려 속에서 일어난다. 하이데거에 의하면, 인간 현존재는 불안이라는 체험을 통해서 자기 자신의 유한성으로 스스로를 적나라하게 발견한다.

결단성은 인간 현존재가 적나라하게 드러남의 체험에로 현존재를 내

118 *SuZ*, 274, 286쪽.;『존재와 시간』, 366, 383쪽.

몬다. 하이데거의 사유를 빌면, 결단성은 인간 현존재를 그가 의지[依支]하고 있는 세계로부터 자기 자신의 존재가능인 실존에로 불러냄이다.

> 결단성은 본래적인 자기존재로서 현존재를 그의 세계로부터 분리시키는 것도 아니고 현존재를 공중에 떠도는 자아에로 따로 떼어놓는 것도 아니다.[119]

따라서 이것은 현존재를 세계와, 부유하는 자아에서 갈라놓음도 떼어놓음이 아니라, 다만 자기 자신의 고유성 안으로 들어섬을 의미한다. 이렇게 자기 자신의 고유성 안으로 들어섬을 불러내는 자는 다름 아니라 현존재이며, 그 불러내는 부름은 불안 속에 처해있는 양심이다. 그리고 우리는 그 불러내는 부름에 응답함이 바로 결단성이라 이해할 수 있다.

분명 의지의 본질은 결단성에 있다. 그러나 하이데거는 결단의 본질을

> 현존재가 열어 밝혀져 있는 탁월한 양태의 하나이며 열어 밝혀져 있음은 실존론적으로 근원적인 진리이고, 이 근원적인 진리는 일차적으로 '판단'의 특질도 더구나 어떤 특정한 행동관계의 성격도 아니라, 세계 속에 있음 그 자체를 구성하는 본질적인 구성계기의 하나이다.[120]

라고 말한다. 여기에서 하이데거는 결단성을 현존재의 본래적인 근원적 진리로 발견한다. 즉 결단성은 본래적인 열어 밝혀져 있음으로서 본래적으로 세계 속에 있음 그 자체라는 것이다.

> 결단을 내린 현존재는 자기 자신이 선택한 존재가능의 '그 때문에'에

---

119 *SuZ*, 298쪽.;『존재와 시간』, 377쪽.
120 *SuZ*, 297쪽.;『존재와 시간』, 395/6쪽.
121 *SuZ*, 297/8쪽.;『존재와 시간』, 396/7쪽.

서부터 자기 자신을 자기의 세계로 자유롭게 내준다. 자기 자신에로의 결단성이 현존재를, 비로소 함께 존재하는 타인들을 그들의 가장 고유한 존재가능에서 '존재하도록' 하며, 이 가장 고유한 존재가능을 앞서 뛰어들며 자유롭게 하는 심려 속에서 함께 열어 밝힐 수 있는 가능성에로 데려온다.[121]

결단성에 관한 이러한 하이데거의 통찰은 그의 후기 철학에서 드러나는 기다림(Warten)과 내맡김(Gelassenheit)에로 나아갈 수 있게 하는 단초가 된다. 결단성은 인간 현존재를 기다림 속에서 자기 자신의 존재가능을 열어내는 너른 터에 구속시키면서 동시에 자유롭게 그 존재가능에로 내어주는 내맡김에 관련하고 있는 것이다. 그 내맡김은 자기 자신의 존재가능에로 앞서 다가감, 그리고 존재가능에로 되돌아옴으로서의 기다림이다. 다시 말해서 결단성과 기다림, 그리고 내맡김은 그 본질상 서로 다른 것이 아니다. 인간 현존재가 본래적으로 삶을 살아가는 것은 이렇게 결단하고 기다리며 내맡기는 길을 스스로 내어가는 것에 다름아니다.

4) 삶이 다함으로서의 죽음

하이데거가 인간을 다른 존재자와 다른 방식으로 그의 존재 의미를 밝히고자 함에 있어서, 그 정점은 인간을 죽을 수 있음 그리고 죽음을 향해 앞서 달려가봄으로 이해하고 있다는 점이다. 그런데 생명을 가진 모든 존재자들 또한 죽을 수밖에 없으며, 설령 생명을 가지지 않은 존재자들도 언젠가는 소멸할 수밖에 없다. 그렇다면 다른 존재자들의 소멸 혹은 죽음과 인간의 그것, 즉 죽음은 어떻게 다른가. 하이데거가 말하는

121 *SuZ*, 297/8쪽.;『존재와 시간』, 396/7쪽.

죽을 수 있음과 죽음 앞으로 달려가 볼 수 있음은 대체 어떤 뜻인가.

만일 우리가 죽음에 관해 물음을 던질 수 있다면, 그것은 어떤 식일까. 그것은 무엇임에 대한 본질 물음이 아니다. 죽음은 무엇이라는 식으로, 인식적 대상이라는 식으로 우리에게 파악되지 않는다. 우리는 죽음을 무엇이라 정의할 수 없다. 왜냐하면 이미 죽어버린 사람의 시신은 다만 죽어버린 몸이고 죽어가는 과정에 놓임은 아직 죽음이 아니며, 이미 죽어버렸음은 죽음에 이른 스스로가 더 이상 죽음을 문제 삼을 수 없기 때문이다. 죽음은 우리가 삶을 열어가는 길 위에서 다양하게 벌어지며 살아있는 누구에게나 일어나는, 그러나 저마다에게 고유하기에 다양한 현상이다. 그리고 무엇보다 죽음은 인간 현존재의 극단적인 존재가능이다.

우리는 이제 "죽음이 무엇인가?"에 대해서가 아니라, "죽음이 어째서 물음되는가?"와 "죽음을 어디로부터 어떻게 이해할 수 있는가?" 그리고 "인간 현존재에게 죽음의 의미는 어떻게 열어 밝혀지는가?"를 살펴야 한다. 우리는 살아 있는데 삶 혹은 산다는 것에 관해서가 아니라, 왜 죽음에 관해 묻는 것일까. 그것은 우리에게 도대체 어째서 죽음이 문제되는가라는 근거에 관한 것이다. 그 근거는 죽음이 바로 인간 현존재의 존재가능을 전체로서 구성하고 있음에 있다.

죽음의 어떻게를 물을 때, 우리가 먼저 떠올리는 것은 "어떻게 죽음을 맞을 수 있는가?", 즉 "죽음이 어떻게 우리에게 다가오는가?" 나아가 "우리는 죽음을 어떻게 받아들일 수 있으며, 받아들이고 있는가?"라는 물음이다. 그러나 죽음은 우리가 어떻게 받아들이건 받아들이지 않건 간에 우리를 그리로 향하게 하고 있으며, 우리를 구속한다.

그리고 동시에 죽음은 이미 우리 안에 들어서 있다. 즉 우리들은 죽음에 구속됨과 동시에 우리가 있음으로 죽음은 이미 열려 있는 것이다. 우리는 우리들이 죽음에 이미 나가 들어서 있음과, 죽음이 우리들을 구속한다는 사실을 우선 대개는 일상 세계에 빠져있음으로써 망각하고 있다. 그리고 일상 세계는 우리에게 죽음에 관해서 어떤 입장 가짐을 요청한다. 물론 이는 우리가 죽음의 어떠함을 바라보는 눈을 이미 삶 속에서 갖고 있기 때문이다. 우리에게는 삶이 드러나는 앞선 이해의 지평이 있다. 이에 나는 죽음에 관련된 물음을 삶과 죽음이 연관되어있다는 사실로부터 이해하고자 한다.[122]

왜냐하면 우리가 존재를 존재함은 우리의 세계 속에서이다. 인간 현존재로서 우리는 세계를 배제하고는 어떤 논의도 일삼을 수 없다. 다만 우리는 우리 자신의 존재가능으로부터 자기 자신의 존재함을 일깨워야 하기에 현실성이 아닌, 아직 아님으로서의 존재가능적 차원에서 우리 자신이 존재함의 의미를 새길 수 있어야 한다. 또한 세계 속에 있는 우리가 삶을 이해하고 있다면, 그 끝(종말)으로서의 죽음에 관한 생각도 어떤 방식으로건 뒤따르고 있다는 것이다. 이는 존재가능과 죽음이 서로 전혀 다른 것을 뜻하고 있는 것이 아니라는 말이다. 인간 현존재에게 죽음은 바로 그의 존재가능이다.

삶에 관한 성찰은 반드시 죽음의 문제와 만날 수밖에 없다. 게다가 죽음에 관하여 이해하고자 할 때는 일상적인 삶의 문제가 앞서 놓여있다. 그러나 삶이 시간적으로 이어짐에 따라 죽음이 찾아온다는 것이 아니다. 즉 삶이 앞서 있고 죽음은 삶에 뒤서 있다는 식으로는 아니라

122 우선 죽음이란 사건을 삶과의 연관성, 혹은 비연관성을 통해 파악하는 경우를 들 수 있다. 예를 들어 최상욱 교수는 죽음을 삶과의 비연관성으로 보는 경우로, 우리가 살아있는 동안 우리는 죽지 않았고, 죽은 경우 우리는 더 이상 살아있지 않다는 에피쿠로스의 표현을 소개한다. 그리고 이러한 경우에 사르트르도 속한다고 보는데, 그에 따르면 죽음은 인간이 더 이상 대항할 수 없는 즉자로 변하는 사건이며, 따라서 죽음은 대자존재인 살아있는 인간에 의해 철저하게 자신의 존재를 강탈당하고 무기력하게 공격당하는 사건이다. 그리고 이 둘은 내용상 차이에도 불구하고 삶과 죽음이 결코 만날 수 없는 두 사건으로 파악된다는 공통점을 가진다고 요약한다. 그러나 이 글은 삶과 죽음 현상이 결코 분리시킬 수 없는 연관 안에서 일어남에 그 논지를 갖고자 한다. 참조: 최상욱, 「레비나스와 하이데거에 있어서 죽음의 의미」, 『하이데거와 현대철학자들』, 한국하이데거학회편, 살림, 2003.

는 것이다.

삶은 고정되어 머물지 않는다. 삶을 산다는 것은 나름대로의 길을 놓음이다. 길은 놓아졌으므로 어디론가 흐른다. 흐름은 머무름이 아니다. 그런데 죽음은 그 자체로 보면 정지이고 철저하게 끝장난 고여 있음이다. 그러나 죽음이 인간에게 모든 사건이 종결된 채로 있음은 아니다. 죽음이 삶과 연관되는 그 순간 죽음 또한 흐르고 있는 현상이다.

따라서 죽음은 시간성 안에서 이해해야 할 필요가 있다. 그 시간성의 구조는 태어나면서 이미 충분히 죽어가고 있음(죽어감), 그럼에도 아직 죽지 않고 있음, 곧 죽음(아직 죽지 않음), 지금 막 죽음(아직 죽지 않음과 이미 죽음사이의 단절), 이미 죽음(죽었음)이다. 즉 죽음에 관련된 시간성격은 이미와 지금 막과 아직이다. 이와 같이 죽음의 현상에는 이미와 지금 그리고 아직이 공존하고 있다. 삶에 관한 시간성의 구조와 죽음의 구조가 연관될 수 있다는 것은 우선 이 점에서 그러하다.

이제 우리의 물음을 다음과 같이 바꾸어 볼 수 있다. 즉 태어남 – 삶을 살음(길 위에 놓임) – 삶(길이 열어 밝혀져 있음, 그리고 길을 내어냄) – 마침내 죽음(길이 끝남을 맞음)으로. 그런데 그리하여와 마침내는 다른 의미를 갖는다. 그리하여는 물이 흐르듯이 시간이 흐르면서 마땅히 도달하게 되는 어디일 것이고, 마침내는 그 시간 흐름을 앞서 그리고 되돌아 성격잡음, 곧 시간성의 차원이다.

다시 말해서 그리하여가 이미 펼쳐져 있는 시간을 구불구불 지속적으로 지탱함으로써 시작점으로부터 끝점까지 이어진 논리적 결과라면, 마침내 라고 함은 스스로 안에서 도달할 수 있음에로 미리 앞질러 감으로써 그 미리 앞지름과 되돌아옴을 결단 할 수 있음에로 향해 있다.

우리는 본래적으로는 죽음을 미리 앞지른다. 그것도 많은 타인들의 죽음과 더불어, 아니 타인의 죽음에 앞서서 스스로의 죽음을 문제 삼는다. 하이데거는 인간의 있음(Da-Sein)에는 언제나 미래적 가능성이 속하고 있다고 말한다. 즉 만일 우리가 인간의 있음의 전체를 현재화한 현실성의 차원에서 찾고자 한다면, 인간의 있음의 전체는 결코 경험될 수도 없고 존재론적으로 규정될 수도 없다는 것이다. 하이데거는 이 불가능성이 인식능력에 기인하는 것이 아니고, 오직 인간의 있음의 방식, 즉 미래의 열린 가능성을 향해 삶을 살아 나가는 있음의 방식에 기초하고 있다고 여긴다.

> 가장 넓은 의미로 죽음은 삶의 한 현상이다. (인간의) 삶은 세계-내-존재가 거기에 속하는 그런 존재양식으로 이해되어야 한다.[123]

그렇다면 우리가 주목해야 하는 것은 시간이 어떻게 죽음에서 본질 근원적으로 발원하는가이다. 하이데거가 발견하는 바, 그것에는 죽음을 향해 앞서 달려가 본 결단성이 주도적인 역할을 한다. 왜냐하면 하이데거에게 결단성[124]이란

> 본래적 실존, 즉 자기 자신에 의해 장악된 그의 가장 고유한 가능성 속에서 그리고 이러한 가능성으로부터 현존재(Da-Sein, 거기에-있음)가 자기 자신으로 존재하게 되는 그러한 현존재의 실존을 일컫는 말이기 때문이다.[125]

자기 스스로의 존재가능을 열어 밝힘은 스스로를 앞설 때 가능하다. 즉 자기 자신의 고유하고 독특한 존재가능에로 결단함에서 인간의 존재의미로서의 시간성이 근원적으로 경험될 수 있다.

인간 현존재(Da-Sein, 거기에 있음)가 그의 가장 고유한 가능성을 향하여 앞서 달려가 보는 결단을 통하여 자신을 간직할 수 있는 한, 그는

---

123 *SuZ*, 246쪽.;『존재와 시간』, 330쪽.

124 인간 현존재의 죽음과 본래적 실존에 관련하는 결단성이란 무엇인가? 후기 하이데거 철학을 따르자면, 그것은 내맡기는 기다림으로이다. 이에 관해서 나는 이 글의 제2장의 제3절에서 더 살펴볼 것이다.

125 *Grundprobleme*, 406쪽.;『근본문제들』, 407/8쪽.

본래적으로 스스로를 앞서가고 있는 것이다. 그리고 자기의 존재가능성을 열어 밝히면서 자신을 앞서가는 참에 그는 비로소 스스로에게 다가올 수 있다. 이는 염려의 구성요소로서의 "자신을 앞서가고 있음(Sich-vorweg-sein)", 즉 실존성(Existenzialität)의 본질 성격이다.

앞서는 자기 자신의 존재가능성을 향해 스스로를 기획투사(Entwurf)하면서 스스로에게 다가가고 있는 그런 존재자의 실존론적인 시간적 존재의미를 가리키고 있다.[126] 그런데 막상 죽음은 모든 가능성의 끝이므로 극단적인 가능성이다. 여기서 극단은 죽음이 모든 끝의 끝이라는 것, 즉 죽음의 바깥에는 아무 것도 없다는 것을 뜻한다.[127] 죽음은 우리 자신의 극단적 가능성이므로, 우리는 그것의 가능성을 건너뛸 수 없다.

> 죽음은 현존재의 단적인 불가능성의 가능성이다. …… 그러한 가능성으로서 죽음은 일종의 탁월한 앞에 닥침이다. 앞에 닥침의 실존론적 가능성은 현존재가 그 자신에게 본질적으로 열어 밝혀져 있으며 그것도 자기를 앞질러의 방식으로 열어 밝혀져 있다는 것에 근거하고 있다.[128]

하이데거는 또한 "죽음은 현존재 자신이 각기 그때마다 떠맡아야 할 존재가능성"[129]이라고 한다. 그는 이 존재가능성에서 (인간)현존재에게 문제가 되는 것은 단적으로 현존재의 세계 속에 있음인데, 현존재의 죽음은 곧 더 이상 거기에 존재하지 않음이라는 가능성임을 밝힌다.

---

126 참조: 신상희, 같은 책, 95쪽.

127 구연상, 같은 책, 115쪽.

128 *SuZ*, 250/1쪽.;『존재와 시간』, 336쪽.

129 *SuZ*, 250쪽.;『존재와 시간』, 335쪽.

> 죽음과 더불어 …… 현존재가 자기 자신의 이러한 가능성으로서 자기 앞에 닥쳐 [서] 있다면, 그는 전적으로 그의 가장 고유한 존재가능으로 지시되어 있는 셈이다.[130]

다시 말해서 우리들 (인간)현존재는 그가 그 자신의 앞에 닥쳐 있는 죽음에 직면할 때, 우리들 각자 자신의 가장 고유한 있을 수 있음(존재가능)을 절실하게 되새길 수 있다. 그 가능성 앞에서 그는 오직 그 자신의 있을 수 있음만을 문제 삼을 뿐이다.

죽음은 우리들 자신을 세상에서 맺은 모든 관계로부터 단절시킨다. 죽음은 죽을 수밖에 없는 사람 자신의 모든 가능성뿐만 아니라, 그 자신이 관계할 수 있는 다른 모든 이들, 그리고 다른 모든 것과 관계할 수 있음의 단절이다.

> 그렇게 자기 앞에 닥쳐 [서] 있을 때 현존재에서는 다른 현존재에 대한 모든 연관들이 끊어진다. 이러한 가장 고유한, 무연관적 가능성은 동시에 극단적인 가능성이다.[131]

즉 죽음은 모든 관련들을 몰수해 버린다. 이 관계할 수 있음을 더는 그리할 수 없음은 모든 것을 끊어놓고야 만다는 점에서, 더 이상 이런 저런 길을 놓음이 가능해지지 않는다는 점에서 끝장이며 극단적이다.

죽음 앞에서는 우리의 모든 것이 통째로 집어삼켜진다. 죽음은 우리 자신을 그리고 존재 자체를 더 이상 아무 것도 아님 또는 더 이상 없음으로 해치워버린다. 이와 같이 죽음은 우리의 끝장인 극단적인 가능성

130 *SuZ*, 250쪽.;『존재와 시간』, 335/6쪽.

131 *SuZ*, 250쪽.;『존재와 시간』, 336쪽. 참조. 구연상, 같은 책, 115쪽.

이므로, 우리는 죽음의 가능성을 앞질러 뛰어넘을 수 없다. 현존재에게 죽음 그 너머에는 다른 어떤 가능성도 허용되지 않는다.

죽음은 우리가 살아 있는 한, 늘 우리 자신을 앞질러서 있는 것이다. 그런데 과연 우리들 자신들은 죽음을 맞는 순간, 더 이상 아무 것도 아님, 더 이상 없음으로 사라질 뿐일까. 또한 어떻게 살아있는 동안 우리에게 의미 있었던 모든 것들이 통째로 아무 것도 아님으로 빠져나가 버리고 마는 것인가.

만약 우리가 죽어서 이 세상 속에 생명을 가진 존재로서 더 이상 남아있지 못하게 된다면, 우리의 물음은 모두 중지된다. 우리들은 죽음 앞에 닥쳤을 때, 집착하면서 원하고 있던 모든 것을 손에서 놓아버릴 수밖에 없다. 우리가 죽음 앞에 이르렀을 때, 우리는 삶의 길을 놓음에서 배려하고 심려하면서 있었던 모든 것들을 포기해야 한다. 스스로를 염려하는 염려조차 포기할 수밖에 없는 절박함 속에서는 우리에게 달려드는 죽음이 어떻게 달라질 수 있을까. 만약 달라질 수 있다면, 과연 우리는 그 달라짐을 붙잡을 수 있을까. 모든 것들이 포기될 수밖에 없다. 달라짐을 붙잡음도 그러하다. 그런데 그럴 수 있다면, 과연 어떻게? 그렇게 되어 버리는가.

인간 현존재의 존재는 그의 탄생에서부터 죽음까지이다. 인간 현존재의 존재는 시간성에 의해 규정된다. 그것을 풀이하기 위해 하이데거가 말하는 앞서는 염려의 실존론적인 시간적 존재의미이다. 그렇다면 다음 절에서는 죽음 이해와 관련하여, 염려의 근거로서의 시간성에 대하여 이해해보자.

03 산다는 것 죽는다는 것

염려를 이해할 수 있는 근거로서의 시간성

인간은 살아있는 한, 그 존재의미를 과제로서 부여받는다.
태어나서 산다는 것은 시간 안에서 벌어지는 일이다. 그리고 인간은 그 자체로 염려라는 구조 안에서 존재한다.
그렇다면 염려는 어디로부터 이해될 수 있을까. 그 근거는 바로 시간성이다.
시간성이란 시간이 막연히 과거로부터 미래로 흐르고 있음에 관한 것이 아니며,
따라서 시간성은 인간 현존재의 존재와 연관하여 그 뜻을 다시 새겨보는 것에서 살펴져야 한다.

인간 현존재의 존재는 염려로서, 그가 태어남에서부터 죽음까지이며, 인간 현존재의 존재는 시간성에 의해 규정된다. 그리고 인간 현존재에게 염려의 구조는 시간성으로 열어 밝혀진다. 이제 이 절에서는 인간 현존재의 존재인 염려를 이해할 수 있는 근거로서의 시간성에 대하여 알아보도록 한다. 인간 현존재에게는 죽음의 현상이 본질적으로 속하고 있지만, 인간의 있음(존재)의 전체성은 죽음이 아직 아님의 사태에 의해 거부되는 듯이 보일 수 있다. 그렇다면 우리는 어떻게 존재자로서의 인간 현존재 전체를 이해할 수 있는가.

> 현존재의 전체성에 대한 물음은, 가능한 전체존재가능에 대한 실존적 물음뿐만 아니라 '종말'과 '전체성'의 존재구성틀에 대한 실존론적 물음도 자체 안에 지금까지 유보되었던 실존현상을 적극적으로 분석해야 하는 과제를 간직하고 있다.[132]

만일 전통적으로 인식된 바, 인간의 이성적 판단능력이 가동하여 존재자를 그 자체로서 파악할 수 있다면, 판단에 앞서 존재자 전체가 그 자체 앞서 열어 밝혀져 있지 않으면 안 된다.

그러나 존재자 전체는 이성으로 파악되는 판단의 결과로써 자기를 드러내지 않는다. 하이데거는 죽음의 현상에 대한 기초존재론적 해석을 통해 인간 현존재의 전체성을 확보해 내려고 한다. 그에 따르면 이 전체성은 근본기분을 통해서만 근원적으로 드러날 수 있다.[133] 그런데 근본기분이란 어떤 기분의 원인이 되는 그런 기분을 말하는 것이 아니다.

근본기분이란 그로부터 인간 현존재의 존재가 열어 밝혀지는, 인간 현존재가 자기 자신의 존재의미를 염려할 수 있음의 근거로서 바로 그것이다. 우리는 이런저런 기분 속에서 존재한다. 그 기분은 그때마다 달라질 수 있다. 기분은 인간 현존재를 이러저러하게 처해있게 하며, 기분잡힌 채로 어떤 상황 속에 처해있음은 인간 현존재를 기분잡혀 있음으로 드러나는 그 자신의 내던져져 있음에로 도로 데려온다. 그런데 처해있음은 내던져져 있음에 근거한다. 왜냐하면 이 글의 제1장 제1절에서 살펴보았듯이, 처해있음이란 인간 현존재가 어떤 기분잡힌 구체적인 상황에 기분잡힌 채로 내던져져 있음을 표현하는 것이고, 그렇다면 내던져져 있음이 어떻게든 앞서 열어밝혀져 있기 때문이다.

결단하는 실존으로 존재하는 인간 현존재는 자신의 존재에서 바로 그 존재자체를 문제시하는 존재자이다. 인간 현존재가 자신의 존재를 문제 삼는다는 것은 존재 일반을 이해하는 현존재가 인간 현존재 자신에게 열어 밝혀져 있음을 전제하는 것이다. 그러나 인간 현존재는 우선 대개는 다른 이들(그들) 속, 즉 일상성 속에 빠져있음으로써 자기 자신의 존재 자체를 문제 삼지 않는다. 현존재는 빠져있음에서 자기 자

132 *SuZ*, 237쪽.; 『존재와 시간』, 319쪽.

133 참조: 구연상, 같은 책, 115쪽.

신의 고유한 존재가능으로부터 도피하는 방식으로 존재한다. 그런데 인간 현존재는 언제나 처해있음으로 있다.

인간 현존재가 그의 처해있음(기분잡혀 있음)으로 세계 속에 있음이라면, 그 처해있음은 내던져져 있음의 시간성을 있어왔음(기재)의 탈자화를 통해서 간직할 수 있어야 한다. 이 말은 있어왔음이 다가옴(도래)와 마주함(현재) 등과 함께 기분 또는 기분잡혀 있음(처해 있음)의 시간성의 탈자적 통일성을 이루고 있기 때문이다.

그런데 중요한 것은 모든 기분에 대해 시간적 설명을 제시하는 것이 아니라, 기분잡혀져 있음 혹은 처해있음의 존재론적 구조를 그것의 실존론적-시간적 구성에서 제시해보는 것이다. 실존론적이고 시간적인 기분잡혀져 있음의 존재론적 구조를 제시한다는 것은 그 구조연관 안에서 근원으로서의 근본기분에 관하여 해명을 한다는 말이다. 그렇다면 우리는 이러한 근본기분을 어떻게 찾을 수 있을 것인가. 『존재와 시간』을 따르면, 우리는 근본기분의 시간성을 분석함으로써 처해있음의 존재론적 의미를 해명할 수 있다. 우리가 기분잡혀져 있음의 존재론적 의미를 밝혀냄으로써, 그 밝힘은 우리에게 인간 현존재 전체를 그 자체로서 드러나게 한다.

앞서 살펴보았듯이, 처해있음은 인간 현존재가 세계 속에 내던져져 있음을 현사실적으로 열어 밝혀준다. 그리고 처해있음은 인간 현존재가 어떤 기분으로 잡혀져 있음이다. 그리고 기분잡혀져 있음으로서의 처해있음이 탈자적인 시간성으로부터 이해된다면, 탈자적인 시간성 이해는 인간 현존재를 그의 근거로부터, 그리고 그 존재 자체로부터 이해할 수 있게 한다. 하이데거에서 이해한다는 말은 어떤 것을 그것의 존재가능에로 기획투사함을 뜻한다. 그에게 이해는 단지 일상적인 시간해석인 과거나 현재에 제한된 의미가 아니다. 그것은 오히려 도래라는 시간성 안에서 사유되어야 한다. 인간 현존재는 언제나 자기 자신을 자신의 존재가능(있을 수 있음)으로서의 거기에로 펼쳐 내어 결단하면서 존재한다.

이해가 존재가능에로 기획투사함이라면, 거기에는 아직 아님으로서의 도래적 차원이 놓여 있다. 그리고 여기에서 아직 아님은 이전에도 지금까지도 없었다는 식의 알 수 없는 상황으로 오해되어서는 안 된다. 그 아직 아님은 인간 현존재가 본래적으로 결단함이 다가갈 수 있는 현실 저 너머의 가능성이다. 그때 그 다가감은 그의 존재가능에로 인간 현존재 자신을 앞질러 달려가봄이며, 이 자신을 앞질러 달려가보는 다가감은 인간 현존재의 존재해옴(있어 오고 있음, Gewesenheit)과 본래적인 의미에서의 마주함(Gegenwart)을 통일적으로 구성하고 있다.

하이데거는 이러한 존재해오며 마주하는 도래로서 통일적인 현상을 시간성이라고 부른다. 이러한 하이데거의 말은 인간 현존재의 존재를 가능케 하는 것으로서의 염려가 시간성의 이해 안에서 비로소 구체적으로 해명될 수 있음을 말하는 것이다. 그렇다면 존재해오며 마주하는 도래로서의 염려의 시간성은 어떻게 해명될 수 있는가.

1. 도래(Zukunft)

인간 현존재가 자기 자신을 이해한다는 것은 자기 자신의 존재가능을 열어 밝힌다는 것을 말하는 것이다. 인간 현존재의 존재의미는 자기 자신을 이해하는 현존재 자신 바로 그것이다. 하이데거가 말하고 있는 바,

> 이해는 결코 허공을 떠다니는 것이 아닌, 언제나 처해있는(기분잡혀진) 이해이다. '거기에'는 각기 그때마다 똑같이 근원적으로 기분에 의해서 열어 밝혀지거나 닫혀진다. 기분잡혀 있음(처해 있음)이 현존재를 그의 내던져져 있음 앞으로 데려온다.[134]

하이데거는 이 내던져져 있음이 그 자체로서는 인식되지 않지만, 누구에게 어떠한지에서 훨씬 더 근원적으로 열어밝혀져 있다고 말한다. 내던져져 있음은 실존론적으로 이러저러하게 기분잡혀져 있음(처해있음)이다. 기분은 기분 속에서 인간 현존재가 각기 그때마다 일차적으로 내던져진 존재자로 존재하는 그 방식을 제시한다. 그렇다면 우리는 기분잡혀 있음의 시간적 구성을 드러내 보일 수 있어야 할 것이다.

처해있음의 실존론적-시간적 구성은 처해있음이 일어나는 거기, 즉 인간 현존재의 실존론적 구조를 해명함과 동시에 현존재의 시간성을 살핌으로 가능할 것이다. 인간 현존재는 자기 자신의 존재, 즉 실존에서 그 존재 자체가 문제되는 그런 존재자를 말한다. 실존분석을 위해서는 우선 일상 세계에 빠져 있는 현존재 자신에게 자신의 실존이 열어 밝혀져 있어야 한다. 다시 말해서 인간 현존재에게는 일상적인 자신을 있을 수 있는 자신에게로 다가가도록 해줌으로써 가능한 이해함이 열려있어야 한다.

하이데거는 이렇게 자신에로 다가감을 Zukunft라고 명명한다. Zukunft는 kommen이라는 동사와 관계한다. 독일어 kommen은 오다라는 뜻이다. Zukunft를 우리말로 도래[到來]라고 번역할 수 있는 단초는 자기 자신에게로 다가감이 본래적인 자기 자신에게로 되돌아옴을 뜻하기도 한다는 점에 있다. 그러나 일차적인 되돌아옴은 인간 현존재의 있어왔음으로 향한다. 현존재의 있어왔음은 우선 대개는 일상 세계로 구성된다. 일상 세계 속에서 인간 현존재는 다른 이들(그들)이 세워놓은 이미 해석된 이해의 지평 안에 있다.

그 세계는 우리들이 늘 바쁜 일에 쫓기고 있는, 그리하여 언제나 바쁜 일을 통해 무엇인가를 성취하고자 하는 기대함으로 가득 차 있다. 우리들은 그 기대함과 기대함이 성취되는 여부의 결과를 자신의 가능

---

134 *SuZ*, 339/40쪽.;『존재와 시간』, 449쪽.

성이라고 판단한다. 그 기대할 거리가 자기 앞에 확연하게 드러날 수 있고 그 기대함이 그리하여 성취된다면, 우리는 거기에서 자기의 가능성을 확신한다. 인간에게는 언제나 기대할 거리가 있어야 한다. 그리고 그 기대할 거리를 손에 잡기 위해 분주하다. 그러나 그 기대할 거리들이 손에 잡힘, 그리고 분주함은 인간의 염려가 우선 쏠리고 있는 어떤 것들 때문이다. 그러나 그것들은 결코 인간의 존재가능 자체가 아니다.

다가가도록 해줌은 자기가 다가가려는 그 자기에로 다가가도록 스스로를 내맡김이다. 따라서 해줌의 함은 바로 내맡김(Gelassenheit)을 뜻한다. 내맡기게 해줌과 내맡김은 결코 다른 의미가 아니다. 오히려 그것은 내맡겨지는 내맡김으로서 있다. 내맡겨지는 내맡김은 인간 현존재의 능동적인 의지의 결과물이 아니다.

만일 우리가 의지의 결과물로서 내맡김을 규정한다면, 그 내맡김은 인간에 의해 처리 가능한 어떤 것이 되어 버린다. 내맡김은 무엇을 위하여, 무엇 때문에 자기 자신을 내맡기는 것이 아니라, 거기에로 다가가는 길 위에 온전히 자기 자신을 발가벗긴 채로 내던짐이다. 본래적인 의미에서 다가가도록 해줌으로서의 도래는 현존재가 각기 그것으로서 실존하고 있는 그때마다의 가능성에서부터 자기 자신에게로 다가옴으로서, 즉 실존적 가능성에서 기획투사하면서 근원적으로 자기를 이해함의 밑바탕에 놓여 있다.

> 실존적 가능성에서 기획투사하면서 자기를 이해함의 밑바탕에는, 현존재가 각기 그것으로서 실존하고 있는 그때마다의 가능성에서부터 자기 자신에게로 다가옴으로서의 도래가 놓여 있다. 도래는 존재론적으로 한 존재자로 하여금 그것이 이해하면서 자신의 존재가능에서 실존하는 식으로 그렇게 존재하는 것을 가능케 한다. 근본에서 도래적인 기획투사는 일차적으로 …… 자기 자신을 가능성으로서의 그 기획투사된 가능성 안으로 던진다. …… 도래에 근거하고 있는 자기 자신을 '자기 자신

때문에'로 기획투사함은 실존성의 본질 성격의 하나이다. 실존성의 일차적인 의미는 도래이다.[135]

그리고 이것이 염려의 한 시간적 구성으로서의 이해(Verstehen)이다. 인간 현존재의 모든 처해있음은 이해하면서 있으며, 모든 이해는 나름의 기분을 가지고 있다.

하이데거는 본래적인 도래를 앞질러 달려가봄이라는 표현으로 확고하게 견지함으로써 특징짓는다. 그런데 그는 이 표현이 현존재가 본래적으로 실존하면서 가장 고유한 존재가능으로서의 자신을 자기 자신에게 다가오도록 함, 그리고 도래 그 자체는 현재에서부터가 아닌 비본래적인 도래에서부터 비로소 획득되어야 함을 가리킨다고 말한다. 그런데 비본래적인 도래는 오직 일상적으로 배려하고 있는 비본래적인 이해에서부터 존재론적 의미로 소급해갈 때 밝혀질 수 있는 것이다.

왜냐하면 세계 속에 있는 인간 현존재는 우선 대개 자기 자신을 그가 배려하고 있는 그것에서부터 이해하기 때문이다. 하이데거가 말하기에, 이것은 바로 비본래적인 이해이다. 현존재는 일차적으로 그의 가장 고유한 무연관적인 존재가능에서 자기 자신에게로 다가오는 것이 아니라, 오히려 그는 배려하면서 배려되고 있는 것을 내주거나 거절하는 그것에서부터 자기 자신을 기대하고 있는 것이다.

현존재는 그런 식으로 자기 자신에게로 다가온다. 이러한 비본래적인 도래는 기대함의 성격을 가지고 있다. 현존재는 그의 존재가능을 우선 대개 그런 식으로 배려되고 있는 것에서부터 기대하고 있기 때문에, 현존재는 예기[豫期]한다. 그런데 기대함은 자신의 가능성을 가능성으로 끝까지 견지하지 않고 그 가능성이 현실화하기를 기다리는 것이다. 기대함은 각기 그때마다 예기하는 것이 예기될 수 있는 그 지평

135 *SuZ*, 327, 336/7쪽.;『존재와 시간』, 434, 445쪽.

과 범위를 열어 밝혀야 한다. 기대함은 그 지평과 범위를 열어 밝힘으로써, 그 안에서 그 만큼의 것을 기대하게 한다.

> '그들'-자신은 사람들이 좇아다니는 그것에서부터 배려하면서 자신을 이해한다. 이 이해는 도래의 이러한 탈자적인 양태에 그것의 가능성의 '근거'를 가지고 있다. 그리고 오직 현사실적 현존재가 그의 존재가능을 그런 식으로 배려되고 있는 것에서부터 기대하고 있기 때문에, 현존재는 예기하며 ~을 기다릴수 있는 것이다. …… 예기함(고대함, Er-warten)은 기대함에 기초하고 있는, 도래의 한 양태이며, 도래는 본래적으로 미리 달려가봄으로서 시간화 한다. 그러므로 앞질러 달려가봄에는 배려되고 있는 자기 자신의 예기에서보다 더 근본적인 죽음을 향한 존재가 놓여 있다.[136]

예기함은 어떤 일이 어떻게 되리라고 미리 예상하는 것이다. 하여간 예기함은 기대함에 기초해 있으며, 이러한 기대함은 가장 고유한 존재가능인 죽음에로 다가감(앞질러 달려감)에 근거해 있기는 하다. 그런데 중요한 것은 본래적인 앞질러 달려가봄에는 일상적으로 배려되고 있는 자기 자신의 예기에서 보다 더 근원적인 죽음을 향한 존재가 놓여 있다.[137]는 것이다.

인간 현존재(거기에 있음)의 고유한 거기는 상황이다. 상황은 인간 현존재의 처해있음으로부터 그때마다 열어 밝혀진 현사실적 가능성 또는 현사실적으로 가능한 것을 의미한다. 현사실성에는 인간 현존재의 고유한 실존적 가능성이 속한다. 따라서 죽음의 상황이라는 것은 인간 현존재가 앞질러 가는 결단성을 통하여 열어 밝힌 실존적 가능성을 뜻

136 *SuZ*, 338쪽.;『존재와 시간』, 446쪽.

137 참조: *SuZ*, 337쪽.;『존재와 시간』, 445/6쪽.

하는 것이다. 하여간에 앞질러 달려감이라는 도래에는 이러한 실존적 가능성과 현재(Gegenwart)가 속한다.

> 실존적 가능성에서 기획투사하면서 자기를 이해함의 밑바탕에는, 현존재가 각기 그것으로서 실존하고 있는 그때마다의 가능성에서부터 자기 자신에게로 다가옴으로서의 도래가 놓여 있다. 도래는 존재론적으로 한 존재자로 하여금 그것이 이해하면서 자신의 존재가능에서 실존하는 식으로 그렇게 존재하는 것을 가능케 한다. …… 이해는 어떻게든 기획투사된 존재가능에서의 실존함으로서 일차적으로 도래적이다. 그러나 이해는 만일 그것이 시간적이지 않다면, 다시 말해서 기재와 현재에 의해서 똑같이 근원적으로 규정되어 있지 않다면 시간화하지 못할 것이다. 현재(Gegen-wart)의 탈자적 양태는 우리가 이 탈자태를 본래적인 시간성의 양태에서 비교하기 위하여 끌어들인다면 밝혀질 것이다. 결단성의 앞질러 달려가봄에는 하나의 현재가 속하며 …… [138]

2. 현재(Gegenwart) 그리고 현재화(Gegenwärtigen)

하이데거는 본래적인 현재(마주함)로서의 순간(Augenblick)과 구별하여 비본래적인 지금을 현재화(마주대함, Gegenwärtigen)이라고 명명한다. 지금은 그 안에서 무언가가 생성되고 소멸하거나 눈앞에 있는 그것을 말한다. 반면 순간에서는 손안의 것이나 눈앞의 것이 '시간 안에서' 그것일 수 있는 바로 그것을 비로소 만나게 해준다.[139] 마주 대함으로서 지금은 시계로 헤아려진 시간이다. 그러나 하이데거는 지금이 시계로 헤아려짐으로써, 우리들은 시계가 지시하고 있는 몇 시 몇 분 안에 드

138 *SuZ*, 336~8쪽.:『존재와 시간』, 445~7쪽.
139 참조:*SuZ*, 338쪽.;『존재와 시간』, 447쪽.

러난 존재자들의 눈앞에 있음을 만나게 된다고 한다. 그리고 이러한 시계의 사용에서 보여지는 세계시간을 다름 아닌 지금 시간이라고 말한다.

> 시간은 '헤아려진' 것이며, 이것은 움직이는 시계 바늘(또는 그림자)을 현재화하는 가운데 밖으로 말해진 것 또는 – 비록 비주제적이기는 하지만 – 의미된 것이다. 움직이고 있는 것을, 그 움직임에서 현재화하면서 이렇게 말해진다 : '지금 여기, 지금 여기 등.' 헤아려진 것은 지금들이다. 그리고 이 지금들은 '매 지금 안에서' '더 이상–아님'과 '당장–지금은–아직 아님'으로서 제시된다. 우리는 이러한 방식으로 시계 이용에서 '보여지는' 세계시간을 지금–시간이라고 이름한다.[140]

하이데거를 따르면 세계시간이란 시간성의 시간화에서 공공화하는 시간이다. 그리고 그 까닭은 그 시간이 세계내부적인 존재자로서 눈앞에 있기 때문이 아니라, 그 시간이 실존론적–존재론적으로 해석된 의미에서 세계에 속하기 때문이라고 말한다. 그리고 그 안에 세계 내부적인 존재자를 만나게 되는 그 시간을 우리는 세계시간으로 알고 있다는 것이다.[141] 우리는 그 시간을 벌써 혹은 아직으로 세고 있다. 우리가 무언가를 헤아리거나 세기 위해서는 헤아림의 척도나 셈함의 단위가 있어야 한다.

지금 내가 책상 앞에 앉아있는 시간은 오후 7시 28분이다. 내가 시간을 헤아릴 때 세는 시간은 바늘달린 시계가 움직이면서 거쳐 가고 있는 것이 지시하는 것, 곧 지금들이다. 그러나 각기 그때마다의 지금들에는 그 이전의 지금들이 간직되어 있고 그 이후의 지금들이 기대되

140 *SuZ*, 421쪽.;『존재와 시간』, 548쪽.

141 참조: *SuZ*, 414~419쪽.;『존재와 시간』, 535~545쪽.

고 있다. 그러나 이전의 지금들은 7시 33분이 되는 바로 지금에서 더 이상 지금이 아니게 된다. 게다가 그 이후의 지금들은 아직 지금이 아니다. 다만 그 지금은 곧 내가 밥을 먹으러 책상 앞을 떠날 때로 기대될 뿐이다.[142]

분명 나는 저녁 7시 28분에는 내 책상 앞에 앉아서 내 노트북 컴퓨터를 만나고 있다. 그리고 아마도 8시, 그때에 나는 밥을 먹으러 밥상 앞으로 가서 밥과 반찬들을 만날 것이다. 책상과 노트북, 밥상과 밥 그리고 반찬들은 세계에서 의미부여된 것이다. 이렇게 의미부여됨을 하이데거는 유의미성이라고 말한다. 밥상은 밥을 먹기 위한 상이며 책상은 책을 올려놓기 위한 상이다.

우리들은 세계의 유의미성에 속함으로써 그 각각의 상들을 그 사용사태 안에서 만난다. 따라서 사용사태로 배려되는 도구들은 '위하여 연관'에 놓여 있다. 그리고 이 위하여 연관은 인간 현존재의 존재가능의 때문에에서부터 의미부여되는 것이다. 밥상은 인간 현존재로서 나 자신의 존재할 수 있음 때문에, 다시 말하면 존재하기 위한 영양분의 섭취를 위하여 있는 것이다.

이런 식으로 우리들은 지금 시간의 분절된 지금 안에서 그때그때마다 의미부여된 존재자를 만난다. 만일 지금 시간이 새벽 세시 정각이라면, 새벽 세시 정각이라는 시간은 우리 앞에 일감이 놓여 있거나 밥거리가 놓여 있기에는 어울리지 않는 지금 시간이다. 각각 그때마다의 지금 시간은 ~을 하기 위한 것으로서의 도구와 관련되어 있다. 그렇다면 새벽 세시 정각이라는 지금 시간에서 우리 앞에 있어야 할 것은 보송보송한 이부자리와 배개이다.

그 도구들의 유의미성은 바로 세계에서 지시되고 있다. 따라서 지금

---

142 참조: *SuZ*, 421쪽.;『존재와 시간』, 548쪽.

시간은 세계 시간이며, 다시 말하자면 그 시간이 실존론적이고 존재론적으로 해석된 의미에서 세계에 속하고 있음에 다름 아니다. 즉 세계 시간으로서의 지금 시간은

> (이 세계시간은) 그것이 거기에 속하고 있는 시간성의 탈자적-지평적 구성틀에 근거해서 세계와 동일한 초월을 가지고 있다. 세계의 열어 밝혀져 있음과 더불어 세계시간이 공공화하며, 그래서 세계내부적인 존재자 곁에 시간적으로 배려하며 존재함은 모두 이 세계내부적 존재자를 '시간 안에서' 만나게 되는 것으로서 둘러보며 이해한다.[143]

이 말은 우리가 지금 시간을 비록 ~하는 시간으로 파악하고 있기는 하지만, 거기에는 언제나 유의미성, 즉 인간 현존재에 의해서 그리고 현존재의 존재가능에서부터 의미부여됨이 속해 있다는 것이다.

이렇게 유의미성의 성격을 갖는 시간은 유의미성과 관련하여 열어 밝혀진 세계와 세계내부적 존재자들에게서 시점기록 가능성(Datierbarkeit)[144], 펼쳐져 있음(Gespanntheit)[145], 그리고 공공성(Öffentlichkeit)[146]에 의해 성격규정된다. 마주대함으로서의 지금 시간은 지금들의 연속일 뿐이다. 다시 말하자면, 세계 시간에서 세계 성격이 끊겨져 나가게 되었을 때, 남아 있는 것은 순수한 지금들의 연속이다. 이 순수한 지금은 세계와의 연관으로부터 떨어져 그저 눈앞에 있는 것들과 더불어 눈앞에 있는 것으로 마주 대하게 되는 지금들이다.

---

143 *SuZ*, 419쪽.;『존재와 시간』, 544/5쪽.

144 시점기록 가능성이란 하이데거에 의하면, 지금(jetzt), 그때(dann), 그 당시(damals)라는 시간적 표현을 말한다. 현존재는 다른 이들과 함께 있으면서 평균적인 해석되어 있음 안에 있다. 현존재는 세계 속에 다른 이들과 함께 있으면서 배려하고 있는 존재자들 곁에 머문다. 염려의 한 양태로서 배려는 염려가 시간성에 의해서만 가능하기 때문에 기대하며-간직하는 현재화에 바탕하고 있다. 따라서 지금은 배려되는 존재자와 더불어 이해되어야 한다. 따라서 지금은 '언제나 ~을 하고 있는 바로 그때'이다. '~'은 배려되는 존재자

이 순수한 지금들은 눈 깜빡할 새도 없이 재빠르게 과거로 사라지고 또한 재빠르게 다가오면서 미래를 이룬다. 이 지금들의 연속은 언제부터 언제까지를 셀 수 없는 지금들의 다발이므로, 우리들은 그러한 끊임없게 연속된 다발 안에서, 언제나 스스로를 평준화시켜버린 채로 마음 쏠려 있는 식으로 공공성에 빠져 있게 되는 것이다. 그러나 이러한 지금의 연속으로서의 마주 대하는 시간은 과거와 미래라는 두 방향에 놓여 있는 모든 세계연관을 떼어냄으로써 본래적인 시간성의 본질을 은폐하고 만다. 그렇다면 본래적인 시간성의 본질은 어떻게 찾을 수 있을까.

하이데거는 그것을 본래적인 현재에서 발견한다. 그를 따르면, 결단성의 앞질러 달려가봄에는 하나의 현재가 속하며, 그 현재에 따라서 결단성 속에서 현존재의 결의가 그때마다 상황을 열어 밝히는 것이다. 이는 마주함을 탈자태로 간주하는 것이다. 여기에서 탈자태로 간주한다는 것은 마주함에서 인간 현존재가 자기 자신을 벗어나 자신이 마주하고 있는 것에로 나가 설 수 있다는 것을 뜻한다. 그리고 하이데거는 앞질러 달려가봄에 속하는 본래적인 현재(마주함)을 순간(Augenblick)이

(일)들이다. 그때는 과거의 한 시점일 수도 있고 미래의 한 시점일 수도 있다. 그때는 '그때, 즉 ~했던 때'이거나 '그때, 즉 ~할 때'이다. 그 당시는 과거의 한 시점이다. 따라서 '그 당시, 즉 ~했을 때'라는 식으로 어떤 특정한 시점을 지정해주어야 한다. 이러한 시간적 구조를 하이데거는 '시점기록 가능성'이라고 말한다. 그런데 이러한 시간적 구조에 대한 표현들이 현존재의 배려적 시간성에 근거하고 있다면, 그 시점들을 지정하고 기록하기 위해서 현존재의 배려 안에서 만나는 세계내부적 존재자들이 앞서 발견되어 있어야 하며, 세계가 함께 열어 밝혀져 있어야 한다. 세계의 열어 밝혀져 있음은 현존재의 열어 밝혀져 있음에 근거해서만 가능하며, 현존재의 열어 밝혀져 있음은 현존재의 시간성에 의해서만 가능하다. 참조: *SuZ*, 407~411쪽.;『존재와 시간』, 528~535쪽. *Grundprobleme*, 370~372쪽.;『근본문제들』, 372~375쪽.

145 "모든 '지금', '그때에', '그 당시'는 시점기록가능성의 구조와 함께 각기 그때마다 변화하는 펼침 폭의 펼쳐져 있음을 가지고 있다." 모든 '지금', '그때에', '그 당시'에는 '그 사이'라는 '그 동안'이 들어 있다. '그 사이'는 어느 때부터 어느 때까지'이다. 참조: *SuZ*, 409/10쪽.;『존재와 시간』, 532/3쪽. *Grundprobleme*, 372/3쪽.;『근본문제들』, 374/5쪽.

라고 명명[147]한다.

> 결단성의 앞질러 달려가봄에는 하나의 현재가 속하며, 그 현재에 따라서 결의가 상황을 열어 밝힌다. …… 본래적인 시간성에서 견지되고 있는, 따라서 본래적인 현재를 우리는 순간이라고 이름한다. 형식적으로 이해할 때, 모든 현재는 현재화하는 것이지만, 모든 현재가 '순간적인' 것은 아니다.[148]

본래적인 마주함으로서 순간은 실존적 가능성으로 열어 밝혀진 상황 속에서 만나게 되는 어떤 것들이 속속들이 단번에 눈에 뜨임 혹은 그러한 것들을 자신의 눈으로 꿰뚫어 봄을 뜻한다.[149] 하이데거는 순간에서는 아무 것도 나타나지 않으며, 본래적인 마주함(현재)으로서의 순간은 배려되는 존재자들이 시간 속에서 그것일 수 있는 바로 그것을 비로소 만나게 해준다고 말한다. 그것은 앞서라는 도래적 시간 성격에서 드러난다.

---

146 공공성이란 일상화한 평균성과 평준화로 구성된다. 우리들은 다른 사람들과 차별되는 거리둠을 염려한다. 우리들은 다른 사람들과 똑같이 대우받기를 바란다. 그리고 우리들은 일상 안에서 다른 이들과 서로 함께 있음으로 차별받지 않는다고 안심한다. 다른 이들과 같은 것을 먹고, 다른 이들과 같은 신문을 보고 방송을 접하며 다른 이들과 같은 공공요금을 낸다. 그리하여 우리들은 다른 이들로부터의 거리감이 제거되었다고 안심하게 되는 것이다. 그러나 다른 이들(그들)은 동시에 우리들이 일상적으로 존재해야 하는 방식을 정해 놓는다. 우리는 다른 이들과 비교하여 너무 앞서 있지도 않고 너무 뒤서 있지도 않은 식으로 즉 평균성에 머무른다. 이렇게 우리들은 스스로를 다른 이들에 맞추는 식으로 평준화시켜 버린다. 공공성은 인간 모두를 배려하는 성격이다. 이러한 공공성이 모든 세계 해석과 현존재 해석을 통제한다. 우리들은 공공성의 지배 아래에서 살아간다. 공공성의 이러한 지배는 인간들 나름의 차이에 대한 몰이해에서 일어나는 것이지, 공공성이 인간 현존재의 존재가능을 근거에서부터 너르게 통찰할 수 있기 때문에 발생하는 것이 아니다. 참조: *SuZ*, 126/7쪽.;『존재와 시간』, 176/7쪽. *Grundprobleme*, 373/4쪽.;『근본문제들』, 375/6쪽.

147 참조:『존재와 시간 용어 해설』, 이기상 · 구연상 지음, 까치사, 1998, 227쪽.

다시 말해서 순간 속에서 인간 현존재는 자신이 일상적으로 배려해 온 존재자들을 현사실적으로 결단성에 의해서 열어 밝히는 상황 속에서 본래적으로 다시 만나게 되고, 그것들 곁에 본래적으로 있을 수 있다. 인간 현존재가 도래적 앞서에 존재하기 때문이다.

> 앞질러 달려가보는 결단성의 본래적인 자기 자신에게로 다가옴은 동시에 자신의 개별화 속으로 내던져진, 가장 고유한 자기에게로 되돌아옴이다. 이러한 탈자태는 현존재가 결단을 내려 그가 이미 그것인 그 존재자를 떠맡을 수 있다는 것을 가능케 한다.[150]

순간이라는 말로 표현되는 마주함이 인간 현존재가 본래적으로 있을 수 있음을 규정한다는 것은, 현존재가 현존재의 가장 고유한 현사실적인 존재해 오고 있음(기재, Gewesenheit)에로 되돌아옴에서이다. 그리고 동시에 현존재가 그 자신의 고유한 존재가능에로 다가감(도래)에서 그러하다. 어떤 것이 인간 현존재의 지나가버린 과거 속에 있기 위해서는 현존재가 자신의 과거 전체로서 있어올 수 있어야 한다. 따라서 이때, 마주함은 존재자들이 눈앞에 있음으로 우리들 앞에 와 있음이 아니다.

있어 오고 있음은 현실화를 이미 끝낸 후에 더 이상 있지 않게 된 지금을 뜻하는 것이 아니고, 현존재 자신의 고유한 존재가능으로 앞질러 달려가면서, 즉 자기 자신에로 다가가면서 그때마다 그 자신의 내던져져 있음을 떠맡음에로 다시 데려옴(Wiederholung)이다. 따라서 순간이라는 마주함의 본래적인 양태는 자기 자신에로 다가감(도래), 그리고 동

---

148 *SuZ*, 338쪽.;『존재와 시간』, 447쪽.
149 참조:『존재와 시간 용어 해설』, 228쪽
150 *SuZ*, 338쪽.;『존재와 시간』, 447쪽.

시에 자기 자신의 근거로서의 자신(내던져져 있음)에로 되돌아옴의 통일성 안에서 살펴져야 한다.

3. 기재(존재해 오고 있음, Gewesen-sein)

우리는 앞선 장에서 인간 현존재의 처해있음에 대하여 살펴보았었다. 그리고 그 처해있음은 인간 현존재가 바로 어느 거기에로 내던져 있음에서 구성되고 있음을 나름대로 이해했다. 내던져 있는 인간 현존재는 바로 그로서 거기에 내던져져 있다. 이미 내던져져 있기 때문에 인간 현존재는 처해있음으로서 세계 속에 존재할 수 있다.

> 그(현존재)의 '어디에서'와 '어디에로'는 은폐되어 있지만 그럴수록 더욱더 그것 자체에 있어서는 은폐되어 있지 않고 열어 밝혀진 현존재의 존재 성격을, 즉 이러한 '현존재가 존재하고 있다는 사실'을 우리는 이 존재자가 그의 '거기에로' 내던져져 있음이라고 칭한다. …… 현존재는 그것의 내던져져 있음 속에 처해있는 빙식으로 그것의 '거기에'로서 존재한다.[151]

내던져져 있음이 이미 벌어진 하나의 사실이라고 할 때, 거기에는 이미 모든 것이 끝나버림이라는 완결의 의미가 있는 듯이 보인다. 그러나 내던져져 있음은 완결된 것으로서 끝나버린 것이 아니다. 내던져져 있음은 인간 현존재를 그가 내던져져 있는 바로 거기로부터 현존재의 존재근거를 발견할 수 있게 하며, 동시에 현존재가 자기 자신의 존재가능에로 다가갈 수 있음을 열어 준다.

분명 인간 현존재가 세계 속에 내던져져 있음은 내던져짐이라는 사

---

151 *SuZ*, 135쪽.;『존재와 시간』, 188쪽.

건으로부터 이해되어야 한다. 앞서 논의되었듯이 우리는 우리가 내던져질 곳을 선택할 수 없으며, 우리가 어떻게 내던져질까를 의도할 수도 없다. 우리는 그저 우연하게 거기에 내던져진다. 따라서 내던져져 있다는 것은 인간이 어찌할 수 없는 사실 자체이다. 사실 그 자체이므로 우리는 내던져져 있음의 그것을 돌이킬 수 없다. 우리는 하여간 어떻게든 세계 속에 내던져져 있는 것이다.

그런데 인간이 현존재라고 불릴 수 있음은 그가 막연하지 않은 시간과 장소 속에 내던져지기 때문이다. 내던져지는 '거기'는 인간 현존재가 그의 존재를 존재하는 곳이며, 동시에 다른 존재자들이 함께 존재하는 곳이다. 하이데거가 인간을 현존재라고 지칭함은, 인간을 독특한 존재방식으로 존재하는 존재자로 이해함에 근거가 있다. 우리는 앞에서 그 현존재의 존재방식을 실존이라고 새겨보았었다.

실존은 생명을 특성으로 하는 존재 양식을 갖는 존재자에 한해 말해질 수 있다. 그러나 그렇다고 동물이나 식물이 실존하는 존재로 불리는 것은 아니다. 이 글에서 실존이란 자기 존재 자체를 문제시하는, 곧 자기 자신의 삶의 의미를 묻는 존재의 존재 방식을 말하는 것이다. 이때 자기 자신의 삶의 의미는 내던져져 있음으로 열려지는 것이기는 하지만, 그럼에도 내던져져 있음으로 고정되고 확정되는 그런 삶에 관한 것이 아니다. 즉 삶의 의미에 관한 규명은 인간 현존재의 삶이 현사실적이라는 것에서 이루어져야 한다.

물론 인간 현존재가 내던져지는 거기는 우선 다른 이들이 존재해오고 있으므로 그 다른 이들에 의해서 해석되고 있는 일상 속이다. 현존재는 거기에라는 일상 속에서 다른 이들과 더불어 존재한다. 일상은 때로 인간 현존재를 꼼짝 못하도록 붙잡아 매어 버리기도 한다. 현존재는 일상 속에서 다른 이들과 평균적인 평준화함에서 공공화한다.

> 거리감, 평균성, 평준화 등이 '그들'의 존재방식들로서 우리가 '공공성'으로 알고 있는 그것을 구성하고 있다. 이 공공성은 우선 모든 세계 해석과 현존재 해석을 규제하며 모든 것에서 권한을 가지고 있다. 그런데 그것이 '사물들'에 대한 어떤 탁월하고 일차적인 존재 관계에 근거해서 그런 것이 아니며, 공공성이 어떤 두드러지게 자기 것으로 만든 현존재의 투명성을 가지고 있기 때문에가 아니다. 오히려 '사태에' 관여하지 않는 근거로 그런 것이며, 공공성이 수준과 진실성의 그 모든 차이에 대해서 무감각하기 때문이다. 공공성은 모든 것을 어둡게 만들어버리며 그렇게 가려진 것을 잘 알려진 것으로 모두에게 접근 가능한 것으로 내준다.[152]

현존재로서 우리들은 그 틀에 대해 자기로서는 어찌하는 도리가 없다는 식으로 스스로 사실로 규정해버림으로써 일상을 사실로 확정지으며, 그 속에 안주해버리기도 한다.

그러나 사실성이 아니라 현사실성으로의 삶은 스스로를 드러내고 밝힘에 의해 규정된다. 그렇다면 현사실성이라는 의미는 아직 아닌 자신을 미래적 차원에서 드러낼 수 있음 안에서 말해져야 하는 것이다. 그리고 우리는 이러한 미래적 차원을 도래라는 표현으로 새겨보았었다. 도래라는 시간성은 아직 아닌 가능성의 차원이다. 그러나 인간 현존재의 존재는 실존으로서, 아직 아닌 가능성들을 자기 것으로 삼아버리는 식으로 집어삼키는 것이 아니라, 그 가능성에로 앞서 달려가봄이 열려지는 곳에로 향할 수 있도록 허용한다.

하이데거는 그 가능성들을 자신에게 속하지만 그 자신이 자기 것으로 만들도록 허용 받은 것이 아니라, 존재가능(Seinkönnen)이라고 말한다. 따라서 내던져져 있음의 현사실성에서 가능성이라 함은 인간 현존

152 *SuZ*, 127쪽.;『존재와 시간』, 177쪽.

재의 존재할 수 있음(존재가능) 자체에로 향하는 관련구조를 갖는 것이다. 인간 현존재는 스스로 존재가능 안에 존재하기 때문에, 인간은 다른 동물과 식물처럼 자체적으로 규정되고 마는 존재자가 아니다. 인간은 내던져져 있다. 그러나 그 내던져져 있음은 결코 인간을 정의하거나 확정지어 버리지 않는다. 내던져져 있음은 인간 현존재에게 그의 존재가능을 열어 주는 근거가 된다.

> 그(현존재)가 그것으로 존재하고 있는 바로 그 존재가능으로서 그는 그러한 특정한 가능성들을 지나쳐가게 했으며, 끊임없이 그의 존재가능성들로 가며, 그것들을 장악하거나 놓쳐버리거나 한다. 그러나 이것은 현존재가 그 자신에게 떠맡겨진 가능존재이며 철두철미 내던져진 가능성임을 말하는 것이다. 현존재는 가장 고유한 존재가능에 대해서 자유인 그런 가능성이다. …… 현존재는 결코 그가 현사실적으로 존재하는 것 그 이상일 수 없다. 왜냐하면 그의 현사실성에는 존재가능이 본질적으로 속하기 때문이다.[153]

내던져져 있음이 근거가 된다는 것은 인간 현존재의 존재가 내던져져 있음으로부터 시작한다는 뜻이다. 이 말은 현존재의 선택이나 의지와는 무관하게 어떤 존재가 한 현존재에게 떠맡겨짐을 떠맡음을 가리키고 있다. 선택이나 결정지음의 경우, 인간으로서 우리들은 그 선택과 결정지음이 미래적 차원에서 결과했을 때, 그 결과를 보고 뒤늦게 자기의 선택과 결정지음을 후회하거나 다른 이들에게 그 결과를 떠넘기는 식으로 선택과 결정지음으로부터 도피한다.

그러나 떠맡겨지는 자기 존재를 떠맡음은 다른 누구에게 그런 식으로 떠넘겨질 수 있는 것이 아니다. 자기 자신의 존재가능은 오로지 자

153 *SuZ*, 144/5쪽.;『존재와 시간』, 200~202쪽.

기 자신의 존재로 열려지는 것이므로 그 존재가능과 존재자체는 누구에게 양보도 선사도 하물며 덜어 나누어줄 수도 없는 고유한 자기의 몫이다. 따라서 떠맡겨짐을 떠맡음이라는 표현은 무엇에 대해 책임을 진다거나 어떤 대가를 치른다는 것과는 근본적으로 다른 의미이다.

내던져져 있음으로부터 존재해 오고 있음(기재, Gewesenheit)이 비롯된다. 존재해 오고 있음은 일상적으로 이해하듯이, 이미 지나가버린 과거로 끝나고 마는 것이 아니라, 인간 현존재의 현사실성의 근거가 된다.

따라서 존재해 오고 있음(기재)은 "이미 지나가 버려서 소멸되어버렸다."는 의미로 없앨 수 있는 사건이 아니다. 오히려 존재해 오고 있음(기재)으로부터 촉발되는 인간 현존재의 존재가능이 열어 밝혀질 수 있음, 그리하여 그리에로 다가갈 수 있음이 인간 현존재에게 내어지고 있다면, 내던져져 있음은 앞서라는 시간 성격으로 규정되는 도래의 시간성과 동일한 근원성을 갖는다.

존재해 오고 있음(기재)이 도래와 동일근원성이라 한다면, 존재해 오고 있음은 본래적 시간성으로서의 현재(마주함)와도 동일한 근원성을 이룬다. 왜냐하면 우리들이 존재해 오고 있음으로부터 자기 자신의 본래적 실존으로서의 존재를 존재하며, 그 존재가 도래에로 다가갈 수 있다면, 그것들은 우리가 현재 안에 머물고 있을 때, 열어 밝혀지기 때문이다.

> 이해는 현존재 자체의 고유한 존재가능이라는 [의미의] 실존론적 존재인데 그것도 이 존재가 현존재 자체 안에서 그 자신이 어디에 처해 있는지를 열어 밝히는 식으로 그렇다.[154]

154 *SuZ*, 144쪽.;『존재와 시간』, 200쪽.

논의를 정리해본다면, 기재(존재해 오고 있음)과 현재(마주함), 그리고 도래는 동일근원적이다. 그 시간성들은 결코 따로 분리되어 있지 않고 인간 현존재의 의지로 떼어낼 수도 없다. 그 의미는 서로가 서로를 속하게 하면서 동일한 근원을 갖는다는 것이다. 인간 현존재는 내던져져 있음으로부터 존재해 오고 있음(기재)으로써 현재에 마주하며 도래에로 앞서 다가갈 수 있다. 이 말은 동시에 현존재가 도래에로 앞서 다가갈 수 있고 현재에 본래적으로 마주할 수 있음이 바로 내던져져 있음에 근거하고 있다는 뜻이다.

제2장

인간 현존재와 죽음 그리고 시간성

인간 현존재가 존재함의 독특한 의미는 그가 '앞서' 라는 시간적인 구조 안에서 언제나 존재가능으로 존재하고 있다는 것이다. '앞서' 는 인간 현존재가 죽음마저도 앞지를 수 있음을 열어 밝히고 있다. 이 장은 인간이 앞지를 수 있는 죽음의 문제에 관해 그것이 지니고 있는 시간성의 의미를 요리조리 살피려는 생각을 담아 작성되었다.

산다는 것 죽는다는 것 01

죽음의 양태

인간 현존재가 죽는다는 것은 다른 것들이 소멸하거나 사멸한다는 것과는 다른 것이다. 여기에서는 인간의 죽음이 결코 끝장남을 뜻하는 것이 아니라, 오히려 그의 존재가능 전체를 마주할 수 있음이라는 점을 살피고 있다. 이에 다른 이들의 죽음이 벌어지고 있는 양태를 몇 가지 제시해봄으로써 인간 현존재의 존재가능전체에 관해 조망해본다.

앞에서 우리는 인간 현존재의 존재는 염려이며, 인간 현존재가 존재한다는 의미를 그의 독특한 존재방식, 곧 실존을 통해서 이해해 보았다. 실존으로 존재하는 인간 현존재는 다른 사물이나 도구 존재자와는 그 존재의미 자체가 다르다. 인간 현존재에게 실존이라는 존재방식은 앞서라는 구조를 갖는다. 앞서는 인간 현존재가 언제나 존재가능으로 존재함을 뜻한다. 인간 현존재의 실존론적 존재가능이란 자기 자신의 존재가능에로 앞지름이고, 죽음을 향해 앞지름이다. 따라서 인간이 죽는다는 것은 다른 존재자의 그것과 근원적인 다르다.

그렇다면 이제 이 절에서는 죽음의 양태들을 살핌으로써, 인간의 죽음이 다른 존재자가 소멸됨 · 사라짐이라는 것과 어떤 차이를 갖는가를 다루어 본다. 그리고 인간 현존재의 죽음이 결코 대체 · 대리될 수 없는 고유함을 가진다는 것에 대해서 살펴본다. 나아가 나의 죽음은 바로 나의 존재가능 전체에 연관되어 있음을 밝혀낸다.

이러한 작업은 우선 인간 현존재가 죽을 수 있는 몇 가지 경우를 살펴보는 것으로 이루어질 것이다. 그러나 의도하고 있는 바는 이런 저런 죽음의 사례들을 나열하는 것이 아니라, 죽음 자체에 관한 존재론적 분석을 시도하는 것에 있다.

1. 인간 현존재의 죽음이 갖는 독특함

바미얀의 석불이 사라졌다. 인간이 저지른 파괴로 인해 바미얀의 석불은 산산조각 나서 그 형태를 찾을 수 없다. 바미얀의 석불은 그것이 더 이상 석불로서 존재하는 것이 아니다. 그것은 산산조각 난 순간, 바닥에 굴러다니는 다른 돌들과 다름없는 하나의 돌이 된다.

조각조각 나기 전에 바미얀의 석불은 인간들이 경배하고 예를 갖추는 부처였다. 돌로 제작된 부처는 인간 현존재가 세계 속이라는 지평에서 ~로서 의미부여한 대상이다. 의미가 부여되었기 때문에 바미얀의 석불은 조각으로 부수어지기 전에는 인간 현존재의 세계 안에 있었으며, 인간 현존재와 더불어 있음으로부터 배려될 수 있다. 그런데 그야말로 하루아침에 바미얀의 석불은 돌멩이가 된다.

우리들 인간은 바미얀의 석불이 산산조각남으로써 그에 관련된 의미가 사라짐을 애석해한다. 우리는 인간이 남겨놓은 하나의 예술작품으로서, 혹은 경배드릴 수 있는 성상[聖像]이라는 대상으로서 바미얀이 간직하고 있는 의미가 소멸되었음을 애통해 한다. 바미얀의 석불이 파괴됨과 동시에, 우리가 바미얀의 커다란 돌덩이와 맺고 있는 관련은 이제 끝장이 난 것이다. 자연 안에 놓여 있었던 커다란 돌덩이에 이제 더 이상 부처는 들어있지 않다.

이제 그것은 굴러다니는 작은 돌덩이들로 변해 그렇게 자연 안으로 되돌아간다. 그런데 돌덩이가 그 본질을 바꾸는가. 그렇지 않다. 다만 돌을 재료로 삼아 만들어진 부처로서 숭앙되던 돌부처에서부터 한낱 돌덩이로 변한 것뿐이다. 인간이 어떤 의미를 부여함으로써 존재했던 돌덩이는 사라짐, 소멸, 끝장남에도 불구하고 그 돌덩이가 지닌 돌멩이의 본질은 그것에게 남겨져 있다. 사라지고 소멸되고 끝장난 것은 인간 현존재가 그것에게 속했던 특정한 의미일 뿐이다.

바미얀의 석불을 파괴한 것은 다름 아닌 인간이다. 인간이 저지른 파괴가 가져오는 결과는 커다란 돌덩이에 깃든 특정한 의미부여의 사라짐이다. 인간들은 자기들에 속해있지만 자기와는 다르게 파괴적인 이들이 저지른 파괴에 대하여 분노하면서 사라져버린 대상을 남아있는 기록을 통해 회고한다. 그런데 우리들은 바미얀 석불이 파괴됨으로써 사라짐을 "바미얀 석불이 죽었다"라는 식으로는 말하지 않는다. 그것은 다만 파괴되고 그리하여 그 의미가 사라져버렸고 소멸되었을 뿐이다. 그러나 인간의 죽음과 다른 것들이 소멸 혹은 사라짐은 그 의미의 지평이 다른 것이다.

> 만일 사망함이 이야기된 양식의 끝남의 의미로 끝에-와-있음으로 이해된다면, 그로써 현존재는 눈앞의 것 또는 손안의 것으로 정립되어버리는 것일 것이다. 죽음에서 현존재는 완성되는 것도 아니고 단순히 사라져버리는 것도 아니고, 더욱이 마무리되거나 손안의 것으로서 처리가능한 것이 되는 것도 아니다.[155]

현대를 사는 우리들은 자동차를 이용해서 자리를 옮겨 다닌다. 자동차는 우리의 일상생활에서 없어서는 아니 될 중요한 도구이다. 생활의 도구로서 자동차는 그의 기능이 살아있는 한, 탁월한 도구로서 인간 현존재와 곁에 있음으로 배려되고 있다. 우리들은 자신의 자동차를 세심하게 배려한다. 자동차가 자동차로 있다는 것은 그것이 여러 부속품들의 관계맺음 안에서 제대로 작동하면서 있음이다. 도구로서 자동차

155 *SuZ*, 245쪽.;『존재와 시간』, 329쪽.

는 제대로 작동하고 있음이라는 작용관계 안에서 그의 사용사태에로 맡겨져 있는 것이다.

그러나 자동차에게도 수명이라는 것은 있다. 자동차는 그의 수명을 다함, 곧 그것을 이루고 있는 여러 부속품들이 각각 낡아서 쓰임새를 잃거나 그들끼리 관계함이 깨어지는 때, 인간 현존재와의 사용사태에서 할 수 있음으로서의 쓰임새는 끝장나는 것이다. 우리들은 끝장난 자동차를 차마 버리지 못하고 어떻게든 부속품을 바꾸거나 손질하는 것으로 자동차의 끝장남을 살려보려고 한다.

그러나 자동차는 영구적이지 않다. 도구로서 배려된 자동차는 그의 수명을 다하는 끝남에 이른다. 그런데 우리들은 사용가능성이 끝난 자동차에 대하여 "자동차가 죽었다"라고 말하지 않는다. 그것은 다만 인간에 의해 제작된 도구로서의 사용가능성이 다함일 뿐이고 그 다함, 곧 끝남은 그것이 이제 인간과 배려됨의 관계성을 잃은 것이다. 사용가능성이 다한 자동차의 사용가능성은 이제 현실적으로는 우리들에게 어떤 식으로건 남아있지 않다. 우리들이 일상생활 속에서 새로운 다른 자동차를 구하면 그만이다. 따라서 도구의 사용가능성이 끝장났다는 의미는 끝장나버린 그것을 회고의 대상으로 삼을 수 있는 것이 아니기에 사라짐 혹은 소멸과 다르고, 더구나 죽음과는 그 의미가 전적으로 다르다. 도구적 사용가능성은 그것이 다른 것으로 대체될 수 있음에서 그야말로 끝장나 버린다.

우리는 앞에서 잠시 다른 살아있는 존재자들의 생명에 관해 말해보았었다. 그렇다면 이제 인간 현존재와 더불어 있는 다른 존재자들의 생명에 관해서도 논의해보아야 한다. 우리는 죽음을 아직 아님으로, 그리하여 존재가능 안에서 새기고 있다. 하나의 열매에도 아직 아님은 열매의 비전체성이다. 존재 전체에 대하여 전체가 아님은 미완의 상태를 말한다. 미완이라 함은 무엇인가가 그것은 어떤 존재자에게 분명히 속하기는 하지만 아직은 결여되어 있다는 의미에서 마무리되어 있지 않음을 말한다.

즉 미완은 함께 속해있는 것이 아직 다 모여 있지 않음을 의미하는 것이다. 열매의 전부 함께는 그 열매의 아직 아님이 전부 채워지는 순간, 즉 열매의 무르익음으로 달성된다. 열매 자체는 성숙해 가는(익어가는)것이고 그러한 스스로 성숙해감이 열매의 존재를 열매로서 성격규정한다. 우리는 그 열매가 성숙하게 무르익지 않아 아직 아님이더라도 그 아직 아님이 이미 열매의 고유한 존재와 연관되어 있다는 것, 그것도 임의적인 규정으로서가 아니라 구성요소로서 연관되어 있다는 것을 이해한다.

> 아직 아님은 이미 과일의 고유한 존재와 연관되어 있으며 그것도 임의 규정으로서가 아니라, 구성요소로서 연관되어 있다. 이에 상응하게 현존재도, 그가 존재하는 한, 각기 그때마다 이미 그의 아직 아님으로 있는 것이다. …… 과일과 같이 현존재도 좀더 한정해야 할 의미로 각기 그때마다 이미 자신의 아직 아님으로 있다는 점에서 일치한다고 하더라도, 그것은 '종말'로서의 성숙과 '종말'로서의 죽음이 존재론적인 종말구조의 관점에서도 합치한다는 것을 의미할 수는 없다.[156]

분명 열매의 아직 아님이라는 미완은 인간 현존재의 존재와 형식적으로는 일치한다. 다시 말해서 열매는 인간 현존재가 각기 그때마다 이미 자기 자신의 아직 아님으로 존재하고 있다는 점에서 일치하고 있다. 그러나 그 일치가 종말로서의 성숙한 무르익음과 종말로서의 죽음이 존재론적인 종말구조의 관점에서도 합치함을 의미하지는 않는다. 성숙하게 무르익음과 함께 과일은 자기를 완성한다.

그러나 인간 현존재가 도달하는 죽음은 이러한 의미로 완성을 의미하지 않는다. 분명 인간 현존재는 죽음과 함께 자신의 "생애를 완료했

156 *SuZ*, 244쪽.;『존재와 시간』, 327/8쪽.

다.” 그러나 죽어버린 그가 과연 자신의 고유한 가능성을 모두 다 모아 들여 가능성들을 다 풀어놓을 수 있었다고 할 수 있는가. 하이데거는 오히려 인간 현존재에게서 그 가능성들은 더 이상 은닉되어 있지 않고 송두리째 벗겨져 빼앗긴 것은 아닌가? 라고 묻는다

> “성숙과 함께 과일은 자기를 완성한다.” 그러나 현존재가 도달하는 죽음도 과연 이러한 의미로 완성인가? 현존재는 물론 죽음과 함께 자신의 “생애를 완료했다.” 그러나 그가 그로써 필연적으로 자신의 특별한 가능성을 다 소진했는가? 오히려 그에게서 그 가능성들을 박탈한 것은 아닌가?[157]

하이데거는 끝남이 필연적으로 자기를 완성함을 말하는 것이 아니라는 점을 지적한다. 완성은 완성되기를 원하는 것이 자신의 가능한 마무리에 도달하는 것이다. 완성은 마무리의 한 기초지어진 양태이다. 그리고 이 마무리 자체는 오로지 어떤 눈앞의 것이나 손안의 것의 규정으로서만 가능하다. 그러나 인간 현존재는 눈앞의 것이나 손안의 것으로 정립될 수 없다.

그렇기에 인간 현존재가 사망함은 앞서 이야기된 끝남의 의미로 이해될 수 없다. 따라서 바미얀의 석불이 소멸됨으로써 눈앞에서 사라짐, 그리고 자동차의 사용가능성이 다함으로써의 손안의 것으로서의 끝남, 그리고 열매가 성숙하게 무르익음으로서의 완성은 인간 현존재가 사망함과는 전혀 다른 것이다.[158]

> 사망함으로서의 죽음은 현존재라는 이 존재자의 종말을 향한 존재인

---

157 *SuZ*, 244쪽.;『존재와 시간』, 328쪽.
158 참조: *SuZ*, 244/5쪽.;『존재와 시간』, 328/9쪽.

것이다. 죽음은, 현존재가 존재하자마자, 현존재가 떠맡는 그런 존재함의 한 방식이다.[159]

인간 현존재에게서 죽음은 눈앞의 것의 존재 방식도 손안의 것의 존재방식도 아니라, 오로지 실존이라는 방식으로 있다. 따라서 인간 현존재의 사망(Sterben)으로서의 죽음(Tod)은 실존론적 분석에서 해명되어야 한다.

2. 다른 이의 죽음

매일 나는 신문에 실린 궂긴 소식(부고) 난을 읽는다. 대부분 내가 모르는 사람들이 죽었다. 어느 날 나는 알고 있는 이의 가족에 관한 궂긴 소식도 발견한다. 무심코 읽어 넘겼던 모르는 이의 죽음과 아는 이와 관련된 사람의 죽음은 느낌이 조금 다르다. 우리가 살고 있는 매일매일 어떤 한 사람이 죽는다. 물론 매일 단 한 사람이 죽는다는 말은 아니다. 그러나 그 많은 사람들이 죽음에도 우리에게는 오직 우리가 알고 있는 그 한 사람의 죽음이 먼저 들이닥치고 있는 것이다.

우리는 우리가 알지 못하는 사람들의 죽음에는 우선 대개 무관심하다. 우리는 자신에게 한층 더 가까이에 있었던 이의 죽음에 주목한다. 그러나 삶 속에서는 언제나 내가 알지 못하는 많은 이들이 어이없는 사고로 예상하지 못했던 죽음을 맞고 있으며, 내가 알지 못하는 많은 이들이 병으로, 혹은 스스로를 죽음에로 내던진다.

우리들은 인간이고 인간인 한, 누구나 죽음을 앞두고 있다. 우리는 매일매일 일상 세계 속에서 다른 이의 죽음을 간접적으로나 직접적으로 만난다. 그 만남은 나와 관계가 없는 다른 이의 죽음은 일단 관계없

159 *SuZ*, 245쪽.;『존재와 시간』, 329쪽.

음의 관계로, 나와 관계있는 다른 이의 죽음은 일단 특별한 관계있음의 관계 안에서이다. 가끔은 내가 그냥 알고 있는 어떤 사람이지만 나와는 그다지 친밀한 관계가 없다고 생각하는 사람, 혹은 나와 아주 친숙했던 사람이 죽는다. 혹은 그가 죽음을 앞두고 있다.

우리가 누구나 빠짐없이 죽음을 앞두고 있다 하더라도, 나와 친숙한 사람이 죽음을 앞두고 있음은 인간 일반이 죽음을 앞두고 있음과 같은 것이 아니다. 죽음에 관하여 골몰하고 있었던 동안, 그 사이에 평생 형형한 눈빛으로 사람들을 두루 바라보고 계셨던 내 외삼촌께서 돌아가셨다. 늘 내 건강을 걱정하던 뽀얗게 어여쁘던 후배는 외국 유학 중 병으로 서른다섯 살을 못 넘기고 죽어버려 유골로 돌아왔으며, 악착스레 삶을 살고자 했던 서른두 살의 한 사람은 1년 6개월 남짓 견디다가, 결국 그 삶을 스스로 버렸다. 그런데 그 죽음들은 그들이 나와 아무리 가까웠다 하더라도, 전적으로 나 자신의 죽음과 같은 것이 아니다. 나는 나 자신의 죽음을 결코 경험할 수 없다.

나는 할 수 있는 한, 죽은 이들이 저 길 끝 너머로 사라지기 전에 마지막, 관 속에 시신[屍身]으로 모셔져 있는 곳을 찾아 나선다. 우리 주변의 어느 한 켠에서는 죽음이 벌어지고 있고, 다른 한 켠에서는 살아있는 생동거림이 있다. 그곳을 방문하기 위해 나선 그 길에는 작은 아기도 있고 꼬부랑 할머니도 있다. 유쾌한 젊은이들이 농구를 하고 있었고, 거리에서 구슬을 꿰어 만든 머리핀을 파는 사내도 있었다.

허리가 꼬붕160해진 할머니는 내일도 오늘과 다름없이 허리가 꼬붕한 채 거리를 걸어 다닐 수 있으리라 믿는다. 내게 구슬 꿴 머리핀을 팔았던 사내는 구슬이 떨어지면 언제라도 고쳐준다고 장담을 한다. 그

---

160 꼬붕하다라는 말의 본래 쓰임새는 '꼬부리다' 이다. '꼬부리다' 는 굽히다 혹은 구부리다라는 말과 같은 뜻이다. 그러나 나는 여기에서 그 말들을 '꼬붕하다' 라는 느낌으로 새겨 보려 한다.

렇듯이 모두에게 자기의 죽음이 당장은 아니다. 그리고 이렇게 아직 길 위에 있는 사람들은 그 길 위에서 살아있는 동안 누릴 수 있는 삶을 꿈꾼다. 살아있는 사람에게 죽음은 멀기만 하다. 하물며 어린 아기에게 죽음은 턱없이 멀다. 사람들에게 매일 매일 벌어지는 일상적인 죽음은 자기의 죽음이 아니라, 언제나 인간 일반의 죽음이고 타인의 죽음일 뿐이다. 늘 타인은 죽지만 나는 아직 당장은 죽지 않는다.

> 일상적인 죽음을 향한 존재에 대한 해명은, "사람이 한 번은 죽지만, 그러나 당장은 아직 아니다."라는 '그들'의 잡담 속에 머물렀다.[161]

그저 인간 일반의 죽음은 우리들 주변에서 늘 일어나는 사건이다. 따라서 우리들은 죽음이라는 사건을 "사람들이 늘 죽고 있다."라는 식으로 언제나 사실적인 것으로 간주해버리고 만다. 따라서 우리들은 자기 자신의 죽음과 함께, 친숙한 사람의 죽음에서조차 죽음의 그 참다운 성격을 덮어버린다.

죽음의 본질적 성격은 더 이상 앞지를 수 없음이라는 불가능성의 가능성이며 이는 인간 현존재에게 가장 고유한 가능성이다. 인간은 죽음 앞에서 철저하게 자기 자신하고만 관계한다. 그러므로 죽음은 현존재의 가장 고유한 가능성이다. 그러나 우리들은 간단하게 죽음을 남들에게나 일어나는 여타의 사망사건으로 바꾸어 놓는다. 이렇게 죽음이 어떤 사건들 중 하나로 처리되면서 자기 자신의 가장 고유한 가능성으로서의 죽음은 그 자신으로부터 등을 돌려 버린다. 인간은 그들 속에서 그들이 배려하고 있는 일상사에 빠져있는 한, 그 자신의 가장 고유한 가능성을 잃어버린다.

161 *SuZ*, 255쪽.;『존재와 시간』, 342쪽.

'일상적인 서로 함께' 라는 공공성은 죽음을 끊임없이 일어나는 사건으로서, 즉 '사망사건' 으로서 '알고' 있다. 가깝거나 먼 이 사람 또는 저 사람이 '죽는다'. 모르는 사람들이 매일 매시간 '죽는다'. '죽음' 은 세계내부적으로 일어나는 주지의 사건으로 만나고 있다. 죽음은 그러한 사건으로서 일상적으로 만나는 것의 성격인 눈에 안 띔 속에 남아 있다. '그들' 은 또한 이런 사건을 위해서 이미 하나의 해석을 확보해놓고 있다. …… '죽음' 은 하나의 사건으로 평준화되어 버린다. 분명히 현존재에게 해당은 되지만 고유하게는 아무에게도 속하지 않는 그런 사건으로 평준화되어버린다.[162]

가장 고유한 가능성을 잃어버린 인간들은 죽음에 대해서 공공연해진다. 그것은 일종의 공포로, 혹은 태연함으로 드러난다. 일상적으로 공포의 대상이 되어버린 죽음은 어떤 방식으로건 그 공포를 잠재움으로써 망각될 수 있다. 한편 일상적으로 인간 현존재가 순종하는 태연함으로 관계하는 죽음은, 마치 나약하지 않고 자신 있는 현존재가 죽음의 공포로부터 벗어나 있다는 식으로 내세워짐으로써 그 의미가 감춰질 수 있다. 그러나 이는 죽음에로 향해 있는 것이 아니라, 오히려 죽음 앞에서 도피하고 있는 것이다. 우리들은 이러한 도피를 통해서 우리들이 이미 언제나 현사실적으로 자기 자신들의 끝에로 향해 있다는 사실을 숨긴다.

우리들은 언제나 자기 자신의 죽음이 아직이라는 식으로 막연함 안으로 밀어놓는다. 따라서 눈앞에 있는 죽음은 언제나 다른 이들의 죽음일 뿐이다. 그리고 그 죽음은 나와는 상관없는 사건이다. 그러나 이러한 도피로써

162 *SuZ*, 252/3쪽.;『존재와 시간』, 338/9쪽.

> '그들'이 명시적으로 '죽음을 생각하지' 않고 있을 때에도, 그들 자신은 각기 그때마다 이미 죽음을 향한 존재로서 규정되어 있다.[163]

그럼에도 일상적인 인간 현존재는 우선 대개는 죽음을 향한 가장 고유한 존재를 은폐하고 있다.[164] 즉 그의 고유한 존재가능으로서의 죽음은 아직 자기 자신의 죽음에서부터 대면되지 않고, 일반적인 다른 이들의 죽음 속으로 숨겨져 버리고 만다.

우리들은 인간이 죽는다는 것의 확실성을 인정한다. 그런데 일차적으로 우리가 확실함을 확신하는 것은 다른 이의 죽음을 통해서이다. 우리는 자기 자신의 죽음을 경험할 수 없다. 죽음은 모든 것들과의 연관을 몰수해버리면서 자기 자신의 존재가능 전체를 빼앗는다. 그럼에도 우리는 일상적으로는 죽음에서 도피하며 오히려 태연해할 수도 있다.

이는 인간이 반드시 맞아야 하는 죽음이 늘 언젠가라는 식으로 우리에게 새겨져 있기 때문이다. 그리고 언젠가는 죽음이 지금 당장에라도 가능하다는 사실을 숨기고 있다. 우리들은 언젠가라는 식으로 그 시점을 정하려 하지 않고 그 시점이 닥침을 다른 급한 일들의 긴급함과 중요성을 핑계 삼아 피해버린다. 그렇게 함으로써 우리들은 죽음으로부터 도피하여 일상성이 만들어내는 안심할 수 있는 편안함에 머물러 있을 수 있다.

그런데 앞서 우리는 죽음이란 모든 가능성이 끝날 수 있는 가능성으로서 불가능성의 가능성이라고 규정했다. 그렇다면 죽음 또한 현존재의 존재가능성에서부터 이해되어 있다는 것이다. 다시 말해서 죽음은 실존에 의해서 규정된다는 것을 뜻한다. 그런데 앞서 다루어 보았듯이, 인간 현존재의 존재는 염려에 의해서 규정된다.

---

163 *SuZ*, 254쪽.;『존재와 시간』, 341쪽.

164 참조: *SuZ*, 252쪽.;『존재와 시간』, 337쪽.

현사실적으로 실존함은 일반적으로 또 무차별하게 내던져져 있는 세계-속에-존재-가능일 뿐만 아니라, 언제나 또한 이미 배려되고 있는 '세계' 속에 몰입해 있음이기 때문이다. 이러한 빠져 있으며 '~곁에' 있음 속에서 섬뜩함에서부터의 도피, 다시 말해서 이제는 죽음을 향한 가장 고유한 존재 앞에서의 도피가 고시된다. 실존, 현사실성, 빠져있음이 종말을 향한 존재를 성격규정하고 있으며 따라서 죽음의 실존론적 개념을 구성한다. 죽음[사망]은 그 존재론적 가능성의 관점에서는 염려에 근거하고 있다. …… 종말을 향한 존재가 현존재의 실존적 전체존재를 위한 실존론적 가능성을 제공해야 한다면, 거기에 '염려는 현존재의 구조 전체의 전체성에 대한 존재론적 명칭이다'라는 테제를 뒷받침하는 현상적 확증이 놓여 있을 것이다.[165]

염려는 세계내부적으로 만나게 되는 존재자 곁에 있음으로서 자기를 앞질러 이미 세계 속에 있음이다. 그리고 자기를 앞질러라는 의미는 바로 현존재가 자기 자신의 고유한 존재가능에로 나가 들어선다는 의미에서 실존이다.

죽음은 모든 아직 아님의 끝에로 향해 있다. 다시 말해서 죽음은 인간 현존재가 자기를 앞질러가 가능한 바로 그 끝을 향해 있다. 그리고 이 끝이 인간 현존재가 가능존재로서 자기를 앞질러 그 끝에로 향해있음인 한, 죽음은 언제나 인간 현존재에게 되돌려져 있는 것이다. 그렇다면 죽음은 이제 더 이상 언젠가라는 식으로 무규정적인 것이 아니라, 그때마다 우리들의 삶 속에 이미 들어와 있다. 극단적인 아직 아님으로서의 죽음은 막연한 미래 시점에 놓여 있는 어떤 것이 아니고, 오히려 이미 우리들 자신의 존재와 더불어 우리들 앞에 들이 닥쳐와 있다.

165 *SuZ*, 252쪽.;『존재와 시간』, 337쪽.

종말은 현존재의 앞에 닥쳐 있다. 죽음은 아직 눈앞에 있지 않은 어떤 것이 아니며, …… 차라리 일종의 '앞에 닥침'이다. 하지만 세계 속에 있음으로서의 현존재에게는 많은 것이 앞에 닥쳐 있다. '앞에 닥침'의 성격은 그 자체로 죽음을 특징짓지 못한다. 오히려 그 반대다. 이 해석은 죽음이 앞에 닥쳐오는, 주위세계적으로 만나게 되는 사건의 의미로 이해되어야 한다는 것을 당연히 여길 수 있다. 따라서 (그것들은) 눈앞에 있거나 손안에 있거나 함께 거기에 있는 존재자들이다. 그런데 닥쳐오는 죽음은 이런 양식의 존재를 가지고 있지 않다. …… 죽음은 현존재 자신이 각기 그때마다 떠맡아야 할 존재가능성이다. 죽음과 더불어 현존재 자신이 그의 가장 고유한 존재가능에서 자기 앞에 닥쳐 있는 것이다.[166]

일상적으로 닥쳐온다는 말은 어떤 것의 도착이 코앞에 와있음을 의미한다. 그것들은 어떠어떠한 것들이다. 이는 세계 안에 있는 것들(세계내부적 존재자들)이다. 그러나 앞서 살펴보았듯이 인간 현존재의 끝으로서 죽음이 닥쳐와 있음은 세계내부적 존재자들의 닥쳐옴과는 존재양식을 달리 한다. 그 존재양식은 인간 현존재의 실존에 의해 규정되어 있다. 그러므로 죽음은 각자성과 존재가능이라는 존재성격을 가진다. 그 각자성과 존재가능은 인간 현존재가 존재하는 한, 줄곧 그 자신의 것이다. 다시 말해서 죽음은 인간 현존재 자신이 떠맡아야 할 자기 자신의 존재가능이다. 자기 자신의 존재가능이므로 죽음은 다른 이들로 하여금 대신하게 할 수도 그리고 다른 이를 대신하여 떠맡을 수도 없다.

나 자신의 죽음은 오로지 나 자신의 것으로 다가가 나에게 되돌려져야 하므로, 그 죽음의 자리로 나가 들어설 수 있는 것은 오로지 나뿐이다. 그 자리는 오로지 자기 자신 앞에만 트여 있다. 죽음이 닥쳐옴에 인간 현존재에게는 자기 자신을 제외한 모든 것들의 연관이 끊어져 나

166 *SuZ*, 258쪽.;『존재와 시간』, 345쪽.

간다. 자기 자신 외의 다른 것들은 그에게 아무 것도 아니다. 죽음 앞에서 인간 현존재는 자신만을 순수하게 마주한다. 그러나 죽음은 마주하는 자신 또한 그 자신에게서 끊어놓고야 만다.

알지 못하는 다른 이들의 죽음에 우리는 때로 태연해진다. "사람은 누구나 죽지."라는 식으로 우리는 모르는 사람의 죽음을 평준화시켜버린다. 일상적으로 우리는 다른 이들을 그 사람이 차지하고 있는 자리로 이해한다. 그것은 그가 종사하고 있는 직업이나, 어떤 임무 안에서이다. 우리는 다른 이를 ~로서 구조 안에서 파악해버린다.

흔한 말로 잘 나가던 사람이 죽었을 때, 우리는 그 사람의 자리를 다른 이들로 채울 수 있다고 생각해버린다. 이와 같이 우리는 잘 알지 못하는 다른 이들이 죽음으로 비운 그 자리를 또 다른 사람들로 대체할 수 있다고 여긴다. 대체 가능성은 눈앞의 것으로 존재한다. 그러나 그 비움은 강의실에 책상 하나가 없어졌을 때, 그 빈자리를 다른 책상으로 채울 수 있다는 그런 빔이 아니다. 그 비워지는 빔에는 그 한 사람의 그때까지의 존재 전체가 머물고 있다. 그것은 다른 사람이 대리할 수 있는 것이 아니다.

우리는 막연하게 다른 사람이 아닌 자기 자신과 특별하게 관계있는 사람의 죽음은 쉽게 받아들이지 못하며, 따라서 일단은 거부의 방식으로 밀쳐낸다. 우리는 자기와 친숙한 사람의 죽음에 당황한다. 우리는 친숙한 사람이 우리와 함께 줄곧 살아 있기를 원한다. 친숙한 사람은 자기 자신에게 익숙한 사람이고, 우리 자신은 그 사람과 가까이 함께 있음으로써 안도감을 갖는다. 우리는 그 익숙함과 편안함, 그리고 안심됨을 자기 자신에게서 놓아주지 않으려 한다. 그러나 누구를 자기 앞에 잡는다는 것은 그의 원함, 즉 의지에 따라 그 누구를 손안의 것으로 장악하려 하는 것이다. 그런 식으로 우리는 그 사람의 존재가 곧 자기 자신이 존재함의 이유가 되기도 한다고 말한다.

때때로 우리는 사랑하는 사람에게서 자기가 존재할 수 있는 이유를 찾는다. 예로부터 그러한 예들은 우리 주변에 널려 있다. 굳이 소설이나 영화 속 줄거리가 그렇다는 것은 차치하고서라도 우리의 삶의 의미는 우선 우리가 사랑하는 사람들에게 달려 있다. 사랑하는 사람, 그 의미부여를 조금 작게 한다고 하더라도, 내가 의지하고 기대는 사람의 죽음은 나에게는 무엇에 비길 수 없는 고통이며, 내 존재를 허물어 버리고 만다. 그 사람의 죽음은 내가 더 이상 살아갈 수 있는 까닭 모두를 송두리째 앗아가 버린다. 따라서 우리들은 그의 죽음에서 자기가 존재함의 까닭을 빼앗김으로서 발견한다. 그러나 그 죽음은 내가 존재함의 까닭을 앗아가 버릴 수는 있지만, 내가 존재함의 본질적인 근거가 되지 못한다. 근거는 인과론적인 원인이 아니기 때문이다. 친숙한 다른 사람의 죽음으로부터 등을 돌리는 거부는 우리가 그 사람의 존재에다가 나의 존재의 이유를 붙이며 의지하고 기대어 있기 때문이다.

물론 의지함과 기댐은 살아가기 위한 이유가 될 수 있다. 그러나 이것은 그 사람을 표상하는 방식으로써 그러하다. 우리는 다른 사람을 표상하는 식으로 그 사람의 죽음에 대해서 우선 그리고 대개 거부하며 도피한다. 그러나 그것은 친숙한 사람의 죽음이 그 사람 자신에게 존재가능의 전면적인 몰수이기 때문이 아니다.

우리는 친숙한 사람의 죽음 앞에서 우선 대개 자기 자신을 염려한다. 자기 자신의 염려는 친숙한 사람의 죽음조차 그 자체에서 거부하며 등을 돌리는 식으로 눈앞의 것으로 만들어 버린다. 이러한 등 돌리는 도피의 근거는 존재가능으로서의 죽음을 정면으로 맞대면함으로부터 피함이다. 그 맞대면함은 우리에게 불안을 일으킨다. 우리는 우선 그리고 대개는 불안을 거부하며 불안으로부터 도피한다. 그러나 불안은 인간 현존재의 존재 전체를 열어 밝혀주는 것이다.

> '죽음에 대한 생각' 도 이미 공공적으로는 비겁한 두려움, 현존재의 불확실성, 음울한 세계도피로서 통한다. '그들' 은 죽음 앞에서의 불안에 대

> 한 용기가 피어오르지 못하도록 한다. '그들'의 공공의 해석되어 있음의 지배는 또한 이미 그 안에서 죽음에 대한 태도가 규정되는 처해있음에 대해서도 결정했다. 죽음 앞에서의 불안 속에서 현존재는 건너뛸 수 없는 가능성에 내맡겨진 자로서의 자기 자신 앞으로 데려와져 있다.[167]

우리가 친숙한 사람의 죽음에서 거부하며 도피하는 것은 그 사람의 죽음에서 자기 자신의 존재를 염려하기 때문이다. 예를 들면, 한 가정의 어머니가 있다. 그리고 그 가정은 알지도 못하는 다른 이의 가정이 아니라, 바로 나의 가정이다. 내 어머니는 아직 건강하며 생기롭다. 나는 내 어머니가 곧 죽음을 맞아야 할 것이라고 생각하지 않는다. 그러나 내가 죽을 수밖에 없듯이 내 어머니도 언젠가는 죽을 수밖에 없으며, 죽어야 한다. 그런데 나는 그 죽음을 받아들일 수 없다. 그 죽음은 나에게 아직은 눈앞에 있음도 아니다. 그럼에도 나는 일단은 내 어머니가 죽는다는 사실로부터 등 돌리며 도피한다. 나는 그 죽음을 정면으로 응대할 수 없다.

왜냐하면 어머니의 죽음이 곧 나의 죽음 자체는 아니지만, 그 죽음은 내 존재 전체를 뒤흔들어 놓을 것이기 때문이다. 우리는 내 존재가 뒤흔들릴 수 있다는 것에서 불안을 느낀다. 내 존재가 통째로 뒤흔들림은 마침내 내 존재 전체가 무너져 내려 아무 것도 아니게 될 수 있다는 것이다.

그렇다면 죽음에 연관된 불안은 마주대하고 있는 그때마다의 지금에서 일어나는 것이 아니라, 마주하고 있는 '현재', 다가감으로서의 '도래', 그리고 자신이 존재해오고 있음이라는 '기재'와 관련되어 있는 것이다. 따라서 불안은 마주하는 현재에 처해있을 뿐 아니라 기재와 도래에 처해있기도 하다. 불안은 자기 자신의 본래적인 실존 이해,

167 *SuZ*, 254쪽.;『존재와 시간』, 340쪽.

즉 염려에서 일어난다.

나는 이 글의 제2장의 제2절에서 인간 현존재에게서 일어나는 불안에 관해서 다루어 볼 것이다.

3. 자신의 죽음

1) 죽임을 당함 : 타살됨

인간이 삶을 살아감과 마찬가지로 죽음에 이르게 되는 방식은 다양하다. 자연적인 죽음이 있는가 하면 온갖 방식의 살해됨과, 반면에 고의적이지 않게 일어나는 살해당함이라는 것도 있고 지적되고 있듯이 부당한 죽음[168]도 있으며, 왜라는 물음을 세우기에는 까닭을 알 수 없는 죽음도 있다.

전쟁에서는 무차별적 살상이 벌어지기도 한다. 자연적 재해나 인간이 일으키는 사고에도 갑작스럽고 무차별적인 죽음이 발생한다. 자살에는 그가 왜 죽음을 택해야 했는지 하는 까닭이 낱낱이 밝혀지지 않는 경우가 있다. 납득할 수 있는 죽음이 있는가 하면 도저히 이해할 수 없는 죽음도 있다. 따라서 모든 죽음의 현상을 파헤치고 그 모든 것들을 해석하기에 인간이 해낼 수 있는 능력은 너무 제한되어 있으며 철저하게 유한하다.

다른 이에 의해 죽임을 당함은 우리가 언젠가라고 막연한 미래의 시점에 두고 있는 자기 자신의 죽음이 다른 이로 인해서 의도적으로 앞당겨짐이다. 여기에는 다른 이의 어떤 의지적 차원이 눈앞에 실현됨이 있다. 그 실현은 인간 현존재의 존재의 말살이라는 몰수의 극단적인

168 참조: 윤병렬,「하이데거의 죽음-해석학과 그 한계」,『후기 하이데거와 자유현상학』, 한국해석학회, 지평문화사, 1997, 25~33쪽.

방식으로 일어난다. 그런데 다른 사람을 죽임이라는 살해 혹은 살인의 경우 우리에게 닥쳐오는 것은 일상적으로 윤리적 입장이다.

윤리라는 것은 동서양을 막론하고 그 어원과 기원이 유사하다. 한자어로서의 윤리[倫理]라는 것은 인[人]과 륜(侖, 동글다, 조리를 세우다)이라는 윤[倫]과 이치, 이법, 도리를 의미하는 리[理]가 합해져서 만들어진 말이다. 따라서 윤리라는 말은 인간이 동글게 모여 있음의 도리를 의미한다. 이 말은 인간 사이의 관계맺음 안에서 인간이 살아가는 이치라고 할 수 있다.

서양말로 윤리는 그 말의 근원을 ethos에 두고 있으며, ethos는 인간이 모여 거주하는 곳을 뜻함으로써 그 거주함의 자리에서 새겨지는 관습이나 품성을 의미한다고 한다. 그러므로 윤리란 공동체 안에서 사람과 사람의 관계맺음을 말하며 그 관계맺음 안에는 이성적인 질서가 있다는 의미로 이해될 수 있다. 따라서 윤리학은 공동체 속에서 올바르게 사는 길을 찾아내고 체계화하는 학문이다.[169] 윤리학이 탐구하고 있는 내용을 올바름 그리고 올바른 삶에 관한 이성적 체계화 작업이라 한다면, 윤리학에서는 인간의 삶이 담아질 뿐, 죽음의 문제는 철저하게 삶이 끝장남이라는 관련 안에서만 다루어지게 된다.

윤리학에서 다루는 죽음의 문제는 죽음 자체에서 이해되기 보다는 죽음에 이르는 길이 과연 이성적인 체계 안에서 합당한가, 합당하지 않은가에 놓여 있다. 다시 말해서 죽음을 맞게 되는 것이 어떤 과정 안

---

169 참조: 이혜정,『여성주의 윤리학에 관한 연구 – 길리건, 나딩스, 러딕을 중심으로–』, 한국외국어대학교 대학원 철학과 박사학위 논문, 2002, 3쪽.

170 이를테면, 정당방위로 인한 살인, 강간에 의해 임신된 아기를 낙태로 죽임, 의사로서도 어찌할 수 없는 의료사고에 의한 죽음 등등. 여기에 관해서는 많은 논란이 있다. 그러나 그것들 전반을 다루는 것은 이 글에서 할 일이 아니다. 이 주제에 관해서는 다음을 참고. English, J., 김일순 옮김, 『의료윤리 – 삶과 죽음, 그 영원한 숙제』, 연세대학교 출판부, 1982. Foot, P., 황경식 외 옮김,『사회윤리의 제문제』, 서광사, 1983. 일단 정리된 연구 결과로 이혜정, 같은 논문을 참조.

에서 이루어지고 있으며, 이성적 원리 안에서 그 과정이 올바를 수 있다면, 그 죽음은 정당화하기도 한다.[170]

그러나 여기에는 윤리학적 관점이 근거로 삼고 있는 이성적 원리가 모든 공동체와 모든 시대를 관통하는 원리일 수 있는가에 관한 물음이 남아 있게 된다. 모든 시대와 모든 공동체는 결코 똑같음으로 생성·유지·전승되지 않는다. 거기에는 언제나 이해와 이해에 바탕한 해석의 차이가 놓여 있다. 윤리학적 입장에서는 인간의 생명을 죽임으로 해치는 행위를 일단 부정적인 것으로 파악한다. 여기서 부정적이라는 말은 좋음에 맞서는 의미에서 나쁨을 의미한다. 그런데 그 나쁨은 원리적으로 나쁨이다. 여기에 인간들이 이해하는 가치가 판단의 문제로 들어오게 된다. 즉 죽음은 곧 나쁨이라는 원리에 바탕한 가치판단이 작용하고 있는 것이다.

만일 죽음이 삶의 끝남을 뜻함으로써 나쁨이라면, 그 나쁨이 나쁜 근거는 어디에 있을까. 살아 있는 인간이 죽음에 대하여 보편가치적으로 평가내릴 수 있기는 한 것일까. 분명한 것은 윤리학에서 취하고 있는 입장에서는 삶이 좋음으로 상정되고 있다는 것이다. 그렇다면 죽음이 나쁘기 위해서는 삶이 더 이상 이어지지 않음에서부터 그 나쁨이 살펴져야 한다. 그리고 삶에서 나쁨을 일으키는 나쁜 것들을 살펴야 한다.

우리들은 흔히 삶 속에서 우리에게 고통을 주는 것, 그리고 슬픔을 야기하는 것들을 나쁜 것이라고 여긴다. 고통을 주는 것과 슬픔이 일어나게 하는 것은 우리에게서 즐거움과 기쁨을 빼앗는다. 즐거움과 기쁨은 우리들에게 좋음이다. 죽음은 즐거움과 기쁨을 빼앗고 나쁨으로서의 고통과 슬픔을 가져다준다. 이는 죽음이 나에게 합당하게 고통과 슬픔과 같은 부정적인 감정을 불러일으키게 하기 때문에 나쁜 것이라는 말이다. 그러나 죽음이 나쁨인 것은 죽음의 단지 어떤 적극적인 특성 때문이 아니라, 다만 그것이 우리에게 빼앗아가는 것들 때문이라는

입장을 취하는 사람들도 있다.[171]

어찌되었든 이러한 윤리학의 입장에서 죽음은 나쁨이기 때문에 우리는 다른 누구를 죽임도 혹은 스스로를 스스로 죽임도 나쁜 것이므로 그러한 일을 하는 것은 나쁨이라는 가치적 판단 아래 놓여진다. 따라서 인간의 공동체에서 이성의 차원에서 요구해야 하는 원리에 입각하여 있는 윤리학은 살해나 살해당함, 그리고 자살을 부정적이고 나쁜 것으로 단정하고 있다.

그런데 죽음에 대한 이 윤리학적인 태도는 죽음 전체를 다루고 있지 않다. 이 윤리학적 태도는 인간의 삶이 각기 이해되어 통용되는 해석에서부터 차이가 있음에도, 그 차이를 관통하는 하나의 원리로 붙잡아 매는 것이다. 내가 이 글에서 주제로 삼고자 하는 것은 죽음 자체에 관한 존재론적 분석에 따른 이해이다. 존재론적으로 죽음의 현상을 살핀다는 것은, 죽음이 좋음 혹은 나쁨이라는 식의 어떤 가치판단을 요구하는 것이 아니라, 존재가 발원하고 있는 그 곳, 곧 시간성 안에서 죽음의 현상이 어떤 의미를 열어내는가를 밝혀내는 것이다. 따라서 시간성에 대한 분석은 시간을 이해하고 있는 존재자로서의 인간 현존재의 존재, 곧 실존을 뜻 새김 하는 것으로부터 가능할 것이다.

그렇다면 다른 이에 의해 죽임 당함은 존재론적으로 어떻게 열어 밝혀질 수 있을까. 이에 나는 다음에서는 결과로 본다면 죽임 당함이지만, 그 안에는 자기 자신을 스스로 죽임한다는 차원이 있을 수 있다는 것을 살펴 볼 것이다. 거기에는 언제나 더불어 거기에 있음이 열어밝혀져 있어야 한다.

---

171 박탈이론(deprivation theory) : 박탈이론 지지자들은 '자기에게 좋은 것을 빼앗아가는 것은 나쁘다'라는 기준 외에 '자기에게서 조금이라도 더 좋은 것을 빼앗아 가는 것은 나쁘다'라는 또 하나의 나쁨의 기준을 죽음에 적용시킨다.

2) 죽음에로 스스로를 내맡김 : 순명[殉命]

우리는 자기 스스로를 죽이는 것을 자살이라고 이름 한다. 자살은 자기 자신이 스스로를 죽이는 것이다. 하이데거는 『존재와 시간』에서 자살의 문제를 선명하게 다루지 않는다. 하이데거가 주목하고 있었던 것은 인간 현존재의 현사실적 실존과, 실존이해 안에서의 죽음의 문제이다. 하이데거에서 죽음의 문제는 우리에게 자기 자신을 포기하도록, 즉 집착으로부터 벗어나도록 만들어서, 우리가 우리 자신의 삶에 대해 자유로워지도록 함에 그 의미가 있다.

> (죽음 앞으로) 미리 달려가봄은 실존에게 극단적인 가능성으로서 자기 포기를 열어 밝히며 그래서 각기 그때마다 도달한 실존에 경직되는 것을 부숴버린다. …… 가장 고유하고 종말에서부터 규정된, 다시 말해서 유한한 것으로 이해된 가능성에 대하여 자유롭게 되어서 현존재는 자신의 유한한 실존이해에서부터 이 실존이해를 건너뛰는 타인의 실존가능성을 오인하거나 또는 이 실존가능성을 잘못 해석해서 자신의 고유한 실존가능성으로 강제로 되돌려 놓는 – 그렇게 해서 가장 고유한 현사실적 실존을 포기하게 되는 – 위험을 추방한다.[172]

하이데거가 자살에 관한 논의를 세부적으로 다루지 않고 있는 것은, 자살이 죽음을 자기 앞으로 현재화시키면서 언제나 현실성에 앞서 있는 존재가능을 말살시켜버림으로써 존재가능 자체를 고의적으로 제거해버린다는 차원에서일 것이다. 하이데거에게 이러한 제거는 인간이 존재가능 전체를 주도적으로 장악하려 함으로써, 존재가능 전체를 망각함에 다름 아니다. 따라서 "자살이야말로 현존재의 존재가능 전체를

172 *SuZ*, 264쪽.:『존재와 시간』, 353쪽.

결단하는 것이다."라는 견해가 있을 수 있다면, 이는 일단 하이데거의 철학과 그의 결단성 개념을 궁극적으로 오해한 결과라고 할 수 있다. 왜냐하면 하이데거에서 결단성 개념은 무언가를 의지적으로 결정짓는다는 뜻이 아니라, 인간 현존재의 가장 본래적인 현사실적 실존 개념과 서로 속하고 있기 때문이다. 본래적으로 실존하는 인간 현존재에게 극단적인 가능성으로서의 결단은 아집과 집착으로부터 벗어나 스스로를 내어 놓을 수 있음에로 향하는 것이다.

우리는 삶을 통해서 간접적으로나마 많은 자살을 대하면서 산다. 신문의 지면이나 방송 매체의 어느 한 구석에는 늘 자살자에 대한 보도가 있다. 그리고 그 보도 안에는 자살자가 왜 자살했는지에 관한 추측성 이유가 드러나 있다. 우선 대개 그 이유는 극단적인 경제적 어려움이거나, 어린 학생들의 경우는 학교 성적을 비관함이고, 애인과의 사랑이 절대로 이루어질 수 없게 되었다거나, 삶이 파경에 이른 나머지 더 이상 살아갈 만한 희망을 잃었기 때문이다. 사는 것이 신나고 즐거운 이들은 결코 자살하지 않는다. 사는 것이 바쁜 일로 가득 차 있다고 여기는 이들도 결코 자살하지 않는다. 그들에게는 죽을 새도 없이 삶이 바쁘다.

그렇다면 자살하는 이는 모두가 삶을 의지로서 포기하여 버릴 수 있는 것으로 마주 대하며, 삶을 고통과 슬픔이라는 나쁜 것이 있는 나쁨으로 여기고 있다는 말인가. 그들은 그 고통이나 슬픔으로부터 헤어날 다른 길이 없다는 절대적인 절망에 빠져있으므로 윤리학적으로 나쁨 자체인 죽음을 스스로 선택하는 것인가. 나쁜 것들로부터 좋은 것들로 돌아올 수 있음직한 삶이 아직 자살자에게 열려 있을 수 있다는 가능성이 송두리째 산산조각나기 때문에 그들은 가장 나쁨인 죽음에로 들어설 수밖에 없는 것인가. 그들은 죽을 만큼 살기에 바쁘지 않고 오히려 한가한가. 자살자에게 삶과 죽음은 무엇일까.

이 글에서 나는 이러한 물음에 대하여 답하기를 유보한다. 나 또한 자살을 막연하게나마 생각해보지 않은 것은 아니다. 그러나 나는 진정으로 자살하고자하지 않았으며, 그리하여 결국 나는 나 스스로를 죽음에로 데려가지는 못했다. 내가 자살을 생각했던 것은 앞에서 말했던 그러한 이유에서가 아니었다. 나는 다만 하얗게 투명한 죽음이라는 식으로 자살이라는 사건에 분을 발라 곱게 치장했던 것에 불과했을지도 모른다. 치장된 자살은 나에게 현실성도 아니고 가능성도 아니다. 그것은 희망이나 기대함도 아닌, 다만 치기적인 환상일 뿐이었다. 그러나 자살자들은 자살을 실제로 마주 대한다.

나는 자살이라는 죽음의 방식에 대해 여러 가지의 결과들을 늘어세움으로써 이 글의 부피만을 불리기에 급급해 하지 않을 것이다. 왜냐하면 자살자들에게는 자살할 수밖에 없음의 절박한 최종 선택 만이 눈앞에 마주 대해지기 때문이다. 거기에는 은닉되어 있는 사연들이 있다. 그러나 나는 그 사연들을 이해할 수 있는 어떤 것도 갖추지 못했다. 따라서 내가 이해할 수 없고, 나 스스로 이해를 허용하지 않는 것에 대해 말한다는 것은 잡담에 불과할 것이다. 따라서 나는 이 글에서 자살 일반에서 나타나고 있는 것과 다를 수 있는 어떤 자살의 양태가 있고, 그러한 자살이 열어 밝혀질 수 있다는 것에 한정하여 논의해 보고자 한다.

우리들에게는 일본 제국주의자들에 의해 침탈당한 역사가 있다. 우리의 땅은 식민지라는 이름으로 일본 제국주의자들에 의해 먹혀졌으며, 우리 백성들은 그 땅에서 주인 됨의 자리를 강제로 빼앗겼다. 빼앗긴 산과 들, 빼앗긴 말과 글! 그 속에서 우리는 얼을 빼앗기고 고향을 잃었다. 이제 우리는 제국주의에 저항했던 이들을 의사[義士]나 열사[烈士]라고 부른다. 한자말 '사[士]'라는 글자는 어떤 일을 한 사람을 가리키는 말이다. 그러나 나는 그것을 죽음을 뜻하는 死로도 새겨본다. 우리의 역사에서 의사나 열사들은 자기 자신의 안위만을 돌보지 않고 어떤 뜻을 위해 죽은 이들이다.

여기에서 뜻을 위한 죽음이 의미하는 바는 그 시대에서 그릇됨을 물리치고 올바름으로 뜻 새김 된 의미들에로 다가가서, 그 의미를 되돌려놓음으로써 마주하기 위해 죽는 것이다. 그 뜻 새김 된 의미에는 함께 있는 다른 이들이 본래적으로 심려된다. 본래적인 심려는 다른 이들을 해방시킨다. 그리고 시간 성격으로 말하면, 뜻이 새겨짐은 그 해당되는 각 시대에, 앞서 있다. 그이[173]들이 죽음을 죽을 수 있음은 그 이들이 잃어버리고 나가 서버린 고향을 되찾음, 그 고향을 자기 자신에게 함께 있는 다른 이들에게 되돌려줌, 그리고 그것들에게로 다가감이라는 시간성이 열려 있기 때문이다.

우리는 흔히는 이들의 죽음을 일본 제국주의자들에게 사형 당함, 곧 다른 이에 의한 살해당함이라는 것으로 알고 있다. 그러나 여기에는 스스로를 죽음에로 던짐(자살)이라는 의미가 감추어져 있는 것이다. 역사상의 의사들이나 열사들은 모두들 이미 자기가 어떤 일을 하는 한, 그 일의 결과와 상관없이 죽임당하고야 말 것이라는 것을 앞서 이해하고 있다. 그럼에도 그이들은 그 죽음에로 자신을 데려가 놓는다. 그때, 그이들의 죽음은 그야말로 자기 존재가능 전체를 내맡김으로서의 스스로를 죽임, 즉 일종의 자살이다. 스스로의 존재를 전체에서부터 내맡기지 않았다면, 그이들은 살고자 했을 것이다. 그런데 그이들이 살고자 했다면, 거기에 있는 것은 삶의 어떤 것에 집착함이다.

모든 것에 대한 집착을 끊고 자기 자신의 존재가능 전체를 내맡김, 거기에 그이들의 죽음이 있다. 우리는 그러한 그이들의 죽음에로 어떻게 다가갈 수 있는가. 그것은 결과로 보면, 타인에 의한 죽음, 곧 타살됨이다. 타살됨은 자기의 존재가능 전체를 누군가에 의해서 빼앗기는 것이다. 그러나 그이들은 죽임을 당할 것이라는 것은 뻔히 알면서도 죽임당함에로 자기 자신을 내맡기는 이들이다. 여기에서 자살이라는 말이

173 나는 이 절에서 '그들'과 구분하여 '그이들'라는 표현을 쓰고자 한다. '그들'이라는 말은 하이데거철학에서 일상적이고 불특정한 다수의 사람들을 지칭하기 때문이다. 그리고 '그 남자'라는 대명사 '그'와 '그 여자'라는 말인 '그녀' 또한 '그이'로 함께 부르기로 한다.

담고 있는 일상적인 의미가 부각되어서는 안 된다. 왜냐하면 스스로를 죽이는 모든 죽음을 자살이라는 말로 통칭하고 있으나, 스스로를 죽이는 행위가 어디로부터 근거하는가를 살필 필요가 있기 때문이다. 앞으로 나는 어떤 죽음을 뜻에 따름으로써 스스로를 죽음에로 내맡김이라는 의미로 이해할 것이며, 이를 순명[殉命]174이라는 낱말로 새기고자 한다.

1970년 11월 청계천에서는 젊은 노동자 한 사람이 자기 몸에 기름을 붓고 산화했다. 그이는 불에 타죽었으며, 우리는 흔히 그이의 죽음을 분신자살이라고 말한다. 그 노동자의 이름은 전태일이다. 그이는 스물두 살 나이로 청계천의 열악한 노동현장에서 스스로 죽었다. 그러나 그이가 스스로 죽은 까닭은 삶에 더 이상 살 의미가 남아있지 않아서가 아니다. 그이는 자본과 권력에 의해 억압받는 현실에 저항으로 마주선다. 그이의 저항은 많은 돈과 커다랗고 좋은 집을 얻기 위한 곳으로 향해 있지 않다. 그이의 저항은 아직 아니지만, 그이가 간절하게 기다리고 있는 세계에로 다가가 있다. 거기는 그이가 함께 살아왔던 이

---

174 순명[殉命]이라는 말은 박정근 교수의 가르침 덕에 얻은 말이다. 스스로를 죽임한다는 뜻을 가진 자진[自盡]이라는 낱말도 있으나, 이 글에서는 순명[殉命]이라는 말로 뜻을 새기려 한다.

175 "이 결단을 두고 얼마나 오핸 시간을 망설이고 괴로워했던가? 지금 이 시간 완전에 가까운 결단을 내렸다. 나는 돌아가야 한다. 꼭 돌아가야 한다. 불쌍한 내 형제의 곁으로, 내 마음의 고향으로, 내 이상의 전부인 평화시장의 어린 동심 곁으로. …… 나를 버리고, 나를 죽이고 가마. 조금만 더 참고 견디어라. 너희들의 곁을 떠나지 않기 위하여 나약한 나를 다 바치마." 1970년 8월 9일의 일기에서, 조영래 지음,『전태일 평전』, 돌베개, 2007, 2차 개정판 제25쇄. 144쪽, 238쪽.

176 우리는 전태일의 죽음에서 무엇을 바라볼 수 있으며 죽음에 관한 어떤 지평을 열 수 있을까. 전태일이 진정 추구하고자 했던 세상은 그 개인만의 출세나 부귀를 얻을 수 있는 곳이 아니다. 그는 참혹한 당시 노동현장의 실태와 그 안에서 억압당하는 동료들이 '인간'으로 살 수 있는 세상을 꿈꾸었다. 그리고 그는 참혹하게 스스로를 죽였다. 그의 죽음 이후에 그동안 아무도 주목하지 않고 있었던 노동 현장이 고발되었고 사회적으로 큰 문제제기를 일으켰다. 자세한 내용은『전태일 평전』을 참조.

웃들과 동료들이 함께 존재할 수 있는 세계다. 그곳은 그이가 돌아가고자 하는 고향 같은 곳이다. 그곳에 다가가 설 수 있기 위해서, 그이들과 함께 거기에 있기 위해서, 그리고 그이들과 함께 거기에로 되돌아가기 위해서 전태일은 죽었다.[175] 현재 우리들은 그이의 죽음을 '전태일의 자살' 이라 부르지 않고 전태일의 죽음이라 이름 한다.[176]

스스로를 죽임이라는 것에 대하여 일상적으로 추측되는 그 죽음의 까닭은 절박한 현실 끝에 내몰려 더는 갈 곳이 없을 때의 상황이다. 그리고 살아있는 이들은 스스로를 죽이는(자살하는) 사람들이 절망의 끝에 있었다고 말한다. 우리들은 한 인간이 자기 자신을 스스로 죽이는 것(자살)에 대하여 그런 식으로 평준화시켜버린다. 우리들은 살아가면서 일어나는 일에 대하여 이런 식 혹은 저런 식으로 해석을 한다. 그렇다면 자살의 까닭에 대한 평준화는 자살에 대한 어떤 해석의 가능한 양태 중 하나이다. 그런데 모든 현상에는 평준화한 해석이 있을 수 있듯이, 다른 시야에서 볼 수 있는 해석도 있을 수 있어야 한다. 전태일의 죽음에 있어서 그가 죽음을 결단하기까지의 삶이 어떠했는가에 대해서 속속들이 알 길은 없다. 우리들은 그이가 남긴 몇 년 동안의 일기와 기록들 그리고 그와 친했던 이들의 증언을 통해서 그의 삶과 죽음을 나름대로 해석할 수 있을 뿐이다.

나는 전태일의 평전을 오랫동안 읽고 또 읽었다. 거기에는 한 젊은 노동자의 처절한 삶이 있다. 그리고 나는 전태일의 죽음이 결코 절박함에 내몰린 절망의 끝에서 더는 갈 곳이 없었던, 최후의 선택이라고 생각하지 않는다. 그가 죽기까지 남겨진 흔적에서 살피면, 나는 그가 절망한 것이 아니라, 도래의 차원에서 타오르는 해방의 불꽃을 보았던 것이라고 이해하고자 한다. 전태일은 그 불꽃을 피우기 위한 작은 불씨로서 자기의 삶을 내던진 것이라고, 나는 그이의 죽음에 대한 오랜 고민에 결론을 맺는다. 그이는 죽기를 감행하기 몇 달 전부터 묵묵하게 무언가를 고민하고 있었다고 한다. 그때, 그이는 무엇을 바라보고 무엇을 고민했던 것일까. 전태일은 죽었고 죽은 이는 말이 없다. 다만 나는 그이가 삶에 연연해하는 집착함을 스스로에게서 털어내는 힘겨운 결단을 했으리라는 것을 그이의 일기를 통해서 찾아낼 수 있을 뿐이다. 전태일의 죽음은 절망에서 벗어날 수 없었던 결과로써가 아니라, 도래의 시간성에서 억압으로부터의 해방을 향하여 가고자 했던 해방의 불씨이다. 그 불씨는 비록 작았지만, 그 불씨의 의미가 제대로 이해되고 해석되지 않는다면, 전태일의 죽음은 그야말로 개죽음이 될 뿐이다. 그이의 유언이 된 한마디는 절실했지만, 나는 그이가 자기 자신을 해방의 불꽃을 태우기 위한 작은 씨앗으로서 스스로를 죽음에로 내맡긴 것이라고 이해되어야 한다고 생각한다.

스물두 살, 소피 숄은 반 나치 활동의 혐의를 받아 체포되어 사형을 선고받았다. 그전에 그이에 대한 조사가 이루어졌고, 활동을 부인하면 살려줄 것이라는 회유를 당함에도 불구하고 그이는 그 삶을 택하지 않았다. 삶을 택할 것인지 죽음을 당할 것인지의 갈림길에서 그이는 죽음의 길을 택했다. 후일의 기록이나 증언을 보면, 그이를 심문했던 나치당원과 감옥의 간수들조차 흔들림 없이 오롯한 그이의 눈빛과 죽음 앞에서 동요하지 않는 태도에 깊은 감동을 받았다고 한다. 그이는 선고받은 지 6시간이 채 지나기 전에 처형당했다. 사형 선고 후, 그이에게 남아있던 시간은 고작 몇 시간뿐이었다. 그때 소피 숄, 그이는 과연 무엇을 보고 무엇을 생각하고 있었을까.[177]

스물두 살, 어리다면 어린 나이에 소피 숄은 죽음 앞에서 어떤 타협도 거래에도 응하지 않았다. 그이는 자기가 했던 일이 옳음을 굳게 믿었으며, 절망하지 않았다. 소피 숄이 처형당하기 전 몇 시간 동안 그녀는 오갈 곳 없는 내몰림에 처했던 것이 아니라, 곧 도래할 시간 안에서

---

177 참조, 잉게 숄 지음, 이재경 옮김, 『아무도 미워하지 않는 자의 죽음』, 시간과 공간사, 제2판 제3쇄, 2006.

그이가 했던 일이 세계 속에 어떤 의미를 던지고 있는가를 새겼을 것이고, 그 의미새김이 일어날 수 있는 빛 밝은 세상을 앞서 내다보았을 것이다. 만일 그 빛을 찾을 수 없었다면, 그이는 더 살고자 생명에, 그리고 삶에 집착했을 것이다. 그이는 억압과 폭정이 판치는 어두움이 아니라, 그 모든 것들이 극복된 세계가 드리우는 빛의 가능성을 보았을 것이다. 그리하여 그이는 또렷하고 오롯하게 죽음의 길로 자기 자신을 온전하게 내맡길 수 있었을 것이다. 현재 그이가 다녔던 독일의 뮌헨 대학 광장 한 곳에는 그이가 관련되었던 나치에 저항하는 내용을 담은 전단지가 도자기로 구워져 바닥 길을 이루고 있으며, 그 광장은 그이와 그이의 오빠를 기리며 숄 남매 광장이라는 이름으로 불리운다.

하이데거에게 결의란 한편으로는 인간 현존재가 평균적 일상의 해석되어 있음에서 유통되고 있는 실존가능성에서 도피하기 위해 선택하는 식으로 무언가를 장악하는 것으로써 이해될 수 있다. 그러나 이러한 장악은 결단성 개념과 근본적으로 차이를 갖는다. 하이데거는 인간 현존재의 결단성의 의미를 능동적이고 주체적인, 장악하려는 의지로서 이해하지 않는다. 그에게서 인간 현존재의 본래적인 실존함의 방식은 앞서 달려가보는 결단성으로 성격 규정된다.

> 결단성은 그 본래성을 앞질러 달려가 보는 탓이 있음에로 자기 자신을 기획투사함이다.[178]

결단성에 관해서는[179] 하이데거가 『존재와 시간』에서 펼치고자 하는 역사성과 현존재를 관련지어 이야기 할 수 있을 때, 논의될 수 있다.

---

178 *SuZ*, 382쪽.: 『존재와 시간』, 500쪽.

179 앞선 글 제1장 제2절에 이어서 나감.

하이데거의 결단성 개념에서는 인간 현존재가 결코 지배할 수 없고 따라서 현재화할 수 없는 도래가 열어 밝혀진다. 결코 현재화할 수 없는 도래에서 드러나는 가능성은 언제나 가능성으로 남을 수밖에 없다. 하이데거를 따르면, 이러한 가능성은 인간 현존재가 본질적으로 내던져져 있음의 '무력함(Ohnmacht)'[180]를 간직하고 있기 때문이다. 인간 현존재는 결코 자신의 내던져져 있음의 배후로 돌아가지 못한다.

게다가 가능성으로 앞질러 달려가봄이라는 결단성은 현사실적인 거기에로 돌아옴이다. 그렇다면 우리들은 어디에로 돌아올 수 있는가. 하이데거는

> 현존재가 그 안에서 자기 자신에게로 돌아오는 결단성은 본래적 실존함의 그때마다의 현사실적 가능성들을, 결단성이 내던져진 것으로 넘겨받는 유산에서부터 열어 밝힌다.[181]

고 말한다. 즉 인간 현존재는 내던져진 것으로 넘겨받은 것들로부터 현사실적 가능성들을 자신에게 전수함으로써 간직하며, 그로부터 마침내 결단성이 현사실적인 가능성들을 열어 밝히는 것이다.

> 현존재가 더 본래적으로 결단을 내리면 내릴수록, 다시 말해서 애매하지 않게[명백하게] 자신의 가장 고유한 탁월한 존재가능에서부터 죽음에로 앞질러 달려가봄에서 자신을 이해하면 할수록, 그는 자신의 실존의 가능성을 더욱 명확하고 더욱 비우발적으로 선택하며 발견하게 된다. 오직 죽음에로 앞질러 달려가봄만이 모든 우발적이고 '잠정적인' 가능성을 몰아낸다. 오직 죽음에 대한 자유로움만이 현존재에게 단적으로

180 참조: *SuZ*, 384쪽.: 『존재와 시간』, 503쪽.
181 *SuZ*, 383쪽.:『존재와 시간』, 502쪽.

목표를 제공하며 실존을 그 유한성에 부딪치게 한다.[182]

하이데거는 "결단성 속에 놓여 있는, 앞질러 달려가보며 자신을 순간의 거기에로 전수함을 운명"[183]이라고 부른다. 그는 이 운명 안에 역사적 운명도 함께 근거한다고 한다. 역사적 운명에서 배려되는 것은 더불어 있음으로서의 다른 이들이다. 그렇다면 인간 현존재의 결단하는 실존은 현존재가 본래 시간적인 자로서 역사적이기에 전수함과 반복함[184]을 운명으로 하는 존재를 말하고 있는 것이다. 그렇다면 하이데거에게, 앞에서 말해본 세 죽음의 의미는 무엇일 수 있을까.

대개의 자살은 자기 자신의 존재를 손안의 것으로 삼아 자기 의지적으로 죽음에로 처리하는 것이다. 물론 자살은 어떤 자살자가 왜 자살에 이르게 되었는가의 물음 안에서 논의되어야 한다. 그러나 그 까닭이 낱낱이 드러나는 것은 아니다. 그렇다고 그 까닭이 은폐된 채로 남아있는 것도 아니다. 자살의 까닭들은 우선 대개는 일상 세계 속에서 눈앞에 있는 것들이나 손안에 있는 것들로 규명된다. 그러나 그 자살자의 실존 자체의 문제는 가려진 채 남아있다. 자살의 까닭이 존재하는 것들에게서 규명된다는 것으로 곧 자살자의 존재 전체를 해명할 수 있는 것은 아니다.

그렇다면 그 해명은 시간성의 구조에서 드러날 수 있을까. 일반적인

182 *SuZ*, 383쪽.:『존재와 시간』, 502쪽.

183 *SuZ*, 386쪽.: 존재와 시간』, 505쪽.

184 "반복이란 지나가버린 것을 다시 데려옴도 아니고 현재를 지난 것에로 도로 붙들어 맴도 아니다. 반복은 자신에 대한 결단적 기획투사에서 발원하는 것이다. 그 반복은 지나가버린 것에 설득되어서 그것을 되돌아오도록 하지 않는다. 반복은 오히려 '거기에' 존재해온 실존의 가능성에 응답하는 것이다. 그러나 결의에서의 가능성에 대한 응수는 순간적인 응수로써, 오늘날 '과거'로서 영향을 미치고 있는 반복의 폐기이다. 반복은 자신을 지나가버린 것에 내맡기지도 않고 진보를 목표로 삼지도 않는다." *SuZ*, 385/6쪽.: 존재와 시간』, 504쪽.

자살자는 '앞서' 다가감과 '이미' 존재해왔음에로 되돌아감, 그리고 마주함의 시간 성격에 어느 쪽에로도 향해있지 않으므로 따라서 어느 쪽에를 기다리지도 않는다. 자살자는 오로지 그의 죽음만을 마주 대할 뿐이다. 모든 존재하는 것들이 아무것도 아님으로 삭제되며 빠져나감, 거기에는 자기 자신의 존재조차도 제거함에 이르러 빨려들어 가게 되는 깊이를 알 수 없을 구멍만이 뚫려 있을 것이다. 죽음 앞에 서기까지, 그는 자신의 의지적인 결의로 거기에 있다. 그러나 마침내 그의 발끝에는 그를 집어삼킬 죽음이 입을 벌리고 있을 것이다.

그러나 앞에서 이야기되었던 순명[殉命]하는 자살도 존재한다. 그렇다면 그렇게 죽은 이들은 단순히 그들이 죽음을 선택하였으므로, 그들의 실존을 포기한 것이라고 생각할 수 있는 것인가. 그러나 하이데거가 현사실적인 실존의 포기를 말하고 있는 것은 자살에 대한 것이 아니다. 하이데거에서 현사실적인 실존이란 현존재로서의 인간이 짊어져야 하는 떠맡음과, 인간 스스로가 이해를 통하여 결단해야하는 존재가능과 관련되고 있다. 따라서 현사실적 실존을 포기한다는 것은 일상세계 속에서 살아가는 인간들이 우선 그리고 대개 다른 이들로부터 삶을 빌려오는 방식으로 존재함을 의미한다. 그러한 인간들에게 죽음은 언제나 가까이해서는 안 되는 금기와도 같다. 그들은 죽음에 직면하기는커녕 죽음을 떠올리는 것 자체를 회피한다. 그러나 하이데거가 죽음에로 앞서 달려가봄에 주시하는 것은 인간들이 자기에게 곧 닥쳐올 죽음에 어떻게 마주할 수 있는가를 물음하는 것이고, 그것은 그 마주함에 대한 본래적 차원이 있음에서이다.

인간 현존재가 몰아내어야 하는 우발적이고 잠정적인 가능성을 선택한 결과라는 것 또한 그러한 맥락에서 이해되어야 한다. 다른 이들(그들) 안에서 인간은 스스로를 떠맡지 않고 우연이라는 방식으로 일어나는 삶에 자기를 떠넘기고 살아간다. 그들에게는 떠맡을 자기 자신도 없고, 도래에로 앞서 있는 존재가능도 없다. 그들은 그때마다 벌어져 있는 일들에 취해 있다. 따라서 그들에게는 아무런 떠맡을 것들이 없다. 그들은 모든 것은 어쩌다가 벌어져 버린 일이고 자기는 어쩌다가 거기에 꿰맞춰졌을 뿐이라고 여긴다. 죽음이 닥치기까지 그들은 그 자신의 유한성과 무력함을 인정하지 않으므로 모든 것이 자기의 손에서 자기 뜻대로 이루어지리라고 생각한다. 그러나 죽음에로 앞서 달려가 보는 결단은 인간 현존재에게 그 자신이 얼마나 무력하고 유한한 존재인가 하는 것을 일깨워준다. 그때 인간 현존재는 비로소 실존의 의미를 깨달을 수 있는 것이다.

앞서 말했듯이 자기 자신의 죽음을 스스로 일구어낸 사람들은, 삶의 포기로서 그 자신이 죽임당하거나 스스로를 죽음에로 내던지는 방식으로 죽음을 각오하지는 않았을 것이다. 그이들이 스스로를 타인에 의해 살해당할 수 있음이라는 죽음에로 데려갈 수 있었던 것, 그리고 스스로를 불태움으로써 죽을 수 있었던 것은 오히려 자기 스스로 죽음에로 앞서 달려가보는 본래적인 결단에 근거한다고 말할 수 있다. 그이들은 고요하고도 또렷한 눈으로 당당하게 죽음이라는 극단적인 단절과 몰수의 상황에로 가는 것을 스스로 결단하였으며, 죽음에로 스스로를 내맡겼다. 그이들은 삶을 구걸하지 않았고 자신들이 죽는다는 사실에 오롯하게 마주했다.

모든 시대에는 일상 세계가 펼쳐져 있고 인간들은 그 일상 세계 속에서 존재한다. 일상 세계를 구성하고 있는 것은 이미 이해되어 해석된 삶의 틀이다. 그 삶의 틀은 우선 인간들이 안락하고 편안하기에 안심할 수 있는 방법들로 치장되어 있다. 일상 세계적 인간들이 그 방법들을 취할 수 있기에 가장 손쉬운 것은 그 삶의 틀에 적응하는 식으로 자기의 삶을 맞춤으로써, 그 삶의 틀 자체를 문제 삼지 않는 것이다. 그런데 무엇을 문제 삼지 않음은 두 가지 의미를 갖는다. 하나는 인간이 문제 삼을 아무런 까닭을 발견하지 못할 때 그것이며, 또 다른 하나는 인간이 문제 삼아지는 것을 가리움으로써 문제 자체를 덮어 숨겨둘 때 그것이다.

문제 삼지 않음의 첫 번째 의미는 그야말로 일상 속에 빠져있음이다. 그러나 문제 삼지 않음의 두 번째 의미는 인간이 무엇을 문제 삼지 않음으로, 일종의 결정내림의 결과이다. 이렇게 이미 주어져 있는 것들을 문제 삼지 않음이 벌어진다. 따라서 여기에서는 하이데거가 분석하고 있는 비본래적 시간 성격이 작용하고 있다. 즉 자기 자신의 존재가능을 망각함으로, 그때마다의 지금 안에서 마주 대하고 있는 배려된 것들 곁에 머물러서, 늘 아직 아님으로 기대함이다.

그러나 앞서 살펴보았듯이, 본래적인 시간성은 자기 자신의 존재가능에로 앞질러라는 도래로써, 이미 존재해왔던 자기 자신의 존재가능으로 되돌아옴이라는 떠맡음, 그리고 순간적인 깨달음으로 말할 수 있다. 그렇다면 본래적인 자기의 자기임은 바로 이러한 시간성에 근거하고 있는 것이다. 다시 말하자면, 본래적인 자기임은 자기 자신의 존재에 스스로를 내맡김으로써, 존재가능의 저 끝인 죽음 속으로 스스로를 결단하고 있음으로 열어 밝혀질 수 있다.

그렇다면 주어진 삶을 문제 삼지 않고 스스로를 그 삶에 맞추어가면서 언제나 다른 이들과 함께 있음에 안심하고 있는 인간들이 죽음을 대하는 태도와, 본래적으로 자기 자신을 내맡기면서 그 내맡김을 결단하는 인간 현존재가 죽음에 마주하는 태도는 결코 같은 것이 아니다. 이제 우리는 죽음에 대한 존재론적 분석과 더불어, 죽음에 관계하는 인간(현존재)의 태도를 함께 생각해볼 수 있어야 한다. 왜냐하면 하나의 태도를 취함은 인간(현존재)이 그런 방식으로 자기 자신을 드러내고 있음이고, 그 태도를 취함의 방식으로 그 스스로를 열어 밝히고 있기 때문이다.

앞서 말해보았던 죽임당함으로써, 또는 스스로를 죽임으로써 스스로의 죽음을 각오했던 사람들이 죽음과 관계하는 태도는 일상 세계 속을 살아가고 있는 이들의 그것과 근원에서부터 다르다. 물론 그들 또한 살고자 했을 것이다. 그들도 살아서 뜨거웠던 한 여름 열기가 걷히고 산산해진 날씨와 단풍이 곱게 물들어 보기만 해도 감탄이 나오는 가을 녘을 맞고 싶었을 것이다. 그들도 타인들처럼 사소한 삶의 기쁨을 누리면서 살고 싶었을 것이다. 그들도 소중한 사람들에게서 떠나고 싶지 않았을 것이다. 그럼에도 그들은 삶을 떠나 죽음을 결단했다. 그 죽음은 자기 자신의 모든 것을 내맡기는 것이다.

죽음에 관계하는 인간(현존재)의 태도에 관해서 우리는 또 다른 예를 살펴 볼 수 있다. 예컨대 치료할 수 있기는커녕, 세계 속에 존재할 수 있는 날이 고작 두 달 뿐이라는 의학적 선고를 받은 사람이 있다. 그는 현대 의료기술로는 절대로 고칠 수 없는 병을 앓고 있고, 그 병은 이미 그의 몸속에서 진행되고 있는지 오래이다. 그는 스스로의 존재가능성을 결단해야 한다. 그 가능성 중 하나는 어떤 의료장비의 힘도 빌지 않은 채, 그에게 남아있는 삶을 고요히 지내는 것이다. 따라서 그는 어떤 인위적인 생명연장 장치도 거부한다. 그러한 방식으로 그는 자기 자신의 종말을 그 자신에게로 내맡기며 기다리고 있다.

반면, 삶의 기한을 선고받은 어떤 이는 살고자, 다만 살아있고자 하므로 이리저리 병원을 옮겨 다니며 치료에 좋다는 약과 음식을 구하느라 정신없이 바쁠 수 있다. 그는 다른 것들을 배려하거나 심려할 수 없을 만큼 자신의 생명을 연장하기에 급급하다. 물론 살 수 있다면, 그것이 어떤 방식이건 살 길을 찾을 만하다. 그에게는 자신의 존재함과 존재할 수 있는 시간이 언제나 지금 시간으로 측정되고 있다. 하루하루가 지날수록 그는 자기의 병을 하루아침에 낫게 해줄 마술사라도 찾고 싶은 기분으로 조급하다.

또 다른 하나의 경우로, 그는 살기 위해 인공호흡기를 부착하고 목숨을 연명하고 있다. 그에게서 인공호흡기를 제거하면, 그는 바로 사망할 것이다. 그러나 이 경우 그가 인공호흡기를 부착하고 있는 것은 그 자신의 뜻이 아닐 수도 있다. 대부분의 경우 이러한 처치는 그를 에워싸고 있는 가족들이 결정내리는 것이다. 그는 손가락 하나 까딱할 수 없으므로 자기 입에 덮인 인공호흡기를 떼어낼 수도 없다. 그는 저항할 길 없이 병원의 침대 눕혀져서 온갖 약제를 주사 받는다.

그의 삶은 이제 더 이상 그 자신에게 달려 있지 않다. 그것은 병원의 담당 의사와 병원이 보유하고 있는 의료기술에 의해 처리된다. 그런데 만약 그가 이러한 상태에 이르기 전에 말짱한 의식으로 인위적인 생명 연장을 거부하는 서약서를 썼다면, 그리하여 그 서약서대로 그에게 기계를 사용한 생명연장 장치를 사용하지 않았다면, 그는 곧 죽는다. 그때, 우리는 과연 그의 죽음을 자연스레 죽은 것으로써 말하는가. 혹은 조금 더 삶을 연장할 수 있음에도 생명연장 장치를 거부함으로 일종의 자살을 한 것으로써 말할 수 있을까.

앞서 살펴본 이러한 몇 가지 자살의 뜻이 새겨진 죽음에 대하여서 하이데거는 아무런 언급도 하지 않는다. 하이데거에게 죽음은 인간 현존재의 가장 고유한 존재가능이고 그 존재가능은 인간 현존재를 철저하게 그 자신에게로 개별화시키며, 인간 현존재의 본래적 실존가능의 극치이다. 그런데 여기에 몇 가지 물음이 대답되지 못한 채로 남아 있다. 즉 하이데거가 말하는 죽음의 의미가 실현될 수 있으려면 과연 죽음에 마주하는 인간 현존재의 행동 방식은 어떠해야 하는가. 하이데거에게 스스로를 죽임으로서의 자살이라는 죽음의 한 양태는 그가 경고하고 있는 일상성의 차원에서 논의될 수 있는 것인가? 그것이 아닐 수 있다면 자살의 문제는 어떻게 이해할 수 있는가? 하이데거는 자살의 다양한 가능성을 인간 현존재의 본래적 존재가능의 차원에서 다루지 않은 것은 아닌가? 혹시 하이데거는 자살을 인간 현존재가 결단해서는 안 되는 것으로 여김으로써 이 모든 것들을 어둠 속에 남겨두고 있는 것은 아닌가?

이제 자살에도 본래성과 비본래성의 차원이 있는 듯이 보인다. 비본래적인 자살이란 하이데거가 말하고 있듯이 평균적 일상의 해석되어 있음에서 도피를 위해 결의하는 식으로 장악하는 것이다. 여기에서는 스스로를 손안에 있는 존재자로 처리가능함이 놓여져 있다. 즉 자살자는 자기 자신을 그가 사용사태 안에서 아낄 수도 있고 부숴버릴 수도 있는 손안의 있음으로 처리할 수 있다고 생각한다는 것이다. 그것은 자기라는 세상의 작은 한 부품만 빠져버린다면 세상이 더 이상 덜거덕대지 않으리라고, 혹은 자기를 스스로의 의지로써 세상 속에서 아예 삭제해버릴 수 있다고 여기는 것이다.

그러나 인간 현존재의 존재의미와 존재가능을 물음할 수 있는 것은 그것이 결국 그 인간 현존재의 존재 자체이기 때문이다. 하이데거는 인간 현존재의 존재를 염려이며, 시간성 안에서 실존함이라 말한다. 우리는 인간 현존재가 앞질러 스스로에게 다가감과 자기 자신이 존재해왔음에게로 되돌아옴으로써 깨달음의 순간을 얻을 수 있음을 인간 현존재의 존재 그 때문에라고 새길 수 있다. 그렇다면 나에게 죽음의 그 때문에는 바로 인간 현존재가 자기 자신으로서 존재함의 품위[品位]와 긍지[矜持]에 관련하여 있는 것이다. 즉 이것은 인간의 존엄성에 관한 문제이다.

3) 나 자신의 죽음이 갖는 의미

우리는 살아 있는 동안 언제나 우리들 자신의 존재가능성을 염려한다. 그 염려는 존재가능성의 개별적인 실현에 있는 것이 아니라, 오로지 아직 아님으로 현실성에 앞서 있는 가능성에 관해서이다. 인간 현존재에게 문제가 되는 것은 바로 자기 자신의 존재가능이다.

그리고 인간 현존재의 존재가능은 그의 존재의 방식인 실존으로서 규명될 수 있다. 현존재가 실존이라는 존재의 방식으로 존재하는 한, 그는 언제나 자기 자신의 존재가능성 때문에 존재하는 것이다. 가능성이 언제나 현실성에 앞서 있음이라면, 인간 현존재에게는 아직 현실화하지 않은 자기 자신의 존재가능성들이 언제나 있어야 한다.

인간 현존재에게 현실화시켜야 하는 존재가능성들이 아직이라는 것은 그가 그의 전체성이나 완성에 이르지 못함을 뜻한다. 만일 인간 현존재가 자기 자신의 가능성을 전체성으로서 획득할 수 있으려면, 그는 그

가능성들을 빠짐없이 실현시켜야 한다. 인간 현존재에게 실현시킴으로써 남아 있는 존재가능성이 더 이상 없게 된다는 것은 그가 더 이상 거기에 존재하지 않는다는 것을 의미한다. 그것이 바로 죽음이다.

인간 현존재가 자기 자신의 죽음에 닥친다는 것은 한 편으로는 그의 모든 존재가능성이 현실화하는 것이지만, 또한 인간 현존재의 존재 전체로서 실존은 잃어버리고 마는 것이 된다. 자신의 실존을 상실한 인간 현존재는 더 이상 어떤 것을 경험할 수도 없고 이해할 수조차 없다. 죽음에 이르러서 실존을 상실한 인간 현존재는 아무 것도 얻을 수 없으며, 그 자체 아무 것도 아님이다.

그렇기 때문에 인간 현존재가 자기 자신의 전체성을 경험하고 가능성 앞으로 나가 서기 위해서 그는 실존을 잃어버려서는 안 된다. 그런데 실존을 유지하면서 동시에 인간 현존재는 결코 자기 자신의 죽음을 실제로 겪을 수 없다. 왜냐하면 실존은 인간 현존재에게 삶이 유지되고 있는 한에서의 가능성이기 때문이다. 따라서 인간 현존재는 죽음이 닥침에서 비로소 그의 전체성을 이해할 수 있지만, 그것을 경험하고 이해할 수 있기 위해서는 자기 자신의 실존을 잡고 있어야 한다. 그런데 여기에서 실존을 잡는다는 말은 실존에 연연해하며 집착하는 방식으로 움켜잡는다는 의미가 아니라, 인간 현존재가 고유한 존재가능으로서의 실존이라는 의미를 놓치지 않고 있음을 의미한다.

따라서 우리가 주목해야 하는 것은 다른 세계내부적 존재자들의 소멸이나 사라짐이 아니다. 더구나 타인들의 죽음이 아니다. 그것은 오로지 나 자신의 죽음에 관한 것이어야 한다. 자기 자신의 죽음은 결코 다른 이로 하여금 대체할 수 없기 때문이다. 그런데 하이데거는 이점에 대해서 아래와 같이 말한다.

> 세계-속에 서로 함께 있음의 존재가능성에는 논란의 여지없이 한 현존재가 다른 현존재에 의해서 대리될 수 있음도 속한다. 배려의 일상성

속에서는 이런 대리 가능성이 다양하게 부단히 행사되고 있다. …… 세계-속에-존재[있음]의 대리 가능한 방식의 폭넓은 다양성은 공공의 서로 함께 있음의 관행화한 양태로 확대될 뿐만 아니라, 또한 마찬가지로 특정한 범위에 국한된, 즉 직업, 신분, 나이에 맞추어 재단된 배려의 가능성에도 해당된다.[185]

우리는 앞서 인간 현존재는 일상성 속에서 다른 이들을 심려하면서, 그리고 다른 세계내부적 존재자들과 배려함으로써 만난다고 말했었다. 이때 만나지는 다른 이들은 우선 그들이 종사하고 있는 일과 관련해서 서로 만나진다. 다른 이들은 그들이 차지하고 있는 자리로서 만나지게 되는 것이다. 그 자리는 다른 이들에 의해서 대치될 수 있다. 그러나 그 다른 이들은 세계내부적 존재자들에 대한 배려의 방식으로 대치되는 것이다. 한 사람의 인간 현존재의 자리는 다른 인간 현존재에 의해서 대리될 수 있다. 이러한 대리될 수 있음은 공적 · 사적 영역 모두에서 허용될 수 있다. 그러나 대리될 수 있음은 배려의 일상성 안에서만 가능하다. 즉 인간 현존재가 일상적으로 세계내부적 존재자들을 배려하는 방식으로만 다른 이와 대리될 수 있다는 것이다.

일상적 현존재는 우선 대개, 그가 흔히 배려하고 있는 그것에서부터 자신을 이해하고 있다. '사람'은 그가 종사하고 있는 그것이다. 이 존재, 즉 배려되고 있는 '세계'에 일상적으로 서로 함께 몰두해 있음과 관련해서 대리가능성이 가능할 뿐만 아니라, 이것은 심지어 그 구성요소로서 서로 함께 있음에 속하는 것이기도 하다. 여기에서 심지어 한 현존재는 일정한 한계 안에서는 다른 현존재로 '존재할' 수 있고 존재해야 한다.[186]

185 *SuZ*, 239쪽.:『존재와 시간』, 321쪽.
186 *SuZ*, 240쪽.:『존재와 시간』, 322쪽.

하이데거가 제기하는 물음은 인간 현존재가 임의로 다른 현존재에 의해서 대치될 수 있고, 그래서 자신의 거기에 있음(Da-sein)으로 경험할 수 없는 것을 타인의 거기에 있음(Da-sein)에서 경험할 수도 있다는 전제에 관한 것이다. 다시 말해서 우리들은 다른 이의 죽음을 통해서 인간 현존재로서 자기 자신의 전체성을 확보할 수 있다고 생각한다는 것이다.

우리는 영화나 소설 등을 통해서 다른 이를 죽음으로부터 구하고 그 스스로는 죽음을 택하는 이야기들을 만날 수 있다. 혹은 인류를 위하여, 인류를 살리기 위해 장렬하게 죽음을 맞는 영웅들을 만난다. 그러나 그 영웅이나 순정을 간직한 이의 죽음은 결코 그 누구(들)를 죽음으로부터 건져내지 못한다. 우리가 아무리 다른 이를 대신하여 죽는다고 해도 다른 이는 결코 그자신의 죽음으로부터 해방될 수 없기 때문이다.

따라서 인간 현존재의 완결성과 전체성에 대하여 존재론적으로 분석하기 위해 다른 이의 대리 죽음을 주제로 삼을 수 있다는 것은 전적으로 적합한 방식이 아니다. 왜냐하면 우리들은 누구도 다른 이의 죽음을 대신 죽을 수 없으며, 어떤 인간 현존재도 자신의 죽음에 직면할 때, 그의 죽음을 제거해줄 다른 인간 현존재를 발견할 수 없기 때문이다. 때로 우리들은 다른 이를 위해서 그를 대신하여 죽어줄 수 있기도 하고, 죽기도 한다. 그러나 이러한 대리 죽음이 다른 이를 그 자신의 죽음으로부터 완전히 벗어나게 해줄 수는 결코 절대로 없다.

모든 인간 현존재는 그의 태어남과 더불어 반드시 죽어야 한다. 그렇기에 우리는 죽음에 관한 문제를, 일상적으로 의지적인 능동성이라는 식으로 왜곡해버린 오해된 결단성과 연관지어서는 안 된다. 본래적인 결단성은 의지적인 능동성이나 주체성으로 결정내려 무언가를 이룬다는 의미가 결코 아니기 때문이다. 죽음은 우리가 피하려 해도 반드시 직면할 수밖에 없는 자기 자신의 삶의 길 놓음의 끝이며, 그저 막연하게 언젠가 닥친다는 식으로 일어나는 일이 아니다. 우리가 굳이 주체적이고 능동적으로 죽음을 선택하여(자살을 택하여) 우리들의 지금 당장에로 현재화시키지 않더라도 우리는 반드시 죽음을 만나야 한다. 물론 여기에서의 죽음은 생물학적인 죽음을 말한다.

우리가 세계 속에서 살아가면서 마주할 수밖에 없는 것은 생물학적 죽음[187]이다. 생물학적인 죽음은 우리가 마다한다고 해서 사라지게 하거나 있을 수 없는 것으로 만들 수 있는 문제가 아니다. 문제는 우리가 이 생물학적인 죽음을 어떤 방식으로 마주할 수 있는가 하는 것이다. 하이데거가 실존으로써 인간 현존재를 이해하려 했던 것은 거부할 수 없는 사실로서의 죽음의 문제를 실존의 본래적인 양태 안에서 열어 밝히려 하는 작업이다. 우리가 생물학적으로 반드시 죽을 수밖에 없음을 이해하고 받아들이며 그 죽음에로 앞서 달려가봄으로써 인간 현존재가 그 자신의 본래적인 실존의 지평을 열도록 하는 것, 그리하여 거기로부터 인간을 근원적으로 이해할 수 있음, 그것이 바로 하이데거의 죽음 분석이 의도하고 있는 바이다. 다시 말해서 하이데거는 우리가 반드시 마주할 수밖에 없는 죽음이, 죽음을 이해하는 인간 현존재에게 어떤 의미로 새겨질 수 있는가 하는 것에 주목하고 있는 것이다.

우리가 인간 현존재의 존재를 열어 밝히기 위해 요청되는 것은 바로 인간 현존재가 결단할 수 있음의 가능성이다. 오해되지 않은 본래적인 결단성은 현재의 삶 속으로 죽음을 가져온다. 동시에 죽음에로 앞서 달려가 보는 결단성은 인간 현존재를 죽음에로 데려가 온갖 집착으로부터 해방시킴으로써 마침내 자유로운 삶을 가능하게 하는 힘이다. 그렇다면 본래적인 결단성이란 자기 자신과 삶에 연연해하지 않음으로써 스스로를 죽음에로 내맡김 그 자체이다.

---

187 이 글의 전반에 걸쳐서 생물학적 죽음과 인간 현존재에게 뜻 새김 되는 본래적인 의미로서의 죽음이 뒤섞여 있다는 것이 지적되었고, 이를 받아들인다. 그러나 이 두 문제가 서로 다른 의미를 지니지만, 하나의 지평에서부터 논의되어야 한다고 생각하므로, 이 글에서 꼼꼼한 분류작업은 시도되지 않을 것이다.

산다는 것
죽는다는 것 02

근본기분에서 죽음을 뜻 새김

인간 현존재는 그의 삶을 결코 논리적이고 이성적인 틀에 갇혀 살지 않는다.
그는 오히려 한 세계의 분위가 잡혀져 있음 안에 있다.
인간 현존재는 이 분위기 잡혀 있음을 그 자신이 느끼는 기분으로 만난다.*
그렇다면 우리가 죽음과 연관하여 사유해 보아야 하는 기분은 어떤 기분인가?
그것은 오로지 우리가 근본기분을 뜻 새길 수 있을 때, 비로소 열어 밝혀지는 것이다.

인간 현존재는 본질적으로 세계 속에 처해있음(기분잡혀져 있음)으로 존재한다. 앞의 절에서는 그 처해있음으로 열어 밝혀지는 인간 현존재의 삶이 본질적으로 시간성으로부터 열어 밝혀지는 염려에 근거해있음을 살펴보았고, 삶이 다함으로서의 죽음에 관하여 처해있음 안에서 몇 가지 양태를 통해 이해해 보았다.

인간 현존재는 '거기' 라는 세계 속에서 발견된다. 인간 현존재들이 발견되는 거기는 같은 거기라 하더라도 그 거기를 일구는(열어 밝히는) 사람들에 의해서 기분잡힘/느낌이라는 처해있음을 통하여 밝혀진다. 그 기분은 나에 의해서 새로이 창조되는 것이 아니다. 기분은 처해있는 기분잡혀져 있음에서 성격지어진다. 내가 머물러 있는 세계는 이미 우선 그리고 대개 어떤 특정한 기분잡혀 있음의 분위기로서 있다.

하이데거에 의하면, 기분잡혀 있음은 존재를 열어내는 방식이다. 우리는 이런 또는 저런 기분에 잡힘으로써 세계를 발견한다. 그러나 세계는 결코 나 때문에, 나로 인하여 있는 것이 아니다. 우리는 이미 벌어져 있고 다른 이들에 의해 이미 열어 밝혀져 있는 세계 속에 무턱대고 내던져져 있다. 그러나 그 열어 밝혀져 있는 것들은 존재자 전체가 아니다. 우리는 존재하는 것들의 사소한 어떤 성격이나 상태로부터 기분을 상하기도 하고 기분이 좋아지기도 한다. 그러한 기분을 우리에게 느끼게 해주는 존재하는 것들은 그 존재하는 것들의 일부분이며, 우리가 존재하는 것들 전체를 전체로서 만날 길은 없다. 존재자 전제가 아님에도 그것들이 나를 흔듦, 그리고 내가 세계를 그런 식으로 느낌으로써 발견함은 내가 바로 그 세상 속에 있기 때문이다.

다시 말해서 그 세상이 앞서 기분 잡혀 있음은 내게로 돌아와서 나로 하여금 생각을 하게 이끌고 감정과 감각을 일으키면서 동시에 어떠함을 처해있음으로서 스스로 깨닫게 한다. 우리는 특정의 기분잡혀 있음 속에서 그때마다 내 자신이 어떻게 있는지를 느낀다. ~을 느낌은 자신이 세상 속에 어떻게 있음에 대한 발견이다.[188] 그 느낌 속에서 우리는 느낌에 심하게 흔들리기도 하고 느낌에 잠식되기도 하며, 어찌할 수 없는 궁지에 몰리기도 한다.

이렇게 우리를 품어 안는 기분은 나에게 하나의 세계를 열어 밝혀준다. 우리가 일차적으로 존재자를 대면하게 되는 곳은 지성이 아니라, 이러저러한 기분에 빠져있는 처해있음(Befindlichkeit)이다. 기분의 이러한 처해있음은 그때마다 나름대로 자신의 방식으로 존재자를 드러낼 뿐만 아니라, 이러한 드러냄은 동시에 단순한 우연적인 발생이 아닌 인간(현존재)의 근본 사건이다.[189] 그렇다면 죽음과 관련하여 어떤 기분들이 살펴져야 하는가.

---

188 느낌에 관하여 구연상 교수는 '기분을 통해 열어 밝혀지는 자리' 로서의 '거기' 에 '내던져져 있음' 에 대한 발견내지 자각이라 한다. 그리고 '내던져진 채로 거기에 있음' 을 덮치는 기분을 '맞아들이는 것' 이라고 풀이한다. 참조. 구연상, 같은 책, 42~46쪽.

189 이기상,『하이데거의 존재사건학』, 149쪽.

1. 두 가지 기분들

1) 공포

우리는 흔히 죽음에 대한 공포를 갖는다고 말하거나 죽음은 공포의 대상이라고 말한다. 그런데 죽음은 대상으로 간주될 수 없다. 공포는 무언가에 대해서 일어나는 무서움이다. 그렇다면 공포라는 기분은 어떻게 드러나는가.

모처럼 작업실이 생겼다. 물론 없던 것이 느닷없이 하늘에서 굴러 떨어진다는 식으로 생긴 것은 아니다. 계약하는 것에 따르는 이러저러한 사정들과 당장 눈앞에 마주 대하고 있는 여러 가지 것들이 배려되어야 했다. 모든 것들이 처음부터 끝까지 조목조목 배려되지는 않았지만, 그 당시에서 그때까지라는 시간 성격은 그 모든 것의 연관을 떼어내지 않음으로써 나는 현재화한 작업실을 얻었다. 그 방이 내 작업실이 되기 전, 그 당시에는 어느 젊은 여자가 운영하던 피아노 교습 학원이었다. 그런데 그 방이 내게로 온 순간, 그 방은 나에게 작업실이라는 사용사태를 갖는다.

문제는 늦은 여름 무렵 쥐 한 마리가 방에 들었다는 사실이다. 쥐가 드나들고 있었던 것을 알지 못했을 때 나는 아무 생각이나 껄끄러운 기분 없이 그 집으로 들락날락 했었다. 쥐가 들었다는 사실을 부정할 길 없이 안 순간, 나는 머리가 쭈뼛 서는 공포를 느꼈다. 도시에서 태어나서 도시에서만 자란 나에게 쥐는 생소하고 낯 설은 흉한 짐승이다. 가끔 마주치는 집 나온 길 고양이들도 길에서 언제나 만나는 동물이기에 익숙하다. 그러나 쥐는 사정이 다르다. 쥐는 익숙하지도 않을 뿐더러 도무지 숨어 있는 곳을 알려주지 않는다. 쥐는 예상도 못한 때에 예고하지 않은 곳에 나타나 휘젓고 다닌다. 거기에 쥐가 어디에서 언제 나타남에 대해서 예상함은 아예 가능하지 않다.

살고 있는 동네 이웃의 집에도 쥐가 들었다. 내 작업실에 쥐가 들었다는 것을 알지 못할 때, 나는 그 이웃집의 어린 딸들이 소란 피우는 것을 보고, 이전에는 사람하고 쥐가 같이 살기도 했다는 등, 쥐도 살만한 이유가 있다는 등의 말을 했다. 그런데 내 작업실에 쥐가 들은 사건은 내게 그런 식으로 별 것 아닌 사건이 아니다. 작업실에 쥐가 들기 전, 나는 쥐에 대해서 공포를 갖는 사람들에게 태연함으로 대했다. 이웃 집 남자가 쥐를 잡았다고 할 때도 나는 그 쥐가 잡힘으로써 죽임을 당하리라는 것을 잘 알고 있었지만, 나 자신에게 남의 집 쥐의 죽음 따위는 어떤 문제도 일으키지 않았다. 그러나 내 작업실에 쥐가 들었다는 사건은 아무 것도 아닌 것이 아니며, 나는 그 쥐를 죽이건 내쫓건 없애야만 하는 눈앞에 있음으로 확신했다.

내가 쥐에게서 공포를 느꼈던 것은 쥐가 내게 맞서는 위협에서이다. 그런데 쥐가 의도적으로 나를 위협하는 것은 아니다. 쥐는 인간과 늘 함께 살고 있어왔으며, 아이들이 보는 만화에서는 아주 작고 귀여운 동물로 묘사되기도 한다. 그럼에도 쥐가 내게 공포를 불러일으키는 것은 우선 쥐가 나에게 공포의 대상, 즉 공포거리가 될 때이다. 그리고 그 공포는 나에게 위협으로 닥쳐올 때 느낄 수 있는 기분이다. 그런데 그 위협은 쥐가 세균이 많으므로 나에게 해롭다거나, 내 군것질 거리들을 모두 먹어치워서 먹을 것이 없어진다거나 하는 식이 아니다. 위협은 쥐 자체에게 있으며, 오로지 쥐가 내 앞에 들이닥쳤다는 사실 그 자체에 있다.

쥐가 나에게 공포거리가 되었을 때, 나는 그곳에 들어서는 행동에서부터 달라져 있다. 될 수 있으면 공포 거리인 쥐를 마주치지 않기 위해서 나는 발걸음부터 조심스럽다. 공포 거리로서의 쥐의 존재를 만나기 전에 늘 손안에 있었던 것들이 더 이상 손안의 것으로 존재하지 않는다. 나는 집 안에 있는 모든 도구들을 될 수 있으면 만지지 않는다. 그리고 언제나 안부를 묻고 다니던 이웃들을 만나면 나는 곧장 그들에게 쥐를 잡아달라고 보챈다. 각각의 모든 관계가 온통 쥐와 관련되고, 친근했던 모든 이웃들은 쥐를 잡아줄 수 있는 쥐 사냥꾼으로 바뀌어 버린다. 이곳저곳 여러 책상에 놓여있던 군것질 감 과자들의 의미가 쥐를 잡기 위한 미끼 감으로 변해버려 곧바로 쥐덫에 매달린다. 내가 그 작업실에 쥐가 들었다는 사실을 알아차린 순간, 허둥지둥 내가 들고 나온 것은 노트북 컴퓨터와 어렵게 마음먹고 산 값나가는 물감 몇 개, 그리고 캔버스에 작업 중이던 유화 두 점이었다. 그러나 당장 내가 해야 했던 일은 물감이나 그림 두 점, 노트북 컴퓨터 따위를 거기에서 치우는 것이 아니라, 공포가 일어나는 대상, 곧 공포 거리인 쥐를 없애는 일이다.

내가 모처럼 얻은 작업실은 쥐가 듦으로써 나에게 더 이상 친숙하고 매일 청소를 하며 아끼던 내 작업실이 아니다. 이제 거기는 다만 쥐가 드나들고 먹이를 얻고 여차하면 쉬기도 하는 쥐의 집이다. 나와 연관되어 있던 모든 것들이 쥐라는 공포 거리 때문에 모두 다른 의미로 내 앞에 들어서 있다. 나는 쥐가 드나들고 있는 방 안과 방 밖에서 이러지도 저러지도 못하면서, 내가 어찌할 수 없다는 것에 스스로 기가 막히게 한심스럽다. 우리는 살아가면서 이처럼 어처구니[190] 없는 경우를 만난다. 어처구니없음은 어찌할 도리가 없어 기가 막히도록 한심스러움이다. 기가 막히게 한심스러움은 우리를 가능성으로부터 멀어지게 한다.

나는 쥐라는 공포 거리를 마주대하게 되고 쥐를 무서워한다. 그 공포가 일어나는 까닭은 쥐가 나의 삶 자체를 통째로 뒤엎기 때문이 아니다. 쥐는 나에게 직접적인 해를 가하지 않는다. 다만 쥐는 내게 충분히 위협적이라는 것이다. 그러나 쥐가 나에게 위협이 됨으로써, 나에게 공포가 일어나는 까닭은 아직 나에게 벌어져 있지 않다. 위협은 내게 아직 아님으로 있다.

190 어처구니 : 어처구니는 두 개의 돌로 만들어진 맷돌의 손잡이를 말한다. 맷돌 손잡이는 단순하게 손으로 잡는 것으로써 그 쓰임새를 갖지 않는다. 어처구니라는 이름의 맷돌 손잡이는 맷돌을 돌리기 위해서는 반드시 필요한 도구적 성격으로 규정된다.

내가 쥐를 공포 거리로 대하는 까닭은 그 작업실이 내가 해야 할 일거리가 쌓여있는 곳이고 나는 쥐가 드나듦으로 그곳에 들어설 수 없다는 것, 그곳에 들어갈 수 없으므로 나는 내가 해야만 하는 일들을 단 하나도 해낼 수 없다는 것, 그리고 나 자신이 쥐도 어쩌지 못하는 한심스럽게 아무 것도 아닌 인간으로서 있다는 것으로 그 마주 대함이 이루어지고 있다는 것 때문이다.

하이데거는 공포의 성격을 위협에서 발견한다. 그리고 그 위협이 일어나는 것을 기대하며 현재화하는 망각이라는 시간 성격으로 이야기한다.

> 무서워하는 배려는, 자기를 망각하고 있기에, 따라서 아무런 특정한 가능성도 장악하고 있지 않기에, 이 가까운 가능성에서 저 가까운 가능성으로 뛰어다닌다. …… 공포 속에 자기를 망각함에서는 이렇게 당황 속에 가까이 있는 최선의 것을 기대함이 속한다. …… 무서워함을 실존론적으로 가능하게 하고 있는 특수한 탈자적 통일성은 일차적으로 성격지은 망각함에서부터 시간화한다. 기재의 양태로서의 이 망각함은 귀속해 있는 현재와 도래를 그 시간화에서 변양시키고 있다. 공포의 시간성은 기대하며-현재화하는 망각이다. 공포에 대한 이해하는 해석은 우선, 세계내부적으로 만나게 되는 것에 방향을 잡아, 공포의 '그것 앞에서[대상]'를 '다가오는 재앙'으로 그리고 그에 상응하게 그 재앙과의 연관을 예기로 규정하려고 든다.[191]

여기에서 망각은 공포를 일으키는 공포 거리로 인해서 자기 자신의 존재가능을 망각하는 것을 말한다. 나의 경우에서 보았듯이 나는 쥐가 무섭다. 쥐가 무섭기에 당장 나는 나 자신의 존재가능성 따위에 신경

---

191 *SuZ*, 342쪽.:『존재와 시간』, 452쪽.

쓸 여력이 없다.

나에게 공포 거리는 내 작업실에 쥐가 나타남이다. 내 작업실에 쥐가 나타남으로 나는 스스로를 기가 막히게 한심스러운 아무 것도 할 수 없는 존재자로 만들어 버린다. 아무 것도 할 수 없다는 말은, 우선 나는 쥐를 잡을 수도 없고 나는 쥐 때문에 어떤 곳으로도 들어갈 수 없으므로 해야 하는 일들을 할 수 없다는 것이다. 다른 곳에 있어도 나는 온통 쥐 생각만 삼을 뿐, 전혀 다른 것들을 떠올리지 못한다. 마침내 나는 스스로에게서 나의 모든 가능성을 망각해버린다. 나에게 닥쳐있는 절박함은 쥐를 죽이건 내쫓건, 쥐를 내 방에서 없애버리는 것뿐이다.

나는 쥐라는 공포 거리로부터 달아나기 위해 쥐덫을 놓기도 하고 찍찍이라는 끈적거리는 종이를 사용하기도 하고, 내가 먹었던 과자들을 쥐를 잡기 위한 미끼로도 사용한다. 그러나 쥐 자체는 통제 불가능하다. 게다가 그 모든 것에 나 자신과 내 자신의 존재가능은 속하지 않는다. 나는 그런 식으로 다급한 나머지 만나는 모든 이웃에게 쥐가 침범한 어느 작업실의 안달하는 가련한 여주인으로 나를 탈바꿈해버린다. 그런데 내 이웃들이 나를 마주 대함은 늘 덤덤한 여자로서이다.

그러나 다급해진 나는 만나는 사람마다 쥐를 잡아달라고, 당신은 그렇게 해줘야만 하는 거라고, 그러면 당신은 아주 좋은 사람이라고 하는 식으로 그 이웃들을 쥐를 잡기 위한 쥐 토벌대로 바꾸어 놓는다. 나 자신 스스로와 이웃들 자신의 존재의미 자체는 망각되어 버리므로, 나에게 이제 중요한 것이 아니다.

오로지 내가 절실하게 원하는 것은 쥐를 잡기 위하여 보다 분명한 도구를 확보하는 것이고, 그것을 통해서 쥐를 잡아내는 쥐 사냥꾼들을 찾는 것이다. 거기에는 곰살맞고 고운 이웃 여자들 또한 나에게 아무런 존재함의 의미가 없다. 그녀들은 쥐잡기에 무력192하다.

그리고 소란스러웠던 몇 날 후, 쥐는 저가 드나들던 구멍으로 나가버렸다. 그러나 이번에는 바퀴벌레가 등장했다.

나는 위협적인 세계내부적 존재자로서 쥐만을 마주대할(현재화할) 뿐이고 그 마주 대함(현재화)에서는 쥐를 제거할 수 있는 것들이 나에게 절실하게 기대되고 있는 것이다. 기대함이란 어떤 것이 나에게 일어날 것을 예상함이다. 따라서 기대함에는 언제나 아직 아님으로 기대되는 것들이 놓여있다. 우리는 아직 아닌 것들을 우리들에게 벌어질 수 있는 일이거나 마주 대할 수 있는 것으로 기대한다. 그런데 그 기대함에는 나 자신에게서 무언가를 원함이 숨어있다.

원함은 우리가 어떤 것을 이루기를 혹은 무엇을 얻기를 바람이다. 내가 원하는 바람은 거기에서 지시되고 있는 존재자들을 그 자체로부터가 아니라, 우선 내가 원하는 시야에 포착된 의미로 해석해 버린다. 우리는 세계내부적으로 배려된 존재자들을 마주대하며 기대한다. 나는 존재자들을 그 존재자의 존재 자체에서 길어내지 않는다. 따라서 거기에서도 일종의 망각이 일어난다.

그런데 하이데거가 공포의 시간 성격을 말함에 있어서 기대함은 단순하게 공포 거리의 제거 가능성에 대한 방법적 대안을 기대함이 아니다. 기대함은 공포 거리가 자기 자신의 존재가능에게 코앞에 닥칠 수 있음에 대한 기대함이다. 하이데거의 말을 빌면, 되돌아옴은 오로지 돌아옴의 거기에로가 이미 앞서 또는 과거부터 개방되어 있어야 한다는 것이다.

> 공포의 기대함은 위협적인 것을 현사실적으로 배려하는 존재가능으로 되돌아오게 한다.[193]

하이데거를 따르면, 우리는 공포 거리가 다가옴을 기대할 때, 이미

---

192 즉 아무 쓰임새가 없다!

193 *SuZ*, 341쪽.;『존재와 시간』, 451쪽.

우리들 자신의 존재가능에로 되돌아와 있어야 한다. 그런데 되돌아옴은 우리가 이미 우리들이 배려하는 세계에로 나가 있기 때문에만 가능하다. 다시 말해서 우리가 이미 우리 자신의 밖으로 나가 있기 때문에만 우리는 다시 우리 자신으로 되돌아올 수 있다.

그런데 우리가 되돌아오는 거기는 우리가 나가 떠나 있던 곳이다. 그 곳은 우리가 이미 있어왔던 곳이지만 우리가 공포 속에서 그리에로 되돌아감으로써 다시 규정되는 곳이다. 하이데거는 이 거기를 장소적인 의미로만 새기지 않고 시간성 안에서 규명한다. 그는 공포의 시간성격이 되돌아옴에 의해 규정될 수 있다고 말한다. 그리고 그리에로 되돌아옴에 의해 규정되는 시간은 이미 존재해 오고 있음(Gewesenheit)으로서 부른다. 인간 현존재는 오직 '나는 존재해 오고 있음'으로서 존재하는 한에서만, 그는 도래적으로 자기 자신에게로 다가올 수 있으며 그래서 되돌아올 수 있다.[194]

> …… 도래적인 현존재가 그의 가장 고유한 '그가 각기 그때마다 그것이었던 그 방식'으로, 다시 말해서 그의 '존재해왔음'으로 존재할 수 있기 때문이다. 오직 현존재가 도대체 '나는 존재해-왔다'로서 존재하는 한에서만, 그는 도래적으로 자기 자신에게로 다가올 수 있으며 그래서 되돌아오는 것이다.[195]

그러나 우리들은 공포 거리 앞에서 우선 대개는 되돌아옴의 시간 성격을 망각하고 만다. 우리는 공포에서 머리가 아득해지고 아무 것도 할 수 없는 상태, 즉 자기 정신을 빼앗기는 상태에 빠지고 만다. 우리는 이처럼 공포 속에서 존재해왔던 자기 자신을 완전히 망각할 수도

194 참조: 구연상, 같은 책, 65/66쪽.
195 *SuZ*, 326쪽.;『존재와 시간』, 432쪽.

있다. 우리는 되돌아가야 할 자기를 놓치고 마는 것이다. 그런데 공포 거리는 막상 내 코앞에 아직 닥치지 않고 있을 수 있다. 그럼에도 우리들은 공포 거리에로 쏠려 있다. 그러나 그 공포 거리가 코앞에 닥침은 아직 아님이다.

그렇다면 하이데거가 말하고 있는 공포의 시간성을 기대하며 현재화하는 망각이라 이해할 수 있다 기대하며 현재화하는 망각이라는 공포의 시간성이 시간화함에서 일차적으로 이루어지는 것은 바로 망각함이다. 그리고 존재해왔음의 양태로서의 망각함은 그것과 통일성을 이루는 마주함(현재)과 다가감(도래)를 마주 대함과 기대함으로 뒤바꾸어 놓는다. 중요한 것은 공포가 바로 나를 겨냥하고 있으며, 따라서 공포는 바로 나 자신이 느끼는 공포라는 점이다. 그러나 그렇다고 그 나 자신이 나의 존재 전체를 지시하는 것은 아니라는 것에 있다.

2) 두려움

우리는 죽음을 두려워한다고 말하거나, 죽음은 두려움 그 자체라고도 말한다. 그렇다면 두려움의 기분은 어떻게 일어나는가.

집에 돌아오는 밤길은 사람들로 가득하다. 밤길에 있는 사람들은 대개 밥을 먹고 나오거나 술을 한 잔 마시고 술자리를 옮기려는 사람들이다. 때로 밤길에는 늦은 시간까지 일을 하고 따뜻한 자기 집으로 가고 있는 사람들도 있다. 그들은 모두 한 결 같이 갈 곳이 있다. 그건 밥을 먹고 차를 마시러 가는 찻집일 수도, 술을 더 마시기 위해 찾아가는 다른 술집일 수도, 그리고 피곤에 지친 몸을 뉘일 수 있는 자기 집일 수도 있다. 그들은 늘 길 위에서 어디로인가 향하고 있다.

그런데 모르는 남자가 뒤를 따른다. 그 남자는 자기가 어디로 가는지를 설정해놓고 있지 않다. 그 남자가 길에서 따르는 것은 내 뒤 녘이다. 녘은 그 무엇 자체가 아니라, 그것이 벌려내는 너비와 겨를이다.

우리는 가을 녘, 해질 녘이라는 말을 한다. 가을 녘이란 가을이라는 계절을 우리가 느낄 수 있는 어느 폭으로서의 너비와 어느 만큼의 시간이다. 해질 녘이란 해가 저물기 시작하는 들판이거나 산 너머거나 바다 위, 그리고 해 저묾이 무르익는 시간의 깊이이다.

우리는 가을 녘을 가을 자체라거나 해질 녘을 해 자체로 생각하지는 않는다. 마찬가지로 내 뒤 녘은 내가 뒤를 보이는 어느 폭과 나의 뒤가 드러나는 시간이 펼쳐지는 어느 만큼의 동안이다. 그 남자는 나를 앞에서 똑바로 마주대하지도 않는다. 그저 밤길에 내 뒤 녘을 밟아 따른다. 그 남자가 만일 내 뒤 녘을 넘어서 있다면 나에게 그 남자가 뒤따름은 크게 문제삼지 않을 수 있다.

뒤 녘을 따르는 남자들은 우선 그리고 대개는 발을 몇 걸음 떼기 전에 앞을 막거나 말을 걸어온다. 그것은 잠시만 혹은 잠깐만이다. 그 잠시와 잠깐이 얼마 동안인지는 드러나지 않는다. 다만 그는 그 유예할 수 있는 시간의 겨를을 구하고자 하는 것이다. 그런데 이 남자는 말을 걸어오거나 앞을 가로막지도 않고 그저 뒤 녘만 따라온다. 그가 따르는 것은 나 자체인가, 혹은 나의 뒤 녘일 뿐인가. 하여간 나는 그 남자의 말없는 뒤따름에 두려움을 느낀다. 그 남자는 나에게 칼을 들이대며 협박하지도 않고, 내 손가방을 내놓으라고 닦달하지도 않는다.

내가 보통 10여분이면 갈 길을 40분이나 늦추면서 이리 저리 피하고 있어도 그 남자는 그저 내 뒤 녘만 따라 밟으며 온다. 그리고 나는 막연하게 두렵다. 그런데 나는 무엇이 두려운 것일까, 두렵다면 어째서 두려운 것일까.

두려움은 그 두려움 거리가 확연하지 않다. 오히려 두려움은 무엇인가가 닥쳐옴을 꺼려함이다. 왜냐하면 밤길에서 내 뒤는 동생이 뒤따를 수도 있고 가까운 이웃이 내 뒤 녘 안에 들어설 수도 있다. 나는 그들을 꺼려하지 않는다. 내가 꺼려하는 것은 낯 선 다른 남자, 그것도 내 녘에 들어서 있는 어떤 사람이다. 꺼려지는 두려움은 조마조마한 기분이다. 우리들은 가슴을 졸이는 상태를 조마조마하다고 말한다. 그런데 조마조마한 기분은 우리를 조마조마하게 하는 상태로부터 피하거나 맞서게 한다.

이를테면 깐느 영화제에 나섰던 한국 여배우 전도연은 시상식에서 조마조마하다. 수상을 할 여배우가 아직 공표되지 않았다. 한국 여배우 전도연은 여우주연상을 수상하게 될지도 모른다는 기대함을 갖는다. 그러나 그 현재화하는 시간 성격 속에서 한국 여배우 전도연은 그 자리로부터 피하고 싶기도 하고 맞서고 싶기도 하다. 그 기대함이 아직 아님으로, 성취되지도 무산되지도 않았기 때문이다.

그러나 전도연은 맞서는 기대를 선택한다. 한국 여배우 전도연은 자기 이름이 불리게 되는 도래적 시간 속에서 유쾌한 기분으로 조마조마하며, 반면 안 불리게 될지 모르는 도래적 시간 속에서는 불만족스러운 기분으로 조마조마하다. 한국 여배우 전도연이 조마조마한 것은 그 도래적 시간에로 자기 자신이 다가감에 있다.

그런데 두려움은 어떤 것이 닥쳐옴을 꺼려함이다. 우리가 두려운 기분을 느끼는 것은 그 꺼려되는 상황이 우리에게 맞물릴 수 있기 때문이다. 우리는 이미 무엇을 꺼려하고 있고 무엇이 마주 대해질 때 꺼려진다. 그러나 이 모든 꺼림은 도래의 시간 속에 놓여 있다. 즉 우리는 다가가는 시간 속에서 무엇인가를 선택해야 할 때, 그 선택에서 마주 대해야 하는 상황을 꺼려하는 것이다. 결국 두려움은 자기 자신이 무언가를 선택해야 할 때 혹은 자기 스스로가 선택될 때, 그 선택이 낳는 결과들에서 일어날 수 있는 기분이다. 선택함의 결과가 자기 자신에게 꺼려지는 것으로서의 그 꺼려함이 일어나는 까닭은 그것들이 아직 아님으로 은닉되어 있지만, 드러날 수 있음에 있다.

한 아이가 고추잠자리 수 십 마리를 잡아다가 자기 방에 풀어놓았다. 그 아이는 새빨간 고추잠자리가 너무 예뻐서 잡았으며, 그래서 자기 방을 잠자리들로 가득 채웠다. 그러나 아이는 두렵다. 아이는 엄마가 자기 방을 열어보게 되면, 이게 대체 무슨 일이냐고 호되게 야단맞게 되는 상황이 조마조마하게 두려운 것이다. 아이는 아직 아니지만 그 야단맞는 두려운 상황을 피하고 싶다.

아이의 선택은 벌레 잡는 약을 뿌려서 새빨간 고추잠자리들을 모조리 죽이는 것이다. 아이는 잠시 두려움에서 벗어나 안심할 수 있다. 안심함은 두려운 상황과 두려워하는 것들이 눈앞에서 제거되었을 때 일어나는 기분이다. 그러나 안심함은 두려운 상황과 두려워하는 것들이 제거되기 전에 앞서서 일어난다.

두려움은 다가가(오)는 도래적 시간 속에 있는데, 왜냐하면 두려움은 아직 아니지만 곧 부닥칠지도 모르는 상황에로 향하는 기대 속에 있기 때문이다. 그런데 두려움은 이미 왜 두려울 수 있으며, 어째서 두려워지는가를 그의 존재해 오고 있음에서 발견한다. 그러나 정작 두려움은 두려워지는 결과로서의 상황을 기대함에서 드러난다. 그 기대함은 미리 예상되는 어떤 불확실한 결과를 기대함이다.

두려움의 성격인 꺼림은 아직 닥치지 않았음의 아직으로 뜻매김되는 동시에 그 닥치지 않음을 미리 앞서 잡는다. 우리들은 우리에게 두려운 것이 일으키는 두려움을 미리 내다볼 수 있음으로 두려워한다. 그렇다면 미리는 미루어 봄(짐작함)으로 이미 다가와 있는 때라고 말할 수 있다.[196]

우리는 아직 무언가를 마주하고 있지 않지만 그 무언가와 무언가가 일으킬 수 있는 상황을 미리 기대할 수 있으므로 두려워할 수 있다. 그렇다면 아직과 미리는 이미 다가와 있어서 거기에는 마주 대함이 속하고 있다. 꺼림 되는 것으로서 미리 다가와 있는 것은 아직 닥쳐오지 않

196 '미리'는 미래적 성격을 갖는다. 하이데거를 따르면 '미래(Zukunft)는' 무엇에로 다가감(Auf-zu-kommen)의 구조를 갖는다. 이러한 '때'의 '다가감'의 '무엇'은 어떻게든 앞서 열어 밝혀져 있어야 한다. 참조: 구연상, 같은 책, 227쪽.

음의 시간 성격을 갖는 것이 아니라, 닥칠 수 있는 것 자체가 아직 있지 않음이다. 그런데 꺼려지는 것은 우리에게 미리 볼 수 있음으로 현재 보여지고 있다. 그렇다면 그것은 어떻게든 이미 있다.[197]

다시 말해서 미리가 두려움의 미래적 시간 성격이라면 미리는 두려운 것 또는 꺼려지는 것에로 다가감이라는 앞서의 구조를 가지고 있어야 한다. 두려운 것은 현실에서는 아직 있지 않은 것이지만, 앞서라는 미리의 차원에서는 앞서 다가감을 통하여 이미 보여지고 있는 것이다. 따라서 미리는 아직과 이미에 의해 함께 마주 대함으로 규정된다.[198]

내가 밤길에서 낯선 남자의 뒤따름을 두려워함은 그가 어떤 흉악범으로 내 앞에 나타났기 때문이 아니라, 오히려 그가 무엇을 행할지도 모른다는 기대감 때문이다. 나에게는 흉악범이라는 것이 내 앞에 닥침으로써가 아니라, 흉악범이라는 무엇임이 이미 앞서 다가와 현재화하여 보이고 있는 것이다. 나는 그러한 기대로부터 피하거나 맞서 마주 대하거나를 선택해야 한다. 그러나 그 중 하나의 선택이 일으키는 결과가 어떠하건 모두 나는 우선 두렵다.

우선 두려운 것은 그 두려움의 까닭이 이미 어떤 열려 있음과 관계하고 있기 때문이다. 두려움에서 열려 있는 것은 세계이다. 그리고 이러한 세계는 그들의 세계이며 그들에 의해 이미 해석된 틀이다. 그들은 두려운 것들과 두려워하지 않아도 될 것들을 이미 어떤 방식으로건 값 매기고 있다. 그 값 매김은 우선 대개는 그들의 기준 안에서 만들어진다.

따라서 두려움이라는 현상이 시간 안에서 발현한다는 것은 근본적으로 두려움의 까닭과 두려움 거리들, 그리고 두려워함이 간직하며 기대하는 현재화라는 시간 성격에서 규명될 수 있기 때문이다. 그러나

197 참조: 구연상, 같은 책, 221~231쪽.

198 참조: 구연상, 같은 책, 228쪽

하이데거를 따르면, 그 모든 것은 자기 자신을 앞질러 자기 자신에로 되돌아와 자기 자신으로 존재함이라는 인간 현존재의 근본적인 존재 구조인 근원적인 시간성에서부터 해명되어야 한다.

하이데거는 근원적인 시간성이란 다가감으로서의 도래[到來], 존재해 오고 있음으로서의 기재[旣裁], 그리고 마주함으로서의 현재[現在]의 근원적 단일성이라고 말한다. 근원적(실존론적)의미의 도래에는 동일근원적으로 실존론적 의미의 존재해 오고 있음이라는 기재가 속해 있다. 하이데거의 말을 빌면, 도래의 본질적인 점은 자신에로 다가감에, 기재의 본질적인 점은 자신에로 되돌아에, 그리고 현재의 본질적인 것은 무엇 곁에 머물러 있음에 각각 놓여 있다.

> 시간성이 이러한 '무엇에로 향해', '무엇에로 되돌아', '무엇 곁에' 에 의해 규정되어 있는 한, 시간성은 자신 밖에 나가 있다. 다시 말해서 현존재는 도래적인 자로서는 그의 기재하는 존재가능에로, 기재하는 자로서는 그의 기재에로, 현재화하고 있는 자로서는 다른 존재자들에로 빠져나가 있다 …… . 이렇게 시간성으로서의 시간성은 그 자체 근원적인 '자신 밖에' 이다.[199]

그리고 하이데거는 이러한 빠져나감의 특징을 용어상 시간의 탈자적(ekstatisch)[200] 특징이라고 이름한다.

> 시간은 결코 추후적이나 우연적으로 빠져나가 있는 것이 아니다. 오히

199 *Grundprobleme*, 377쪽.;『근본문제들』, 379/80쪽

200 하이데거는 풀어내기를, "탈자적ekstatisch이라는 명칭이 무아지경이나 그 비슷한 것과는 아무런 관계가 없다. 그리고 이러한 탈자적 특징으로 우리는 실존을 해석하고 있다. 따라서 이 표현은 '실존' 이라는 용어와 관계가 있다."고 한다. 참조: *Grundprobleme*, 377쪽.;『근본문제들』, 380쪽.

려 도래는 '무엇에로 향해'로서 그 자체 빠져나가 있다. 다시 말해 도래는 그 자체 탈자적이다. 이 점은 기재나 현재에 있어서도 동일하다. 그러기에 우리는 도래, 기재, 현재를 자체 내에 동일근원적으로 공속해 있는 시간성의 세 가지 탈자태들이라고 이름한다.[201]

존재론적으로 볼 때, 실존이란 자신에로 다가가고, 자신에로 되돌아오며, 마주하고 있는 자신 밖에 나가 있음의 근원적인 단일성이다. 따라서 탈자적으로 규정되는 시간성이 현존재의 존재구성틀의 조건인 것이다.[202]

따라서 도래, 기재 그리고 현재의 근원적인 단일성으로서의 근원적인 시간성은 인간 현존재의 본래적인 실존, 곧 죽음을 향한 존재라는 것을 통해서 해명될 수밖에 없다. 그렇다면 우리는 이렇게 근원적인 시간성의 의미와 본래적인 실존을 어디로부터 길어낼 수 있을까. 하이데거를 따르면 그것은 근본기분으로서의 불안으로부터이다.

앞에서 살펴본 공포와 두려움은 하나의 시간 성격으로 설명되었다. 그리고 공포와 두려움은 인간 현존재에게 그의 존재를 드러낼 수 있는 기분으로 규명될 수는 있지만, 죽음을 향한 인간 현존재의 존재가능전체를 열어 밝히지는 못한다. 그렇다면 이제 우리는 다음에서 불안이 일어나는 현상을 통해 불안이 어떤 의미에서 인간 현존재의 존재가능전체를 열어 밝힐 수 있는가를 알아보도록 한다.

---

201 *Grundprobleme*, 377쪽.;『근본문제들』, 380쪽.

202 *Grundprobleme*, 377쪽.;『근본문제들』, 380쪽.

2. 근본기분으로서 불안

우리는 앞서서 공포와 두려움이라는 기분과 그 기분들이 일어나는 시간성격에 관해 살펴보았다. 만일 우리가 막상 공포와 두려움의 상황으로부터 벗어났다면, 우리는 안심하게 될 것이다. 안심함은 내가 편안해질 수 있는 어떤 곳에 들어서 있는 느낌이다. 우리가 편안해질 수 있는 곳은, 우선은 공포와 두려움으로 내몰려졌던 바로 그 일상 속이다.

우리는 하여간 공포와 두려움 속에서 자기 자신을 어떤 방식으로든 만났었다. 왜냐하면 공포와 두려움은 바로 나를 겨냥하고 있기 때문이다. 공포와 두려움은 다른 사람들을 나에게서 떨어져 나가게 한다. 공포 앞에서 다른 사람들의 존재는 나에게 중요하지 않다. 다른 사람들은 공포와 두려움을 평균화해버린다. 다른 사람들인 그들은 내게 공포스럽고 두려웠던 일들을 자기 안에서 이러쿵저러쿵 해석해버린다. 거기에 나 자신 자체는 없다. 나는 다른 이들에 의해서 평균적으로 고만고만하게 처리되며, 외로이 공포와 두려움 안에 있었던 것이다.

이제 우리가 되돌아가는 일상은 나를 다른 이들 속에서 살아갈 수 있게 한다. 나는 그들 속에서 평준화한 채로, 되풀이 되는 삶의 방식을 통해 규정되는 일상 속으로 되돌아간다. 나는 그 속에서 나름대로 안정감을 가지므로 안심한다. 공포와 두려움으로부터 일단 벗어남으로써, 일상 속으로 되돌아옴은 나에게 나름대로 편안하고 안정된 삶을 제공한다. 그렇다면 불안은 어디로부터 일어나며 불안이란 무엇이란 말인가?

하이데거는 존재 전체를 드러내는 근본사건을 불안이라는 기분에서부터 발견한다. 그에게 존재 전체는 존재가능으로 열어 밝혀진다. 존재사건의 근원은 그것이 발원하는 근원에로 다가갈 수 있어야 드러날 수 있다. 그렇다면 하이데거는 어째서 불안이라는 기분으로부터 존재사건의 근원을 발견하려 하는가.

불안은 막연하다. 불안은 무엇에 대하여라던가, 무엇 때문이라던가 하는 식으로 일어나지 않는다. 불안이라는 기분 속에서 우리는 "무엇인가가 누구에게 섬뜩하다."라는 느낌을 얻는다. 그런데 우리는 정작 꼭 집어서 누구에게, 그리고 무엇이 섬뜩한지 말할 수 없다. 불안은 특정한 존재자와 연관되지 않는다. 그저 전체가 그 누구에게 전체적으로 그러한 것이다.[203] 불안은 어떤 것에 구체적으로 관계하지 않는다. 그렇다면 하이데거는 대관절 어디에서 불안을 발견하고 있는 것일까.

하이데거는 불안이 일어나는 이유는 인간현존재의 존재 자체에 근거한다고 말한다.

> 불안은 현존재를 그가 그 때문에 불안해하는 그것으로, 즉 이해하면서 본질적으로 본래적인 자신을 가능성들에로 기획투사하는 그의 가장 고유한 세계-속에-있음으로 개별화시킨다.[204]

이때 현존재를 개별화한다는 것은 현존재를 자기 자신의 것으로 만든다는 것을 뜻한다. 그러나 자기 자신의 것으로 만듦은 자기 자신을 소유함을 뜻하지 않는다. 그것은 스스로를 본래적으로 이해한다는 것이다.

우리는 일상 속에 있을 때, 자기 자신을 본래적으로 만나지 못한다. 일상은 우리 자신에게 특별한 문제를 던지지 않는다. 그리하여 일상은 친숙한 것들로 가득하다. 만일 일상이 우리에게 어떤 문제를 던진다고 해도, 일상은 나름대로 일상적으로 그 문제들을 해결해주기도 한다. 우리가 마음을 놓을 수 있는 것들은 늘 마주 대하고 있는 일상이다. 일상에는 사람들이 걸어가고 있는 길의 부드러운 편편함이 있다.

---

203 이기상,『하이데거의 존재사건학』, 149쪽.

204 *SuZ*, 187/8쪽.;『존재와 시간』, 256쪽.

그런데 이 친숙한 편편함이 느닷없이 깨어질 때, 우리는 불안을 만난다. 우리는 문득 오로지 자기 자신에로 되돌아가라는 요구를 듣게 되는 것이다. 우리는 이제껏 익숙해서 편안했던 일상으로부터 스스로 쫓겨나 자기 자신에게로 되던져지고 만다. 불안은 자기 자신의 존재 전체에로 향해 있으며, 따라서 자신의 존재가능 전체와 연관되어 있다. 이때, 불안의 기분은 섬뜩하다. 섬뜩함은 낯섦 또는 친숙하지 않음 또는 편치 않음, 그리고 편안하지 않음으로 안심할 수 없음을 뜻한다.[205] 그것은 결코 공포와 두려움이라는 기분이 아니다.

이와 같이 불안이라는 기분은 섬뜩함으로 풀이된다. 섬뜩함이란 어떤 것에 대한 무서움을 뜻하는 것이 아니다. 우리는 나름대로 많은 것들이 눈앞에 존재하고 있음을 그저 확신한다. 그것들이 존재함이 확신되는 한, 거기에는 늘 안심이 머무른다. 우리는 낯선 것들을 만날 때, 이전까지는 그것이 있음을 인식하거나 느끼지 못했으므로, 허둥댄다.

> 불안 속에서는 사람이 '섬뜩해진다.' 거기에서는 우선 현존재가 불안 속에 처해있는 그곳의 독특한 무규정성이, 즉 아무 것도 아님과 아무데에도 없음이 표현되고 있다. 그러나 섬뜩함은 거기에서 동시에 '마음이 편치 않음'을 의미한다. …… '그들'은 안정된 자기확실성, 자명한 '편안함'을 현존재의 평균적인 일상성 안에 가져온다. 이에 반해서 불안은 현존재를 그의 '세계'에 빠져 있으면서 몰입해 있음에서 되찾아온다. 일상적 친숙함은 무너져내린다. …… 불안은 섬뜩함 속으로 내던져진 현존재로서의 적나라한 현존재 때문에 불안해한다. 불안은 가장 고유한, 개별화한 내던져져 있음의 순수한 사실 앞으로 도로 데려온다.[206]

205 참조: 이기상, 구연상,『존재와 시간 용어해설』, 까치, 1998, 94~99쪽.
206 *SuZ*, 188/9, 343쪽.;『존재와 시간』, 257/8, 454쪽.

불안은 우리 자신을 우리들 자신이 처한 상황으로부터 단번에 벗어나 있게 한다. 우리가 섬뜩함이라 번역하는 독일어는 unheimlich이다. 그 말은 편안하고 안심할 수 있는 마음 놓임을 빼앗기는 사태를 가리킨다. 하이데거를 따르면 그것은 익숙해 있던 것들로부터 벗어나 안심하고 있던 상황을 송두리째 빼앗길 때, 그리고 스스로가 그 상황에서부터 벗어나져 있을 때 일어나는 기분이다.

불안은 예기치 않게 않게 내가 사로잡히는 기분이다. 예기치 못함은 불안이 어느 순간 나 자신도 모르는 사이 나를 덮치는 기분이다. 불안은 미리 미루어서 보이는 것도 아니고, 아직 다가와 있지 않은 어떤 기분이 아니다. 불안은 불쑥 갑작스레 솟아났다가 나도 모르는 사이에 사그러든다. 따라서 우리는 불안의 시간에서 불안의 때를 알지 못한다. 불안은 불안이 오고 가는 시간을 알려주지 않는다. 따라서 불안의 시간 성격은 의식적으로 알려져 있지 않음 그리고 느닷없는 갑작스러움으로 규정될 수 있다.[207]

우리는 일상 속에 머물고 있을 때, 우선은 낯설지 않다. 일상은 우리에게 늘 그러그러한 생활이 열리는 곳이다. 하이데거는 이러한 일상을 고향(Heim)이라는 말을 통해서 이해하고 있다. 고향[208]은 우리를 낳아준 곳이고 우리를 길러준 곳이며, 우리가 그 안에서 포근함을 느낄 수 있는 곳이다.

---

207 참조: 구연상, 같은 책, 342/3쪽.

208 박정근 교수에게 고향은 맛스러움이다. 그 맛은 이미 잃어버린 맛이기도 하다. 우리들은 고향의 맛을 상실한 채로 살아간다. 그러나 간혹 고향의 맛을 그리워하기도 한다. "고향을 맛보려면 고향 언저리에서 서성거릴 것이 아니라 고향 안을 들어가야 한다. 고향 안으로 들어가 고향이 되어야 한다. 고향과 하나가 되어야 한다. …… 고향과 하나가 되는 길은 고향과 마주서며 동시에 고향이 됨이다. …… 사는 게 무엇인가? …… 무엇인지 모를 삶의 공허함을 느낄 때, 뜻밖에 전혀 예기치 않은 방식으로 그 맛-삶의 맛-, '고향-맛'이 스스로 찾아오기도 한다." 참조: 박정근,「원효의 "고향" 이야기」,『하이데거 연구 제15집』, 두리터, 2007 봄, 856/7쪽.

그렇다면 우리가 낯설음을 느끼는 것은 그 고향이 고향스럽지 않음(Unheimlichkeit)이기 때문이다. 이 말은 우리가 고향을 떠나 고향과는 전혀 다른 새로운 타향으로 나간다는 말이 아니다. 타향은 고향이 있으므로 타향이다. 고향이 아닌 곳(Un-Heim), 그러나 타향은 그 자신의 고향 속에 이미 함께 주어져 있던 곳이다.[209]

타향은 고향이 있으므로 타향이며, 타향이 고향 속에 이미 함께 주어져 있는 곳이라면, 타향은 다만 우리에게 숨겨져서 익숙하지 않은 것으로 있을 뿐이지, 결코 없던 것이 아니다. 그렇다면 우리가 익숙해져 있는 곳으로부터 벗어나 낯설음을 느끼는 타향을 만남은 거기에 있는 우리가 그 자신 속에 숨겨져 있던 곳으로 되돌려지고 있다는 것이다.

우리가 자기 자신의 존재가능 자체로서가 아니라, 이미 다른 이들에서부터 해석되어 버린 일상에 머무르고 있다는 것이, 우리는 이미 고향에 있다는 식으로 말해질 수 있는 것은 아니다. 고향은 오히려 우리 자신의 존재 전체가 우리 자신 각자에게 근거로 주어지고 있는, 다시 말해서 고향 스스로가 스스로의 근거로서 우리가 존재할 수 있음이 열리고 있는 그곳이다. 그러나 우리는 다른 존재자들과 더불어 거기에 있음으로 우리의 본래적 고향을 망각하고 있는 것이다.

숨겨져 있어 망각되고 있던 곳으로 되돌려질 때 우리는 낯설음이라는 섬뜩함을 느끼게 된다. 우리가 섬뜩함이라는 기분에 사로잡힐 때 불안에 빠지게 된다. 낯설음이 일어나고 있는 곳에서 섬뜩한 불안에 사로잡힌다는 것은 우리가 있는 곳, 즉 '거기'가 고향과는 전혀 다른 타향이어서가 아니라, 이제까지의 편안하고 안심되는 '거기'로 아직 되돌아가지 못한 채 있을 수밖에 없음을 뜻한다.[210]

이렇게 불안한 기분 속에서는 이제까지 머물러 있던 세계(일상) 안에

---

209 참조: 구연상, 같은 책, 344쪽.

210 참조: *SuZ*, 187/8쪽.; 『존재와 시간』, 256쪽. 구연상, 같은 책, 344/5쪽.

있는 것으로서 의미 부여되고 있었던 모든 것이 갑자기 무의미해진다. 우리가 일상 안에서 편안하고 안심할 수 있었던 것은 다름 아니라, 이미 다른 이들로부터 의미 부여된(유의미성의) 존재자들을 그 유의미성 안에서 이해하고 관계하면 되었기 때문이다. 그런데 그 일상 속에서는 숨겨져 있던 낯 설은 곳으로 빠져드는 순간 우리는 그 모든 의미가 통째로 내 앞에서 사라짐을 느끼게 되는 것이다.

그때 현존재로서 우리들은 거기에라는 세계 안의 그 어떤 것으로부터도 자신의 가능성을 기대할 수 없게 된다. 불안에서 우리를 위협하는 것은 세계내부적인 존재자가 아니다. 따라서 그것은 전적으로 규정되어 있지 않음, 곧 무규정성이다. 손 안의 것이나 눈앞의 것들의 세계내부적으로 발견된 사용사태전체성은 무규정성에서는 그 자체로 아무런 의미가 없다. 그것은 그 자체로 무너져 내린다. 이미 모든 것이 무의미해진 상황에서 현존재에게 의미를 던질 수 있는 것은 아무 것도 아니고 아무 데에도 없다.[211]

> 불안은 '~앞에서의' 불안일 뿐 아니라 또한 동시에 처해있음으로서 '~때문에의' 불안이기도 하다. 불안이 그 때문에 불안해하는 이유는 현존재의 한 특정한 존재양식과 가능성이 아니다. 위협은 그 자체 규정되어 있지 않다고 했다. 그러니 그것은 이런 또는 저런 현사실적인 구체적 존재가능에 대해서 위협적으로 끼어들 수는 없다. 불안이 그 때문에 불안해하는 이유는 세계-속에-존재 자체이다. 불안 속에서 주위세계적인 손안의 것이, 세계내부적인 존재자 전체가 가라앉아버린다. '세계'는 더 이상 아무 것도 제공할 수 없으며 마찬가지로 타인들의 더불어 있음도 그렇다.[212]

---

211 참조: 구연상, 같은 책, 344/5쪽.
212 *SuZ*, 187/8쪽.;『존재와 시간』, 256쪽.

그렇다면 불안의 시간성은 어떻게 규정할 수 있는가. 우선 불안의 도래적 시간 성격에 대해서 이해할 수 있어야 한다. 불안의 도래적 시간 성격은 공포나 두려움의 시간성에서 논의했던 것처럼 일종의 망각이나 기대라고 말할 수 없다. 왜냐하면 망각은 자기 존재에 대한 망각이고 기대는 어떤 가능성이 벌어질 수 있다는 것을 기대함이기 때문이다. 그런데 불안은 세계 안에 있는 모든 것을 아무런 의미도 없게 만들어버린다.

따라서 불안 속에서 거기에 있는 인간은 세계 안의 어떤 것에 대하여 그 어떠한 기대도 품을 수 없다. 그렇다면 불안에서의 도래적 시간 성격은 결코 기대함과 같은 것일 수는 없다. 인간 현존재는 불안 속에서 "거기에는 붙잡을 것이란 아무 것도 없다."[213]는 것을 느낀다. 모든 것들이 의미를 잃었을 때, 거기에서 또렷하게 드러나는 것은 바로 자기 자신이다.

붙잡을 것이 아무 것도 없음으로부터 존재하는 모든 것들이 무의미해지며 그와 동시에 인간 현존재 자신의 가능성들도 무의미 속에 빠져들고 만다. 인간 현존재는 불안 속에서 자기 자신의 존재가능이 그 자신으로부터 떨어져 나감을 느낀다. 그리고 그는 자신의 가능성들을 놓치지 않기 위해 그것들을 뒤좇아 가려 한다. 그런데 가능성을 뒤좇음은 가능성에로 앞서 달려감의 한 측면이다.

하이데거는 달려감을 기대함이라는 비본래적인 미래에 의해서가 아니라, 근원적인 의미에서의 도래, 곧 다가감(Zukunft), 또는 다가오도록 해줌(Zukommen-lassen)으로 규정한다.

---

213 M. Heideeger, "Was ist Metaphzsik", *Wegmarken*, GA. 9, 112쪽. (앞으로는 *WM*으로 줄임) 이기상 옮김, 『형이상학이란 무엇인가』, 서광사, 1994, 82쪽.(앞으로는 『형이상학이란 무엇인가』로 줄임)

> 앞질러 달려가보는 결단성은 가장 고유한 탁월한 존재가능을 향한 존재이다. 그러한 것이 가능한 것은 오직, 현존재가 도대체 그의 가장 고유한 가능성에서 자기 자신에게로 다가올 수 있고 이러한 자기 자신을 자신에로 다가오도록 함에서 가능성을 가능성으로서 견지하기 때문에, 다시 말해서 실존하기 때문이다. 탁월한 가능성을 견지하면서 그 안에서 자기 자신을 자신에게로 다가오도록 함은 도래[미래]의 근원적인 현상이다.[214]

왜냐하면 불안에서 열어 밝혀진 세계의 무의미성은 배려 가능한 것의 무성[無性]을 드러내 보여주기 때문이다. 배려 가능한 것의 무성이 드러남은 존재전체가 열려 있음으로부터 일어날 수 있다.

다시 말해서 그 무성이 드러남이란, 일차적으로 배려되고 있는 것에 기초하고 있는 실존의 존재가능에로 자기 자신을 기획투사함이 불가능함을 드러냄으로써 있기 때문이다.[215] 그때, 우리는 불안이라는 기분에 잡혀있다. 불안은 우리를 자기의 존재가능에로 달려가게 한다. 따라서 불안의 도래적 시간 성격은 다가감(Zukunft) 혹은 다가오도록 해줌(Zukommen-lassen)으로 새길 수 있다.

불안의 과거적 시간 성격은 우리들 자신이 세계 속에 있다는 사실에서부터 규정될 수 있다.

> 불안은 섬뜩함 속으로 내던져진 현존재로서의 적나라한 현존재 때문에 불안해한다. 불안은 가장 고유한, 개별화한 내던져져 있음의 순수한 사실 앞으로 현존재를 도로 데려온다.[216]

---

214 *SuZ*, 325, 343쪽.;『존재와 시간』, 431, 453쪽. 참조: 구연상, 같은 책, 345/6쪽.
215 "그러나 이러한 불가능성을 밝혀줌은 본래적인 존재가능의 가능성이 빛나도록 함을 의미한다." *SuZ*, 343쪽.;『존재와 시간』, 453쪽.
216 *SuZ*, 343쪽.;『존재와 시간』, 453쪽.

다시 말해서 불안은 현존재 자신의 존재가능을 뒤흔들어놓음으로써 현존재 자신을 그가 처해있는 현실, 무의미해진 세계 속에 자신이 내던져져 있다는 사실로 되돌아가게 한다는 것이다.

이것은 공포와 두려움의 시간 분석에서 드러난 도피하는 망각이나 간직되는 기억의 성격과는 다른 것이다. 오히려 불안은 인간 현존재가 존재해 오고 있음을 이미 소멸되어버려서 되돌아올 수 없는 과거로 삼아버리고 마는 것이 아니라, 반복가능함으로서의 일상에 내던져져 있음 앞으로 현존재를 도로 데려온다. 이러한 되돌아옴 또는 도로 데려옴을 하이데거는 과거의 근원적 시간 성격, 즉 기재로 규정하고 있다. 하이데거는 불안의 기재적 시간 성격을 도로 데려옴(Zurückbringen)이라 말한다.

> 불안은 섬뜩함 속으로 내던져진 현존재로서의 적나라한 현존재 때문에 불안해한다. 불안은 가장 고유한, 개별화한 내던져져 있음의 순수한 사실 앞으로 도로 데려온다. 이러한 도로 데려옴은 도피하는 망각의 성격을 가지지 않고 기억의 성격도 가지지 않는다. 그러나 마찬가지로 현존재가 불안 속에서 이미 자신의 실존을 반복하여서 떠맡기를 결의하는 것도 아니다. 이에 반해서 불안은 가능한 반복가능한 것으로서의 내던져져 있음 앞으로 도로 데려온다. 그리고 그런 식으로 불안은 도래적인 것으로서 반복함에서 내던져진 '거기에'로 돌아와야 하는 그러한 본래적인 존재가능의 가능성도 함께 드러내보인다. 반복가능성 앞으로 데려옴이 불안의 처해있음을 구성하는 기재의 특수한 탈자적 양태이다.[217]

인간 현존재가 불안의 기분에 사로잡힌다는 것은 불안이 처해있음(기분잡혀져 있음)으로 이해될 수밖에 없다면, 그것은 존재해 오고 있음

217 *SuZ*, 343쪽.;『존재와 시간』, 454쪽.

에 근거해야 한다. 그런데 현존재가 그것 앞에서 불안해하는 그것은 세계내부적 존재자가 아니다. 오히려 되돌아가 본 모든 세계내부적 존재자가 무의미해진다는 데에서부터 불안은 피어오른다. 바로 앞에서 우리는 인간 현존재가 자신을 세계내부적 존재자로부터 확보한 존재가능에로 기획투사할 수 없음에 대해 말했었다. 왜냐하면 이미 세계내부적 존재자들은 그의 유의미성을 잃어버렸기 때문이다.

이것은 인간 현존재 자신이 불안 속에 있을 때, 현존재는 무의미성 자체와 마주하고 있다는 말이다. 무엇으로서 의미부여된 어떤 것 곁에 머무름으로 그것을 마주 대하고 있는 것이 아니라, 오히려 아무 의미 없음 속에 덩그러이 놓여져 있는 무의미함을 현존재는 마주하고 있다. 하이데거는 이러한 마주함(Gegenwart)을 불안의 현재적 시간 성격이라고 한다.

존재가 발원하고 있는 삶 자체는 결코 이성적이지도 논리적이지도 않다. 거기에는 돌발적이고 돌출적으로 갑작스레 튀어나옴의 사건이 있다. 즉 거기에는 누군가 처해있는 현재의 상황이 갑자기 툭 불거져 나온 어떤 문제거리에 의해 다른 상황으로 급전환됨이 있다.[218] 그러나 돌발적으로 튀어나옴은 이전까지 전혀 없던 것이 아니라, 순간 그것이 스스로에게 문제 삼아짐이다.

우리가 일상적으로 만나는 모든 것들과 모든 사람들로부터 의미를 잃을 때, 존재하는 모든 것들은 무관심 속으로 빠져 버린다. 그 자신마저도 무의미 속으로 빠져 나간다. 모든 것이 무의미해져버렸을 때, 거기에는 기댈 곳도 없고 의지할 아무런 것도 없다. 우리는 아무 것도 없다라는 것에서 불안을 느낀다. 마침내 불안이라는 기분을 통해서 우리에게 그 동안 익숙하므로 편안해했던 일상의 세계는 송두리째 그 의미를 잃어버린다.

---

218 참조: 구연상, 같은 책, 353쪽.

개별적인 기분으로는 흥겨운 기분도 있고 알싸한 기분도 있으며 편안한 기분도 있다. 그런데 하이데거는 왜 하필이면 음습하게 느껴지는 불안이라는 기분에 주목하고 있을까. 우리가 자기 자신이 세상을 살고 있음을 살뜰하게 느낄 수 있는 기분은 오히려 좋음을 담보하고 있는 기분이 아닐까. 살아가면서 푸근하게 안겨오며, 그럼으로써 삶을 열어내 주는 기분은 일차적으로 마음이 좋아지는 그런 것이 아닌가.

그러나 이러한 기분은 결코 존재 전체를 드러내 줄 수 없다. 왜냐하면 그러한 기분들에게 굳이 긍정적이라는 의미를 부여할 수 있다면, 그 기분들은 당장 눈앞에 있는 존재자에 몰두하기 때문이다. 그때에는 긍정적인 것만 눈에 들어올 뿐, 다른 것은 아무 것도 시야에 들어오지 않는다.

이를테면 우리는 우리의 눈이 무엇에 팔려 있다고 말한다. 우리가 무언가에 눈이 팔려 있을 때, 우리는 그것만을 바라보며 그것만이 자기 자신의 전부가 된다. 그러나 우리의 눈이 팔려 있는 것은 존재자 전체가 아니라, 오히려 낱낱의 것들, 그것도 우리가 관심 안에서 주목하고 있는 낱낱의 것들의 어떤 한부분에 불과할 뿐이다. 그럼에도 우리는 그것들에 온통 눈이 팔린 나머지 그것만이 전부이고 전체라고 생각한다. 우리는 눈이 팔려 있는 것들만을 대상으로 삼는다. 그 밖의 다른 것들은 이미 어떤 의미로도 우리의 마음이 쏠리는 눈에서 벗어나 있다.

분명 우리들 인간 현존재는 그때그때의 처해있음으로 존재하지만, 그럼에도 자기 자신의 존재 전체는 늘 현실에 앞서 있다. 우리가 우리의 존재 전체를 만날 수 있는 것은 각각 고유한 존재가능일 때뿐이다. 그리고 그 존재 전체의 가능은 좋은 기분의 상태에서는 나타나지지 않는다. 왜냐하면 유쾌한 기분에서는 유쾌한 것들만이 앞에 나서서 기대되고 있기 때문이다.

그리하여 불안을 근본기분으로 삼을 수 있다면, 우리는 불안이란 대관절 어떤 사로잡힌 기분인가에 관해서 이해할 수 있어야 한다. 나는 그것을 떼를 씀이라는 상황을 통해 다가가려 하며, 떼를 씀을 통해 불안의 문제를 살펴보려 한다.

우리들은 살아가면서 때로 떼씀을 일으키기도 한다. 떼를 씀은 한편으로는 어린 아이들이 먹을 것을 보채거나 가지고 싶은 장난감을 사달라고 우는 것과 같은 방식으로 일어난다. 우리들은 삶의 길 안에서 언제나 무언가를 얻고자 하며, 무언가를 이루고자 한다. 그리고 그것들이 우리에게 성취되지 않았을 때, 우리는 어떤 식으로건 불만스럽다. 그리고 그 불만스러움은 이런 저런 식으로 떼를 씀으로 드러나기도 한다.

떼를 씀은 우선 대개는 어떤 것 때문에, 혹은 무엇으로 인하여 기분이 불편해짐이다. 흔히 어린 아이들이 떼를 쓰는 이유는 먹고 싶은 것을 달라거나 장난감을 사달라고 하는 것에 있다. 떼를 쓰는 근거는 그 아이들이 갖지 못하고 있는 어떤 것을 얻기 위함에 있다. 그런데 궁극적으로 인간들은 자기 자신이 머물 곳이 아무 데도 없고 자기 자신이 기댈 것이 아무 것도 없으며, 결국 자기 자신이 아무 것도 아님에 처해 있을 때, 거기로부터 떼를 쓴다.

떼를 쓰는 상황은 근본적으로 자기가 만나는 세계의 일상성으로부터 튕겨져 나올 바로 그때, 혹은 내가 이미 익숙한 일상에서부터 낯섦을 느낄 때 일어난다. 즉 남들과 함께 그저 그렇게 무던하게 살아가고 있던 세계가 자신에게 먹먹해질 때, 우리는 떼를 쓴다. 그 떼를 씀은 우선 "나를 좀 보아 달라."고 하는 식으로 남들을 향하여 일어나지만, 결국 자기 자신 안으로 되돌아와서 맺혀 있게 된다. "나에게는 아무 것도 없다."고. 그리고 마침내 "나는 대체 어디에 있느냐."고. 우리는 불안을 느낄 때, 불안하므로 떼를 쓴다.

떼를 씀이 맺힌 채로 풀어지지 못하다가 마침내 그것이 사그러질 때까지 우리는 한껏 먹먹해져 있다. 그것은 벼랑 끝에 몰렸을 때의 기분과 같다. 어디에로도 향할 수 없게 될 때, 거기에서 불안이 몽글몽글

뿌옇게 피어오르며, 불안이 드러내는 무가 무화한다. 그때까지 의미 있었던 것들이 하나 둘 우리들의 손가락 사이를 빠져나간다.

마침내 모든 것들이 송두리째 빠져나감이 드러난다. 즉 "나를 좀 보아 달라."고 하는 떼씀으로부터 "나는 대체 어디에 있느냐."' 고, "나에게는 아무 것도 없다."고 까지 그러하다. 그리하여 그 소리 없는 외마디로부터, 결국 그때까지 그에게 걸려 있는 것들은 아무 것도 남아 있지 않게 된다. 그런데 모든 것 전체가 아무 것도 아님으로 빠져나갈 때, 바로 그때 우리에게 존재 전체가, 그리고 자기 자신 전체가 드러나는 것이다. 비로소 우리는 자기 자신을 되찾게 되고 존재 자체를 이해할 수 있게 된다.

나에게는 친구라 하는 이들도 있고 가까이 친함을 나누고 있는 이들도 있다. 나에게는 친척도 있고 가족도 있다. 나는 일상 세계 속에 있을 때, 그리고 심심해진다거나 삶이 지루할 때, 혹은 혼자 있기가 머쓱할 때, 그들을 만나기 위해 길을 나선다. 나에게는 늘 나설 길이 있다. 나설 길이 있으므로 나는 그 길 위에서 이 집, 저 집을 고르며, 이런저런 사람들을 만나고 그들과 어떤 관계를 맺는다. 나는 어떤 사람을 만날 때는 이렇게 치장하고 어떤 사람을 만나 어떤 자리에 가야 할 때는 저렇게도 치장을 한다.

그런데 어느 날, 나는 나를 송두리째 뒤흔드는 일에 마주치게 된다. 그 일은 다른 이들에게는 별 것도 아닌 일이고 더구나 아무 것도 아닌 일일 수 있다. 그러나 나는 다른 이들에게는 단순하고도 별 볼일 없는 그 어떤 일로 인하여 마음과 정신이 답답하다. 무언가에 꽁꽁 묶여버려서 어떻게도 할 수가 없다. 무언가가 나를 옥죄어 버려서 나는 아무 것도 할 수 없다. 나는 내가 아무 것도 할 수 없음에 불안하다. 그러나 그 불안이 무엇으로부터 구체적으로 일어나고 있는지 나는 가늠할 길이 없다. 왜냐하면 그 무엇은 세계 속에서는 아무 것도 아니므로.

나는 그때, 모든 길을 잃어버린다. 다른 이들에게는 여러 곳으로 길이 나 있어도, 길을 잃음으로 나는 나설 길이 없다. 길은 어디로엔가로 향해 있다. 그리고 우리들이 인간으로 존재하는 한, 존재의 길은 존재가 종말을 맞음, 곧 죽음에로 향한다. 내던져진 나에게도 길이 열려 있다. 내게 열려 있는 길 또한 죽음을 향해 있다. 그러나 나는 죽음에 이르기도 전에, 길 중간에서 길을 잃어버리고 만다. 길을 잃은 나는 길을 잃었으므로 나설 길이 없다. 길을 잃었으니 길 위에서 만날 것도 만날 사람도 없다. 나는 아무 것도 남아있지 않은 고요의 뻥뚫림 속으로 빨려 들어간다.

스승의 부인께서 지난 늦은 겨울에 운명하셨다. 생전에 천사 같던 분이다. 고운 자태와 상냥함, 그리고 타고난 다정함을 간직하셨던 분이다. 오랜 투병의 시간이 있었고, 그 고통스러웠던 시간 동안에도 그 분은 어떤 떼씀도 않다가 힘겨운 임종을 맞으셨다. 그분의 그러한 죽음 앞에서 나는 마음이 먹먹했었다. 누구나 겪을 수밖에 없다는 죽음이 새삼스레 먹먹함으로 나를 덮쳤다. 그야말로 깜깜한 어둠도 아닌, 수묵화 같은 먹먹함.

그렇다면 이제 나는 불안의 기분을 한편으로는 먹먹함으로 이해하려 한다. 먹먹함은 투명한 듯이 거기에 있지만, 실은 거기에 있는 것들의 존재 전반이 근본적으로 불투명함을 깨달을 때 일어나는 어지러움, 멀미와 같은 것이다. 없던 것들이 갑작스레 등장하거나 익숙해 있던 것들 이외에 전혀 다른 새로움에 닥칠 때 불안이 일어나는 것이 아니라, 오히려 자명하게 받아들였던 존재 자체가 처음부터 투명하지 않았음을 깨달을 때, 그러므로 자기 자신에게 아무런 의미도 주지 못할 때, 그리고 우리 자신이 자기 스스로 아무 것도 아님의 투명하지 않음에로 빨려 들어갈 때 불안은 일어난다.

자명했던 세계가 흔들린다. 낯섦이 들이닥치고 우리가 그것을 피할 수 없을 때, 우리는 어처구니없음, 말문이 막힘 그리하여 마침내 머릿속이 새하얗게 되는 것을 느낀다. 그것은 이제까지 자기에게 의미 있었고 자신이 집착했던 모든 것들이 송두리째 날라 가버릴 때의 느낌이다. 모든 것들이 통째로 날라 가버리면 '거기' 에 있는 것은 아무 것도 없다.

일상적으로 우리가 불안이 드러난다는 것을 확인하는 것은 불안이 물러갔을 때이다. 우리는 삶과 삶에 매달려 있는 많은 존재하는 것(존재자)들에 연관되어 있다. 우리가 열중하며 몰두하고 있는 것들은 하여간에 존재하는 것들이다. 우리는 그것들에 작든 크든 의미를 부여하며 그것들을 붙잡으려 애쓴다. 그런데 어느 날 문득[219]우리는 우리가 아둥 바둥 매달려 있었던 것들이 통째로 우리 스스로에게서 빠져나감을 느낄 때를 맞는다.

집착하며 매달렸던 일이 대체 무슨 일이냐는 물음에 불안은 이미 ~로부터 물러서 피하는 방식으로 물러갔으므로 아무 것도 아님이라고 대답할 수밖에 없다. 우리가 무엇에 대해, 무엇 때문에 불안해 한 바로 그것은 아무 것도 아니었다. 물론 우리가 세상 속에 있음은 다름 아니라 다른 것(존재자)들과 함께 있음으로부터 이해되어야 한다. 그런데 다른 것들과 더불어서 우리가 의미를 부여하고 안간힘써서 붙잡으려 했던 것들이 어느 날 갑자기 무의미 속으로 빠져나가버릴 때, 우리는 하나의 세계가 송두리째 무너짐과 자신 스스로조차도 아무 것도 아님의 늪에 빠진다. 그리고 우리가 응시하고 있는 곳은 텅 비어 뻥 뚫린 구멍 저 안이다.

거기는 먹먹하다. 시선이 머무는 먹먹함에는 무언가 섬뜩하게 빛나는 창백한 백색의 날카로움이 느껴진다. 나는 그 날카로움에 베이고야 만다. 피도 흐르지 않는 날선 베임이 있다. 그것은 고통스럽다. 그런데

---

219 "'문득' 은 불안의 '시간 성격' 으로서 '일상' 의 '물려 떨어져나가 있음' 의 '길이', 즉 불안이 우리들 자신을 그 동안의 '일상' 으로부터 벗어나 있게 하는 '시간적 동안' 을 뜻한다." 자세한 풀이는 참조.: 구연상, 같은 책, 348~354쪽.

고통이 머무르는, 그리고 고통이 스멀스멀 피어오르는 바로 그 먹먹함은 시끄러움이 아니라, 오히려 짙은 먹빛의 깊은 고요다.

깊은 고요함은 고통을 피어 올린다. 고통의 아픔 자체는 고요함 안에서 비로소 고통을 고통으로서 느낄 수 있는 것이다. 우리는 소란스러움 안에서는 갈팡질팡한다. 이런저런 소란함은 우리를 헛갈리게 할 뿐이다. 우리가 먹먹함 안에서 베임의 날카로운 고통을 느낄 수 있을 때는 오로지 고요하게 스스로 속에 머무를 수 있을 때, 다시 말해서 스스로 물러서서 홀로 깊이 가라앉을 수 있을 때이다. 그때 거기에서 우리는 무(無, das Nichts)를 경험하고 있다.

아무리 아둥바둥 거려도 우리가 삶이라는 길을 냄은 언젠가는 반드시 끝난다. 우리가 모든 것이 아무것도 아님으로 마주하는 때는 바로 죽음이다. 그 죽음 앞에서는 누구나 죽음을 받아들일 수밖에 없다. 인간은 반드시 죽는다. 죽음은 우리에게서 모든 것을 송두리째 앗아가며 우리를 모든 것으로부터 끊어낸다. 모든 애착과 집착은 다만 살아 있을 동안의 것이다. 죽음에 이르러서 우리는 모든 것을 손과 마음에서 놓아야만 하며 아무 것도 지니지 못한 채, 그야말로 우리 자체가 아무 것도 아님을 경험한다. 그러나 이 아무 것도 아님을 경험함에서 우리는 마침내 우리 자신 자체를 발견할 수 있다.

3. 무(das Nichts) 그리고 죽음

우리가 일상적으로 세상 속에서 만나고 문제 삼는 것은 우선 존재자들이다. 게다가 우리는 흔히 존재하는 것들에만 열중하고 있다. 우리는 없는 것 또는 아닌 것에 몰두할 만큼 한가하다고 여기지 않는다. 따라서 우리는 없음 또는 아무것도 아님을 문제 삼지 않는다. 우선 그리고 대개 일상성으로 구성되는 세상과 사람들이 그러한 세상에서 벌여내는 일들은 모두 존재(있음) 안에서 있는 것들이다. 세상도 있으며, 일들도 있다. 사람도 있고 사물들도 있으며 관계도 있다. 우리의 이해의 지평 안에서 드러남으로 있는 것들은 이미 의미부여된 어떤 것들이다.

인간 현존재가 존재하는 한, 그의 존재(있음)의 방식이 있다. 존재를 존재하면서 느낄 수 있는 온갖 기분들도 있다. 느낌으로서의 기쁨은 그 기쁨이 대상으로 하는 어떤 것이 있을 때 우리에게 유효하다. 느낌으로서의 슬픔 또한 마찬가지이다. 우리는 없는 것 혹은 아무것도 아닌 것에 동요하지 않는다. 우리는 아무 것도 아닌 것에 감격하지 않는다. 우리는 삶의 그때그때마다 흔들리면서 무엇인가를 생각하고 무엇인가를 느낄 수 있음으로써 있는(존재하는) 삶을 살아갈(낼) 수 있다.

분명 우리가 일상적 삶에서 열중하고 있는 것(대상)은 무가 아니다. 우리는 있는 것으로부터 있는 것을 얻고자 하기에 급급하다. 그런데 왜 느닷없이 무인가. 우리가 존재자를 규정하는 방식으로 무를 만날 수 없다는 것은 이미 알려져 있다. 왜냐하면 무는 존재자가 아니기 때문이다. 우리는 무를 무엇이라는 식으로 설명할 수 없다.

도대체 무는 설명할 수 있지도 않고 규정지을 수도 없다. 그런데 우리는 무를 떠올리며, 무를 신경 쓰고 있다. 그것은 어째서 그러할까? 무는 존재하는 것이 아닌데, 왜 우리들은 형체도 없고 냄새도 없으며 색깔도 갖지 않은 그 아님을, 그리고 없음에 마음 쓰고 있을까. 무가 아예 아무 것도 아님일 뿐이고 처음부터 없음이라면, 우리는 굳이 무에 관해 골몰할 필요가 없다. 그러나 필요가 없다고 함은 필요 자체가 아예 없기 때문이 아니라, ~에 대한 필요가 없음이다. 즉 무엇에 대하여 거부할 필요조차 필요 없는 것이다.

하이데거는 전통적인 학문이 연구의 대상으로 삼았던 것이

> 학문적으로 탐구되어야 할 것은 것은 오직 존재자일 뿐, 그 밖의 다른 아무 것도 아니다. 다만 존재자일 뿐 그 밖의 아무 것도 아니다. 유일하게 존재자일 뿐 그것을 넘어선 아무 것도 아니다.[220]

라는 사실에 주목한다. 이와 같이 전통적인 형이상학이 탐구하였던 대상은 존재자들뿐이다. 그렇기 때문에 무는 거부된다. 왜냐하면 무는 존재자가 아니기 때문이다. 논리는 오직 존재자들만을 다룰 수 있기 때문에, 무 앞에서 논리는 부서져 버리고 만다. 이성은 무를 다루기에 적절하지 않다. 왜냐하면 무는 이성의 일면인 부정의 근거가 되기 때문이다. 그러나 무와 대면함으로써, 이성적인 사유에만 몰두하고 있었던 인간은 이성의 한계를 인정할 수 있어야 하고 존재자가 아닌 것, 즉 존재자를 넘어서 있는 것이 있음을 깨달을 수 있어야 한다.[221] 전통적으로

> 무는 존재자가 아님(das Nichts des Seienden)이며, 그로써 존재자로부터 경험된 존재이다. 존재론적 차이는 '존재자와 존재 사이의 아님(das Nicht Zwischen Seiendem und Sein)' 이다. 그러나 '존재자에 대한 아님' 으로서의 존재가 부정적 무라는 의미의 무가 아니듯, '존재자와 존재 사이의 아님' 으로서의 차이도 단지 지성(이성적 존재자)에 의해 구별되어 형성된 것은 아니다.[222]

하이데거는 다음과 같이 말한다.

> 무가 어떻게든지 물음되어야 한다면, 그것은 — (무) 자체는 — 먼저 주어져 있어야 한다.[223]

---

220 "Was ist Metaphysik", *WM*, 105쪽.; 형이상학이란 무엇인가』 65쪽

221 참조: 존 스태프니,「하이데거와 선불교에서 무와 죽음」, 김종욱 편역,『서양 철학과 禪』, 민족사, 1993, 111/2쪽.

222 M. Heidegger, "Vom Wesen des Grundes", *WM*, 123쪽.; 하이데거, 이선일 옮김, '근거의 본질에 관하여' ,『이정표2』, 한길사, 2005, 31쪽

223 "Was ist Metaphysik", *WM*, 108쪽.;『형이상학이란 무엇인가』, 72/3쪽

그런데 어떻게 그러함이 가능할까. 앞서의 말은 "만일 무가 물음되어야 한다면, 우리가 무를(앞서) 만날 수 있어야 함"[224]을 뜻한다. 다시 말해서 우리는 무를 만날 수 있다. 따라서 우선 물어야 하는 것은

> 우리는 무를 어디서 찾는가? 우리는 무를 어떻게 발견하는가?[225]

이다. 무는 개별적으로 경험 가능한 일종의 존재자가 아니다. 그렇다면 우리들은 어떻게 무와 대면할 수 있는가. 하이데거를 따르면, 그 대면함은 불안을 밀쳐내지 않고 자기 자신 속에 간직함에서 만날 수 있다. 하이데거에게 불안은 공포와 달리 뚜렷하게 규정된 대상을 갖지 않는다. 오히려 불안의 까닭은 정의내릴 수 없다.

> 위협을 가하는 것이 그 어디에도 없다는 것이 불안의 '그것 앞에서'라는 대상의 성격을 규정하고 있다. …… 위협하고 있는 것은 이미 '거기에' 와 있다. 그런데도 또한 아무데에도 없다. 그것은 사람의 숨을 조이며 압박할 지경으로 가까이 있으나 그럼에도 아무데에도 없다.[226]

불안은 두려움을 떠올리는 근심 같은 일상적인 것을 뜻하는 것이 아니다. 근심이 존재자에 대한 반응으로서 존재자의 영역에서 일어난다면, 불안은 무에 대한 반응이다.

---

224 "Was ist Metaphysik", *WM*, 108쪽.;『형이상학이란 무엇인가』, 72쪽

225 "Was ist Metaphysik", *WM*, 108/9쪽.;『형이상학이란 무엇인가』, 72/3쪽

226 *SuZ*, 186쪽.;『존재와 시간』, 254/5쪽.

> 불안의 '그것 앞에서'에서 '그것은 아무것도 아니고 아무데에도 없다'는 것이 드러나게 된다. 세계내부적으로는 '아무것도 아니고 아무데에도 없다'는 이 적대성은 현상적으로, 불안의 '그것 앞에서'가 세계 그 자체임을 말한다. 이 속에서 고시되는 전적인 무의미성은 세계부재를 의미하지 않고, 세계내부적인 존재자가 그 자체에서 아무런 의미가 없다는 것, 세계내부적인 것의 이러한 무의미성 때문에 세계가 그 세계성에서 유일하게 부각되어 나온다는 것을 말한다. 압박해오는 것은 이것 또는 저것이 아니며, 또한 모든 눈앞의 것을 합한 총합도 아니다. 그것 손안의 것 일반의 가능성, 즉 세계 자체이다.[227]

무는 인간이 어찌어찌 마음대로 취하거나 버릴 수 있는 표상의 대상이 아니다. 다만 인간이 무에 의해 엄습됨으로써 존재자 전체는 미끄러져 달아나는 것으로서 그 자체로 인간에게 몰려오는 것이다.[228] 물론 무는 존재자 전체와 분리되어서 따로 존재하지 않는다. 게다가 우리가 새삼스레 무를 얻기 위해서 존재자 자체를 부정하는 것이 아니라, 오히려

> 무는 이미 그 이전에 대면되었었다. …… 무는 어떤 것을 자기에게로 끌어당기지 않고 그것은 오히려 본질적으로 거부적(wesenhaft abweisend)이다. 불안에는 ~로부터 물러서 피한다는 현상이 일어난다.[229]

무는 있는 것 그리고 ~인 것의 본질적으로 거부적이라는 것이지 그

227 *SuZ*, 186쪽.;『존재와 시간』, 255쪽.

228 참조: 박찬국,「현대에 있어서 고향상실의 극복과 하이데거의 존재물음」,『하이데거의 존재사유』, 철학과 현실사, 1995, 93~97쪽.

229 "Was ist Metaphysik", *WM*, 113쪽,;『형이상학이란 무엇인가』, 서광사, 1994, 87쪽.

것들의 반대 의미는 아니다. 이 거부하는 것으로서의 무는 독자적인 실체로서 존재하는 것이 아니라, 우리가 접하는 존재자 전체를 달아나게 하면서 우리를 존재자의 존재에로 지시한다. 즉 무는 자신을 실체로서 내세우면서 현존재의 주의를 자기에로 끌어들이는 것이 아니다. 오히려 무는 자기에게 주의가 쏠리는 것을 거부한다. 무는 우리를 존재자의 존재로 안내한다.

즉 무는 존재자가 아님이 아니라, 오히려 무는 그 자체로 가라앉아 버리는 존재자 전체를 미끄러져 빠져 나가게 함이다. 빠져 나가버린 존재자는 아무 것도 아님으로 거부된다. 이렇게 존재자가 거부될 때, 무에서 존재자 자체의 근원적인 열어 밝힘이 일어나는 것이다. 이에 무는 존재자를 존재자로서 존재하게 하는 존재외의 다른 것이 아니다.[230]

이렇게 미끄러져 빠져 나가는 존재자 전체를 거부하며 가리키는 것이 바로 무의 본질, 즉 무화(Nichtung)이다. 무의 본질로서 무화란 이런 식으로 존재자를 없앰(eine Vernichtung des Seienden)을 의미하는 것이 아니고 부정(Verneinung)에서 유래하는 것도 아니다. 무는 존재자를 본질적으로 아무 것도 아님으로 거부함이다.

> 불안 속에서 전체 존재자 그 자체가 없어져 버리는 것은 아니다. 또한 마찬가지로 이제 비로소 처음으로 무를 얻기 위해서 우리가 존재자 그 전체를 부정하고 있는 것도 아니다. …… 불안에는 ~로부터 물러서 피한다는 현상이 일어난다. 이 ~로부터 물러서 피함은 무에서부터 시작된다. 무는 어떤 것을 자기에게로 끌어당기지 않는다. 그것은 오히려 본질적으로 거부적이다. 그러나 이러한 자기 쪽에서부터의 거부는 그 자체 가라앉아 버리는 존재자 전체를 미끄러져 빠져 나가게 하면서 가

230 참조: 박찬국, 같은 글, 95/6쪽.

> 리킨다. 미끄러져 빠져 나가는 존재자 전체를 이렇듯이 전체적으로 거부하며 가리키는 것이 곧 무의 본질 즉 무화(Nichtung)이다. 그것은 존재자를 없앰을 의미하는 것도 아니고 부정에서부터 유래하는 것도 아니다.[231]

하이데거를 따르면 무는 경험할 수 있음에 열려있는 존재(있음)이다. 따라서 이때 무는 결코 존재(있음) 자체에 대한 전면적인 부정이 아니다. 다만 여기에서의 무는 어떤 존재자가 존재하는 것으로서는 거부된 채, 있음이다. 다시 말해서 무는 이런 저런 존재자에 대한 거부이지 존재(있음) 자체에 대한 부정은 아니다. 그리고 이러한 거부는 오히려 모든 존재자를 그 자체로서 존재하게 하는 궁극적인 근원이라는 점에서 존재 자체이다. 즉 무는 있다.

그러나 전통적으로 무에 관하여 물음을 던질 수 없다는 말은 "과연 무가 무엇인가?"라는 물음에 무를 존재자적으로 규정지을 수도 정의내릴 수도 없었기 때문이다. 문제는 전승되고 있는 형이상학에서, 무는 존재자가 아닌 것으로,

> 존재하는 것 일체(Allheit)에 대한 완전한 부정으로서 단적으로 존재하지 않는 것(das schlechthin Nicht-Seiende)[232]

으로 다루어져 왔다는 점이다. 그런데 어떤 것 전체에 대한 완전한 부정으로서의 무를 경험하기 위해서, 존재하는 것 일체가 부정될 수 있기 위해서 우선은 우리는 그 주어진 것(존재자) 전체와 우선 마주할 수 있어야 한다.

---

231 "Was ist Metaphysik", *WM*, 114쪽.;『형이상학이란 무엇인가』, 87쪽.

232 "Was ist Metaphysik", *WM*, 107/8쪽.;『형이상학이란 무엇인가』71쪽.

엉뚱한 예를 들어보자. 우리는 외계인이라는 것을 있지 않는 것으로, 곧 존재하는 것의 부정으로 규정한다. 외계인은 자명하게 존재하는 것이 아니다. 자명하게 존재하는 것이 아니므로 만일 외계인이 존재하는 것으로 규정되기 위해서는 그 존재를 증명해줄 수 있는 것들이 간접적으로나마 필요하다. 그러나 우리들은 외계인이 존재를 증명할 만한 어떤 것도 가지고 있지 않다. 우리는 논리에 입각하여 이런저런 것들을 그것들의 본질 안에서 분류하여 파악한다.

이성의 판단에서 존재하는 것은 오로지 이렇게 분류되어 파악된 것들뿐이다. 그런데 외계인은 그 본질에 대해 알 수 없고 따라서 분류되지 않는다. 본질에서부터 분류되지 않는 것들은 판단할 수 없으므로 이성은 이것을 부정할 수밖에 없다. 외계인은 우리들에게 단적으로 존재하지 않는 것으로 부정된다. 따라서 외계인의 존재 여부는 그 자체에서 부정되므로, 외계인은 탐구의 대상이 아니다. 그러나 우리가 외계인의 존재를 부정하기 위해서는 그 존재자를 전체로서 만날 수 있어야 한다.

다시 말해서, 우리가 어떤 것을 존재하지 않는 것으로 부정할 수 있기 위해서는 그 주어진 것(존재자)을 전체로서 만날 수 있어야 한다. 그러나 우리들은 논리적 이성의 추론으로 정립되지 않는 모든 것들을 없는 것(존재하지 않는 존재자)로서 무로 만들어 버리고 말았다. 그런데 반복하여 강조하며 말해졌듯이, 무(das Nichts)는 존재자를 없는 것으로 부정함이 아니라, 오히려 존재자의 존재를 아무 것도 아님으로 거부함이다. 이렇게 존재자 전체를 거부하는 아무 것도 아님을 하이데거는 무(das Nichts)라고 이름 한다.

그렇다면 존재하는 것(존재자)을 거부하는 무를 일종의 존재자인 듯이 다루는 것은 분명히 잘못이다. 불안을 통해서 존재자는 소멸되고 없는 것으로서의 무만이 남는 것이 아니다. 만일 그렇게 된다면, 그 경우 무는 존재자가 될 뿐이다. 그렇다면 우리들은 어디에서부터 무를 마주할 수 있으며, 무에로 다가갈 수 있는가. 그 물음은 우리에게 기존의 학문적 탐구로부터 벗어날 것을 요구함으로써, 열려진다. 전통적으로 형이상학적인 사유는 본질상 어떤 것에 관한 것이다.

> 무는 새삼스레 학문에 의해 물리쳐져야 할 필요가 없다. 일반적으로 인용되는 사유의 근본 규칙 자체가, 즉 모순을 피하라는 원칙이, 다시 말해 일반 '논리학'이 이 물음을 뭉개버리고 만다. 왜냐하면 사유는 본질적으로 항상 어떤 것에 대한 사유인데, 무에 대한 사유란 그 자신의 본질에 위배되기 때문이다.[233]

유한할 수밖에 없는 우리가 어떻게 존재자 전체를 대면할 수 있을까. 그러나 하여간에 하이데거는 "우리가 존재하는 것 전체 안에 놓여 있다는 것 역시 사실이라는 것이다. 존재하는 것 전체는 어떤 형태로든 우리에게 밝혀져 있다."[234]는 사실을 이해해야 한다고 말한다. 그런데 우리는 구체적으로는 각자로서 개별적 존재자들만을 경험할 뿐이다. 우리의 경험은 저마다 다르며 우리의 경험이 미칠 수 있는 '거기' 또한 다양하다. 우리가 존재자 전체를, 그것도 그 자체에서 파악한다는 것은 불가능하다. 존재자 전체는 파악할 수 있는 대상이 될 수 없다. 그럼에도 우리는 과연 어떻게 존재자 전체를 이해할 수 있는가.

이것은 무화작용(Nichten)으로 가능해진다. 존재자 전체를 거부하면서, 거부되고 있는 것으로서의 있는 것(존재자) 전체를 가리켜 보이는 것이 바로 무화작용이다. 무화작용은 존재하는 모든 것을 거부하는 것, 그리하여 존재하는 것 전체를 무의미하게 만드는 것, 따라서 존재하는 것 그 자체를 아무 것도 아니게 한다. 다시 말하면, 무화작용은

233 "Was ist Metaphysik", *WM*, 107쪽.;『형이상학이란 무엇인가』, 69쪽.
234 "Was ist Metaphysik", *WM*, 108쪽.;『형이상학이란 무엇인가』, 73쪽.

존재하는 것 전체를 아무 것도 아니게 함으로써, 현존재 자신을 거부되고 있는 것 그 자체 앞으로 데려 온다.

> 우리는 무화를 없앰이나 부정에 포함시켜 생각할 수 없다. 무는 스스로를 무화시킨다. 무화작용은 …… 미끄러져 빠져 나가는 존재자 전체를 거부하고 가리키면서 그 존재자 전체를 - 무를 마주하여 - 지금까지는 숨겨져 있던 그러한 아주 낯선 형태 안에서 단적인 타자로 드러낸다. …… 근원적으로 무화하는 무의 본질은, 현-존재를 이제 비로소 처음으로 존재자 그 자체 앞으로 데려온다는 데 있다. …… 현-존재란 무속으로 들어서 머물러 있는 것을 말한다."[235]

하이데거는 전통적으로 무를 존재자(존재하는 것)가 아님이며, 그로써 존재자(존재하는 것)에서부터 경험된 존재였다는 것을 밝히고 있다.[236]

하이데거를 따르면 존재자 전체가 그것의 단일성에서 주어질 수 있는 것은 불안과 같은 근본기분(Grundstimmung)에서이다. 다시 말해서 근본기분은 존재자를 그 전체에서 열어 놓는다.[237] 낱낱의 개별자로서 존재하는 존재자들은 불안이라는 근본기분 안에서 전체로서 드러나며, 그 존재하는 것 전체는 불안 속에서 거부된다. 이러한 거부는 거부되고 있는 것 자체, 곧 존재하는 것 전체를 그것의 거부되고 있음에서 지시하여 보여준다.

우리가 무를 물음할 수 있으려면, 그 자체가 우리에게 주어져 있어야 한다. 그런데 앞서 무가 없는 것, 곧 존재하지 않는 것으로서만 받아들여져 온 것은 무를 존재자적 성격으로 추론해내려 했기 때문이며,

---

235 "Was ist Metaphysik", *WM*, 114/5쪽.;『형이상학이란 무엇인가』, 90/1쪽.
236 참조: "Vom Wesen des Grundes", *WM*, 123쪽.;『근거의 본질에 관하여』, 31쪽
237 참조: "Was ist Metaphysik", *WM*, 109쪽.;『형이상학이란 무엇인가』, 74/5쪽.

따라서 이러한 추론은 무를 여전히 부정된 존재자로서 마주 대하려는 것으로 이해되었다. 그런데 우리는 이제 무를, 존재자를 거부함으로써 아무 것도 아님으로 새기고 있다.

아무 것도 아님이라는 말은 그 말이 말해질 수 있는 어떤 것을 필요로 한다. 즉 그 말은 어떤 것의 아무 것도 아님 또는 어떤 것의 어떤 것도 아님을 말한다. 다시 말해서 어떤 것이 아무 것도 아님이다. 그 어떤 것은 아무 것도 아니므로 무엇이라 분명하게 규정할 수 없는 것이다.

예컨대 우리는 보통 이런 사람 혹은 저런 사람으로 지시하며 규정할 수 없을 때, 그 사람을 아무개 씨라고 부른다. 아무개 씨는 아무가 되어도 된다. 아무개 씨라는 이름은 어떤 사람을 필요로 하지만 그 사람이 누구이건 상관없다. 이 아무개 씨는 성이 이씨면 되는 것이고 정 아무개 씨는 성이 정씨라면 아무가 되어도 좋다. 그냥 아무개 씨면 그 사람의 성이 이씨이건 정씨이건 상관없다.[238]

아무라는 낱말은 아무래도 상관없는 것을 가리킨다. 그리고 그 말은 아무라는 낱말에 의해 지시되는 것이 어떠하든지 좋거나 혹은 상관없다는 뜻이다. 따라서 구체적인 어떤 것은 이 아무라는 낱말에 의해서 뜻매김될 수 없다. 우리는 우리 자신을 누구로 표상함을 거부당할 때 무를 느낀다. 우리는 우리가 어떤 누구로도 표상될 수 없을 때, 무가 된다. 우리들은 이 아무 것도 아님으로 존재자들이 거부되고 있음을 보게 된다. 존재자들에 매달려 존재자에 집착하면서 살아가던 우리들은 이제 아무 것도 아님에 사로잡히게 된다. 그 사로잡힘은 불안을 느낌에서부터이다. 불안 속에서 우리는 존재자 전체로부터 벗어난다.

그러나 우리는 불안 속에서, 거부됨으로 빠져나가버린 유의미성이 되돌아오기를 바란다. 그럼에도 그 바람은 불안 속에서 아무 것도 아니다. 바람조차 아무 것도 아님으로 빠져나가 버렸으므로 우리는 그

---

238 참조: 구연상, 같은 책, 557~559쪽.

바람을 좇지 않는다. 그러나 그때 우리는 아무 것도 아님에 의해 사로잡혀 있는 것이다. 그 사로잡힘은 존재자들이 이전보다 훨씬 더 생생하게 있다는 자각이 밀려옴에 휩싸이는 것이다. 우리는 아무 것도 아님으로 더욱 생생해진 존재자의 존재에 사로잡혀 있고 그것은 전혀 다른 차원, 즉 존재의 차원에 대한 자각이 밀려옴이다. 그리고 그것은 우리가 우리 자신을 사로잡고 있는 것에 사로잡힌 채, 그 자리에 고요히 머물러 있게 된다.[239]

우리가 무의 현상을 가장 예리하게 느낄 때는 언제일까. 그것은 우리가 불안의 기분 속에 있을 때다. 그리고 우리들이 자신의 존재 전체에 대해 가장 날카롭게 의식하는 순간은 다름 아니라, 죽음에로 앞서 향할 때이다. 죽음 앞에로 앞서 다가감으로부터 발원하는 불안은 자신의 존재 전체가 그 근거로부터 첨예하게 드러나게 한다. 이런 점에서 불안은 자신의 한가운데에 침입해 있는 죽음에 대한 불안이며, 죽음이 우리에게 근원적으로 자신을 알려오는 방식이다.[240]

우리들은 태어나면서부터 죽음으로 내던져진 존재이기에 우리 실존의 밑바탕에는 항상 불안이 꿈틀거리고 있다. 죽음은 존재 전체가 스스로를 알리는 통로인 한, 인간이 자신이 죽음에 내던져져 있다는 사실을 자각하게 되는 기분인 불안은 결국 존재 전체에 대한 불안이다. 그것은 자신이 이해가능하지 않은 존재 전체에 내던져져 있다는 어쩔 수 없음의 사실 앞에서의 불안이다. 불안에서 존재 전체는 무의 형태로 자신을 알려온다.[241]

---

239 'eine gebannte Ruhe'. 참조: "Was ist Metaphysik", *WM*, 114쪽,;『형이상학이란 무엇인가』, 서광사, 1994, 87쪽. 구연상, 같은 책, 558/9쪽.

240 박찬국,『들길의 사상가, 하이데거』, 동녘, 2004, 107/8쪽.

241 참조: 같은 책, 119쪽.

> 불안 속에서는 존재자 전체가 의미를 잃는다. …… 존재자가 불안에 의해 송두리째 없어져 무만이 남게 되는 것이 아니다. 불안이 바로 존재자 전체에 대해 완전한 무기력 상태에 놓이게 된다. 어떻게 그런 일이 일어나게 되는가? 오히려 무는 미끄러져 빠져 나가는 전체로서의 존재자와 함께, 그리고 그 존재자에서 스스로를 알려온다. …… 우리는 미끄러져 빠져 나가는 존재자 전체 '와 함께' 무를 대하게 된다고 말했다.[242]

무는 우리를 엄습하는 강력한 힘이다. 그 힘은 불안에서부터 우리가 집착해온 것들에게서 의미를 빼앗아 버린다. 그리고 우리에게 모든 것의 의미가 빠져나가버린 텅 빔을 보여준다. 텅 빔은 때론 현기증과 울렁거리는 멀미를 일으킨다. 삶이 너무나 어지럽고 울렁거리면, 우리는 모든 것들을 다 토해낼 수밖에 없다. 무는 모든 것의 의미를 빼앗아 버리는 텅 빔과 토해냄의 사건이다.

마침내 무는 우리 자신을 비롯한 모든 존재자들의 고유한 존재를 드러나게 한다.[243] 불안을 받아들임은 이전에 집착했던 것들을 모두 놓아버림이다. 그리하여 스스로를 얽매고 있던 모든 것들로부터 벗어남이다. 즉 우리들은 불안을 통해서 우리에게 친숙하고 의미 있었던 세계를 잃지만 근원적인 세계가 무로부터 탄생하는 것을 경험한다.[244]

더구나 죽음은 극단적으로 모든 것들의 단절이며 몰수이다. 인간이 자기가 죽을 수밖에 없음을 이해해야만 할 때, 그는 불안의 심연에 빠지게 된다. 불안은 우리가 그 동안 집착해온 모든 것이 무의미했음을 드러내면서 우리 자신을 비롯한 모든 것을 섬뜩해짐(먹먹해짐)에 마주하게 한다. 왜냐하면 불안은 우리로 하여금 우리 자신을 포함한 모든 것

242 "Was ist Metaphysik", *WM*, 113쪽.;『형이상학이란 무엇인가』, 87쪽.

243 참조: 박찬국, 같은 책, 120쪽.

244 무화는 '드러냄(열어밝힘)으로서의 결단성' 과 통하고 있다.

의 낯선 존재와 맞딱뜨리게 하기 때문이다. 불안은 그 어떤 고통보다 더 큰 고통을 유발한다.[245]

그러나 이런 고통을 유발하는 불안에서 도피하지 않고 그것에로 다가가 스스로의 삶에로 되돌아올 때, 비로소 존재자 전체의 있음의 사실이 우리에게 경이로움으로 다가오게 된다. 죽음은 우리들에게 매일매일 집착하고 연연해했던 모든 존재하는 것들이 마침내는 아무 것도 아니었음을 알려준다. 죽음의 절대적인 몰연관성 안에서, 그리고 전면적인 몰수 안에서 비로소 자기 자신의 고유한 본래적 존재가능만이 자기 앞에 되돌아와 들어선다.

그때 모든 존재자의 고유한 존재는 비로소 스스로를 환하게 열어 밝히는 열린 터(das Offene)의 근원적인 세계에 나가 있게 된다. 아무 것에도 집착하지 않고 연연해하지 않을 때, 그 존재자가 전체로서 그리고 그 자체로서 고유하게 우리에게 드러나게 된다. 하이데거는 모든 존재자가 다른 존재자에 얽매이지 않고 스스로 고유한 존재에 열려 있는 상태가 진정한 의미의 자유라고 말한다. 우리들은 무의 근원적인 열어 밝힘을 통해서만 진정한 의미의 자유를 경험할 수 있다.[246]

그리고 집착하고 있었던 모든 존재하는 것들이 거부되는 빠져나감에서 모든 존재자들로부터 벗어날 수 있음, 그리하여 일체의 것들로부터 매어 있지 않게 됨에서만 우리들은 비로소 내적으로 충만해질 수 있다. 따라서 불안에서 도피하지 않고 그것에로 나가 섬, 즉 죽음을 향하여 앞서 달려감이라는 결단성의 근원적 힘이 바로 무라 할 수 있는 것이다.

불안과 무, 그리고 죽음은 일상 세계의 자명성이 붕괴하는 데에 전제되는 것이다. 그리고 이러한 불안과 무, 그리고 죽음에 대한 근본 경

245 참조: 박찬국, 같은 책, 110/1쪽.

246 참조: 박찬국, 같은 책, 121쪽.

험이 인간으로 하여금 비본래적인 일상 세계에 빠져 있음을 청산하게 하는 계기를 마련한다면, 이러한 것들은 인간 현존재에게 허망하거나 부정적인 요소가 아니다. 오히려 그것들은 본래적인 앎을 내어주는 힘 있는 전령의 역할을 수행하는 것이다. 현존재는 죽음 앞에서 자기 자신의 가장 고유한 존재가능(eigenste Seinkönnen)과 마주한다. 그리고 이러한 죽음은 현존재의 전적인 불가능성의 가능성이며 그 자신의 가장 고유하고 무연관적이며 건너뛸 수 없는 가능성으로 인간 현존재에게 주어진다.[247]

247 참조: *SuZ*, 250/1, 262쪽.;『존재와 시간』 336, 350쪽. 참조: 윤병렬,「하이데거의 전기사유에서 "들음"의 해석학적 위상」,『하이데거 연구 제14집』, 세림 M&B, 2006, 가을. 60/1쪽.

산다는 것
죽는다는 것
03

기다림과 내맡김(초연함, Gelassenheit)

우리는 일상적으로 누구나 자기 자신의 죽음 앞에서 초연할 수 없다.
그러나 인간이라면 누구나 죽음을 맞이해야 한다.
우리가 살아가면서 갖고 있는 어떤 것에 대한 연연함이나 집착을 모두 내려놓을 때,
죽음은 우리에게 그의 존재가능의 전체로서 다가온다.
이는 깊이 있는 그리고 초조해하지 않는 기다림이며 이 기다림은
우리가 나 자신을 죽음에로 초연히 내맡길 때 일어날 수 있다.

우리들은 무언가 미래에 대하여 원함과 기대함을 가지고 있다. 그러나 앞 절에서 보았듯이 이러한 것들은 시간성의 의미에서 보면 본래적인 시간 이해에서 나오는 것이 아니다. 이 절에서는 앞 절에서 논의되었던 것과 연관하여, 그렇다면 본래적인 도래에서 일어나는 기다림은 어떤 것인가에 관해 조금 더 자세히 분류하여 살펴보도록 한다.

우리들이 우리 존재를 떠맡음으로써 비록 아직 아님이지만, 우리들을 그리에로 이끄는 도래에로 다가갈 수 있음은 일종의 닥침을 맞아들이는 다가감이다. 우리에게 도래로서의 닥침을 맞아들이는 다가감이 있는 한, 거기에는 기다림이 있다. 기다림은 우리들이 의식을 붙잡거나 판단내라는 것을 통해 정의될 수 없다. 우리는 그것들을 엄밀하고 보편적인 이성으로부터 발견하지 않는다. 그렇다고 기다림은 우리를 어떤 방식으로나, 어떤 것으로 드러내 주지도 않는다. 그런데 희망과 기대함, 그리고 기다림은 인간 현존재가 그의 처해있음으로부터 자기를 어떻게 느끼는가에서 일어난다.

어린 아이는 세계를 형성할 수 있는 가능성 안에 있지만, 그의 세계는 아직 비좁다. 그 비좁은 세계에서 아이들은 꿈을 꾼다. 꿈은 그에게 아직 오지 않은 때를 그리는 것이다. 어린 아이에게 그 꿈은 아직 실현의 여부를 따질 필요가 없다. 그는 다만 이미 다른 이들에 의해 맺힌 삶의 맥락 안에서 꿈을 꾸면 되는 것이고, 그러한 식으로 꿈을 꾼다.

그러나 인간 현존재는 결코 이미 만들어져 있는 형식과 틀 안에 안주하지 않는다. 그것은 그가 또 다른 삶을 세계 속에서 기대하기 때문이며, 본래적으로는 자기 자신의 가능성 앞으로 가볼 수 있기 때문이다. 인간 현존재는 우선 대개는 일상 속에서 꿈을 꿈으로서의 희망과, 일종의 계산적인 기대함으로도 나름대로 자기 자신과 스스로의 세계를 열어 밝힌다. 그렇다면 기다림은 대체 무엇을 말하는 것일까.

우리는 앞서 시간성의 분석으로부터 공포와 두려움 그리고 불안의 현상에 관하여 논의해보았지만, 여기에서 일종의 희망함과 기대함 그리고 기다림을 어떻게든 다시 규정해 볼 필요가 있다.

1. 희망과 기대함 혹은 고대함

1) 희망

우리는 사랑하는 이를 기다린다고 말한다. 그런데 그 말함이 향하는 곳, 즉 기다림은 일정한 시점 안에서이다. 우리가 사랑하는 이를 기다린다고 하는 것은 약속된 때와 어느 곳에서 만남을 상정한다. 우리는 특정한 약속 장소나 약속을 정해 놓은 시간 없이 사람을 기다리지 않는다. 물론 우리는 살다보면 어떤 사람을 막연하게 혹은 약속하지 않고도 기다리고 있다고 말한다.

그런데 지시될 수 있는 약속에 의한 기다림과 아무런 지시가 놓이지 않은 기다림이 모두 다 기다림이라고 이야기될 수 있는 것일까. 만약 그것이 구별될 수 있는 것이라면, 기다림이라는 표현은 조금 더 숙고해야 하는 말이다. 우리가 누군가를 어디에서 기다림이란, 그 누구를 특정한 장소나 일정한 시간에 만나기를 희망하거나 고대하는 것이고, 이것은 뚜렷한 어떤 장소와 시점을 지시하고 있다.

희망이란 지금은 그렇지 않지만 앞으로 그리 될 수 있다거나, 지금은 아니지만 앞으로 그리될(취할) 수 있음에 관한 것이다. 어린아이들은 어릴 적에 모두 장래의 희망을 갖는다. 그것은 그 아이가 어릴 때 꾸는 꿈이다. 그런데 꿈은 현실적이지 않다. 어린아이는 그 아이가 해낼 수 있는 것을 그야말로 마음껏 그려보는 식으로 원하며 바란다. 마음껏은 일종의 기분 내키는 대로이다. 꿈을 꾸는 것, 그리고 그러한 방식으로 희망은 마음먹은 대로, 즉 기분 내키는 바에 있다. 그러나 마음대로 잡아먹은 꿈은 현실성으로 실현될 수도 혹은 실현되지 않을 수도 있다.

어린 여자 아이는 대개 어릴 적에 처음 남성이라는 존재를 아빠라는 사람으로부터 만난다. 대개 아빠라는 사람은 자신의 딸을 아끼고 사랑한다. 대개의 어린 여자들은 남성으로부터의 사랑을 아빠에게서 처음 얻는다. 따라서 어린 여자 아이의 첫사랑은 대개는 아빠이다. 어린 딸아이는 자라면서 "난 크면 아빠하고 결혼할 거야."라고 말한다. 그것은 허튼 말이 아니다. 어린 여자아이에게 그 말은 진심이다. 그리고 여자아이는 그러할 수 있다는 것을 믿는다. 여자 아이에게 그것은 이루어지기를 원하는 간절한 희망이다. 진심인 것이 실현되는 것을 믿고자 하는 간절함은 그 희망하는 바가 그 여자 아이에게 좋음이기 때문이다.

그러나 여자 아이의 그 희망이 이루어질 리는 없다. 우리들이 존재하고 있는 삶의 세계에서는 이미 해석된 삶의 방식으로서의 규범이 아버지와 딸의 혼인을 금하고 있기 때문이다. 그럼에도 그 아이가 자라나서 세계를 이해할 수 있기까지는 여자 아이에게 그 희망을 버리는 것은 쉽지 않다. 아무리 자기에게 좋음을 희망하더라도 그 여자 아이에게는 그것을 이룰 수 없음이 가로막고 있는 것이다. 하여간 희망함에는 희망하는 것이 무엇으로 표상됨, 무엇을 희망하는 현존재, 그리고 그 연관 안에서 그것을 이룸을 바람이라는 의지적 작용이 있는 것이다.

의지 작용은 일단 나의 눈을 끄는 것에로 향해 있다. 나는 나의 눈을 끄는 것들을 살펴보며 그것들을 이렇게 혹은 저렇게 내 앞에 가져와 마주 대하기를 원하는 식으로 일어난다. 나의 눈을 끄는 그것들은 어떤 사물일 수도 있고 혹은 도구일 수도 있으며, 때로는 다른 이들일 수도 있다. 희망이 내가 나의 눈을 끄는 무언가를 내 앞에 가져오기를 바람으로서의 의지적 작용이라면, 거기에는 누군가이거나 무엇들이 언제나 눈앞에 있음이거나 손안에 있음이거나 함께 있음으로 존재하는 것이다.

따라서 거기에는 마주 대하는 배려(Besorge)가 머물고 있다. 희망함은 눈앞에 있는 것이거나 손안에 있는 것을 나름대로는 마주 대하며 배려한다. 그리고 함께 거기에 있는 현존재를 심려한다. 그러나 그 배려와 심려는 자기 자신의 시야 안에 이미 규정된 방식 안에 머물러서라는 제한을 갖는다. 그런데 그 제한되어 있음을 상정하는 것은 더불어 있음으로 이해될 수 있는 세계 내부적 존재자를 본래적으로 이해하는 존재이해가 이미 아니다. 더불어 있는 세계 내부적 존재자들의 존재는 본래적으로 실존하는 인간 현존재에게서 그들의 존재에로 자유로이 내어지기 때문이다.

> 무엇보다도 타인이라는 세계내부적으로 만나게 되는 현존재의 존재 양식이 손안에 있음과 눈앞에 있음과는 구별되기 때문에 필요하다. 따라서 현존재의 세계는 도구와 사물들 자체와는 아주 다를 뿐만이 아니라, 현존재로서의 그의 존재 양식을 볼 때에 그 자체가 세계-속에-존재의 방식으로 세계 '속에' 존재하며 그 세계-속에서 동시에 세계내부적으로 만나게 되는 그런 존재자도 자유롭게 내어준다. 이러한 존재자는 눈

앞에 있는 것도 손안에 있는 것도 아니며 자유롭게 내어주고 있는 현존재 자신과 똑같이 그렇게 존재하고 있다. 즉 그 존재자도 존재하며 함께 거기에 있다.[248]

우리들은 희망함에 걸리는 것(희망 거리)들을 앞에 세운다. 그것들은 일단 현실적인 것들이다. 즉 희망의 대상이 되는 것들은 그것을 이루어 낼 수 있건, 이루어 낼 수 없건 간에 현실성 안에 있는 것이다. 그런데 이룰 수 있음은 현실성이 아니다. 희망은 언제나 아직은 아닌 것을 바라며 있다.

희망[希望]은 바람이다. 여기에서 바람은 망[望]이라는 글자에서 두드러지게 드러난다. 바람은 여기인 현실을 떠난 저 너머로 향해 있다. 망[望]이란 지금은 여기에 없지만 앞으로 그리 있을 수 있다는 가능성을 좇는다. 희망은 앞으로 생기게 될 일에 대하여 어떤 원함을 가지고 있음이다. 그러나 희망함에는 나 자신의 존재유래나 존재의미가 염려되지 않아도 된다. 왜냐하면 희망은 오히려 나의 현재로부터 벗어나 있기 때문이다. 어린 여자 아이가 자기 아빠와 결혼하고 싶다는 희망을 가짐은 오래지 않아 결코 가능하지 않은 일로 그 아이에게 밝혀진다. 그럼에도 당장 그 어린 여자 아이는 자기가 처해있는 상황으로부터 그리고 자기와 아빠가 맺고 있는 관계의미로부터 떠나 있다.

한국 사회에서는 지금도 로또라는 복권이 우리들에게 일종의 희망이다. 우리들은 로또 복권을 산다. 우리들이 로또 복권을 사는 이유는 그것이 당첨되기를 원하고(희망하고) 있기 때문이다. 그러나 나에게 그 희망(원함)이 실제로 현재화하는 경우는 아주 드물다. 그럼에도 우리는 당첨을 확신할 수 없는 로또 복권을 종종 사며, 그 희망이 나에게 이루어졌을 때를 꿈꾸면서 기분이 좋아진다. 따라서 희망은 일종의 바람이

248 *SuZ*, 118쪽;『존재와 시간』 165쪽.

지만, 그 바람은 꿈꾸는 사유로 드러난다. 일상적으로 굳이 냉철한 논리와 보편성에 근거한 이성을 빌지 않아도 어떤 식으로건 우리에게 사유함은 가능하다. 그러나 그러한 사유는 존재이해라는 차원에서 열어밝혀지는 근원적인 존재사유는 아니다.

왜냐하면 존재사유는 무엇을 떠올리며 표상하는 방식으로 일어날 수 있는 것이 아니기 때문이다. 인간 현존재의 존재에 근거를 두는 존재사유는 여러 구조요소들을 그 근원과 연관으로부터 이해할 때 비로소 가능하다. 그러나 어린 아이들은 이러한 식의 존재사유를 하지 못하더라도 꿈꾸는 사유를 함으로써 그들 나름대로가 희망을 앞에 세울 수 있다. 그리고 일상적인 우리는 언제나 이런저런 것을 원하고 그에 잠시 몰두하는 식으로 궁리하고 있다. 그런데 그 몰두하는 궁리는 망각되어 꿈꾸며 현재화하는 잠시이다. 우리는 꿈꾸는 사유에 목숨 걸지 않는다. 그 원함(희망)은 앞으로 이루어지면 기분 좋은 일이고, 이루어지지 않더라도 굳이 기분 나쁠 일도 아니다. 그러한 것들은 일상적으로 나름대로는 그럴싸하다. 즉 일상적으로, 희망함에 관해서는 딱히 문제 삼아질 것이 없다.

다시 말하면, 문제 삼을 것이 없다는 말은 지금이 아닌 언젠가 무엇을 바람으로서의 희망함이 방향성을 갖지 않아도 된다는 것이다. 희망함은 대개 어떤 것을 향함이라는 식으로 표상할 수 있음을 요구하기는 하지만, 그 표상된 것들을 반드시 성취해야만 하는 것으로 향해 있지는 않다. 우리는 세계 속에서 언제나 무언가를 희망하고 있다. 그리고 그 희망함은 희망함의 결과가 희망한 대로 우리 앞에 와 있거나 와 있지 않거나에 집착하지 않아도 상관없다.

희망함은 희망할 수 있는 거리들이 자기 앞에 마주 대할 수 있음으로 놓여 있다는 것만으로도 충분히 자기만족적이다. 대개 우리가 세계 속에서 희망하는 것은 편안함, 안심됨, 그리하여 행복함을 느낄 수 있는 등등에 처해있음(기분을 느낌)이다. 우리는 일상적 삶 속에서 불편함,

불행함, 그리고 불안과 같은 기분을 만나지 않기를 희망한다. 비록 막연하지만, 그럼에도 우리가 어떤 표상할 수 있는 것들에로 희망을 가짐을 불안과 관련하여 말할 수 있다면, 그것은 등을 돌림이다. 즉 우리는 불안할 수 있음으로부터 등을 돌려 불안이 우리를 덮침을 피하려 한다. 그러나 그 등을 돌림은 그 자체로 망각이다.

이제까지 논의한대로 불안이 인간 현존재의 전체존재 가능성을 열어 밝히고 있다면, 희망은 그와 대립되는 의미를 가질 것이다. 희망은 그때그때마다 달라질 수 있다. 어린 아이 적에 가졌던 희망과 어른이 되어가면서 가지는 희망, 그리고 노년에서 갖게 되는 희망은 저마다 다르다. 우리는 희망 거리들을 마주 대함으로부터 갈아치울 수 있으면 그만이다. 그런데 우리는 앞서 인간 현존재를 그때마다 스스로라는 의미 안에서 새겨보았다. 그렇다면 그때마다 달라질 수 있는 희망은 인간 현존재의 존재를 이해하기에 과연 충분한 것일까.

일차적으로 그 답변은 스스로라는 성격에서 발견된다. 우리들 인간 현존재가 삶 속에서 갖게 되는 희망은, 그때마다 구체적으로 있음에서 자기 자신의 고유함을 발견함이라는 인간 현존재의 각자성에 근거하는 것처럼 보이기는 할지라도, 현사실적으로 그리고 실존론적으로는 그렇지 않다. 우리가 일상적인 삶의 길을 가던, 스스로의 길을 내어가던 그 길은 우선 대개 일상 속에서 이해된다. 다만 우리가 인간을 현존재(Da-Sein, 거기에 있음)라 이해할 있는 근거가 그 존재자의 탁월한 존재의 방식인 실존에 놓여있다면, 인간 현존재의 독특함은 그가 처해있는 일상을 완전하게 소유하거나 파괴하는 식으로서가 아니라, 자기 자신의 존재가능을 기획투사하는 방식으로 있다는 것에 있다.

> 이해는 현존재의 존재를 그의 그때마다의 세계의 세계성인 유의미성에로와 마찬가지로 근원적으로 그의 '그 때문에'에로 기획투사한다. …… 기획투사는 현사실적인 존재가능의 여지를 지칭하는 실존론적 존재구

> 성틀이다. 그리고 현존재는 내던져진 현존재로서 기획투사의 존재 양식으로 내던져져 있다. 기획투사는, 그것에 맞추어 현존재가 그의 존재를 짜맞추어 넣는 그런 고안해낸 계획과 관계를 맺는 것과는 아무 상관이 없고, 오히려 현존재로서 그는 그때마다 이미 기획투사했으며 그가 존재하는 한 기획투사하면서 존재한다. 현존재는 그가 존재하는 한 언제나 이미, 또는 언제나 여전히 자신을 가능성에서부터 이해하고 있다. 이외에도 이해의 기획투사성격은, 이해가 그리고 기획투사하는 그것을 즉 가능성들을 그 자신은 주제로서 파악하지 않고 있음을 말한다. 그러한 주제적 파악은 기획투사된 것에서 바로 그것의 가능성의 성격을 빼앗으며 그것을 하나의 주어져 있는 의도된 사실요소로 끌어내리는 데에 반해서, 기획투사는 기획투사함에서 자신을 위하여 가능성을 가능성으로 앞에 던지며 가능성으로 존재하도록 해준다.[249]

그리고 이러한 기획투사는 일차적으로는 그때마다라는 시간의 의미 안에 있지만, 어떤 고유한 자기임에 대한 길을 찾아 나섬이다. 길을 찾아 나섬은 자기 자신에 대한 존재가능에로 다가가 그 존재가능을 앞지르면서 뒤좇음이다. 앞지름이라는 말에서 볼 수 있는 것처럼 길을 찾아 나섬은 현실성에서 드러나는 것이 아니다. 그것은 우리가 다가가야 하는 시간의 의미 안에 있다. 인간 현존재는 그 각각의 지금이라는 때에 마냥 주저앉아 있지 않고 언제나 존재해 오고 있음이라는 기재를 떠맡으면서 마주하고 있음이라는 현재성 안에서 도래에로 향해 있다.

따라서 인간 현존재에 있어서 그때마다라는 표현은 현존재가 살아있는 한, 끊임없이 그때마다로 이해되어야 한다. 살아있는 한이라는 말은 인간 현존재가 죽음을 맞아들일 수밖에 없음이기 때문이며, 끊임없다는 말은 영원함이 아니라, 무엇보다도 현존재의 전체존재가능이

249 *SuZ*, 145쪽.;『존재와 시간』 201/2쪽.

아직 끝나지 않음과 연관하여 이해되어야만 한다. 따라서 무엇보다도 그때마다는 어쩔 수 없는 사실성에 안주함이 아니고, 오히려 그때마다 자기 자신 스스로를 존재가능으로 불러 세움이다.

불러 세움은 불안을 마다하거나 불안으로부터 등을 돌리는 피함이 아니다. 불러 세워지는 것은 다름 아니라 바로 그 자신의 현존재이다. 이 말은 현존재, 즉 거기에 있음으로서의 존재가 자신 속에 웅크린 채로 등을 돌려 숨어버림이 아니라, 그의 실존에로 자기 자신을 스스로 열어 밝힘이다. 그리고 이는 스스로를 주체로 삼는 것이 아니며, 오히려 일상 속에 처해있음이 떠맡겨짐을 떠맡음, 그리고 그러한 떠맡음으로부터 자기 자신의 존재가능을 결단함에로 향해 있다.

따라서 인간 현존재가 희망을 꿈꿀 수는 있지만, 희망함의 그 속성상 희망에서 표상되는 것들을 눈앞에 있는 것들로 여기거나 움켜쥐거나 소유하는 식으로써(일상적) 배려의 한 방식으로 있다면, 희망함은 인간 현존재의 전체존재가능을 의미하는 것이 아니다. 하이데거가 말하고 있듯이 그것은 원하는 사유, 즉 근대로부터 전승된 사유인 사유의 주체가 사유의 대상을 표상하는 방식으로서의 사유이다.

> 학자(Gelehrter) : 그렇지만 사유란 그것이 전승된 방식에서 표상(Vorstellen)이라고 파악되고 있다면 그것은 일종의 원함(의욕, Wollen)입니다.[250]

그런데 이러한 희망함은 아무 것도 희망하지 않음을 원하기도 한다는 두 번째 의미를 갖는다. 즉 어떤 아님(nein)이, 원함(의욕) 자체를 지

---

250 M. Heidegger, “Zur Erörterung der Gelassenheit”, *Gelassenheit*, Günter Neske, Pfullingen, 1977, 29/30쪽.(앞으로는 Erörterung으로 줄임.) ; 하이데거,『동일성과 차이』, 신상희 옮김, 민음사, 2006, 139쪽.(앞으로는『동일성과 차이』로 줄임.)

향하면서도 그런 원함을 거절한다는 의미에서 두루 미치고 있는 것이다. 그렇기 때문에 이 경우 원하지 않음은 의도적으로 원함을 거절함(단념함, Absagen)을 의미한다. 다시 말해서 아무 것도 원하지 않음에는 아직 일종의 원함(의욕)이 남아있다.

> 학자(Gelehrter) : '원하지(의욕하지) 않음'은 일단 먼저 여전히 일종의 원함(의욕)을 뜻하기에, 그 안에는 어떤 아님(nein)이 – 즉 원함 자체를 지향하면서도 그런 원함(의욕)을 거절한다는 의미에서의 어떤 아님이 – 동시에 존재하고 있습니다. 따라서 이 경우에 '원하지-않음'은 고의적으로 원함을 거절한다(포기한다)는 말입니다.[251]

그런데 하이데거는 이 아님, 원하지 않음이라는 표현이 온갖 의지(Wille)에서 완전히 벗어난 채 그대로 머물러 있는 그런 상태를 의미한다고 말한다. 즉 원하기를 단념한다는 의미에서 원하지 않음을 원할 수 있으며, 이러한 원함 없음(무의욕, Nicht-Wollen)을 철저하게 관통해나감으로써, 우리가 일종의 원함이 아닌(nicht ein Wollen ist) 사유의 본질 속으로 들어가 내맡김(Gelassenheit)에 참여할 수 있거나, 적어도 그런 것을 맞이할 채비를 할 수 있다는 것이다.[252]

> 탐구자(Forscher) : 제가 헤아려 두 종류의 '원하지-않음'의 상호관계를 다음과 같이 규정한다면, 그것은 올바른 생각입니까? 당신은 원하기를 포기한다는 의미에서 '원하지-않기'를 바라고 계시며, 따라서 이러한 원함-없음을 철저히 관통하여 나감으로써, 우리는 일종의 원함이 아닌

---

251 Erörterung, 30쪽,;『동일성과 차이』, 140쪽.

252 Erörterung, 31쪽,;『동일성과 차이』, 141쪽.
참조:『동일성과 차이』, 278쪽, 옮긴이의 주 8).

그런 사유의 탐구되는 본질 속으로 들어가 (그것과) 관계맺을 수 있거나 혹은 적어도 그런 것을 맞이할 채비를 할 수 있다는 것 아닙니까?[253]

여기에서 탐구자는 원함이 없음, 혹은 원하지 않음의 두 번째 의미인 모든 종류의 의지로부터 완전히 벗어나 내맡긴 채 있는(gelassen-sein) 상태를 말하고 있는 것이다.[254] 그것은 바로 자기를 송두리째 내맡김이다. 이에 관해서는 앞으로 더 논의해 보기로 한다.

2) 기대함 혹은 고대함

우리들은 막상 이룰 수 없음이 현실성이 아님에도 그 이룸 거리, 즉 이룸의 대상을 일단은 현실 속에서 찾는다. 우리가 갖고 있는 희망함이 구체적으로 현실 속에서 발견할 수 있는 무언가로 향할 때, 지금부터는 그것을 희망하는 기대함이라고 바꾸어 말해보자. 희망하는 기대함은 이룰 수 있음이 불확실한 막연한 꿈에로 향하지 않는다. 희망하는 기대함은 어찌되었건 이룰 수 있음을 기대하는 것이다. 나는 여기에서 두려움에서 살펴진 기대함과 다른 뜻으로 기대함을 새겨보려 한다.

기대함이 걸리는 거리, 즉 기대함이 대상으로 하는 무엇은 현실 속에 있고 따라서 기대함은 희망함과 마찬가지로 어떠함이 반드시 실현되지 않더라도 기대할 수 있다. 실현을 실제로 현전함이라 이해해본다면, 그 실현이 지금 당장 이루어지지 않더라도 우리는 기대함을 버리지 않는다. 이것은 이루어질 수 없는 꿈일지언정 우리가 희망이 걸리는 거리들을 쉽게 버리지 못함과 같다.

253 Erörterung, 31쪽,;『동일성과 차이』, 141쪽.
254 참조: Erörterung, 30/1쪽.;『동일성과 차이』, 140/1쪽.

그런데 희망함과 기대함이 다를 수 있다면, 그 차이는 희망이 무엇이나 어떠함이 실현됨과 상관없이 꿀 수 있는 꿈과 같은 것이고, 기대함은 구체적인 실현에로 향할 수 있음에 있다. 그것은 무언가를 구체적으로 선택하고 그 결과를 기대하는 것이다. 그런데 우리는 일상 세계 속에서 선택한 것이 이루어지기를 기대한다고 하지, 실패하기를 기대한다고 말하지는 않는다. 그렇다면 나는 이런 기대를 어떤 일을 바람, 혹은 그 바라는 것이라는 뜻을 가진 소망[所望]이라는 말로 이해해 보려 한다.[255]

흔히 어떤 학생이 대학에서 수강과목을 선택할 때, 그 학생은 그 과목 수강의 결과로서 얻을 수 있는 학점이라는 것이 최고 수준이기를 기대(소망)한다. 그리하여 그 학생은 착실하고 성실하게 강의에 임하고 열심히 출석을 한다. 그것은 그 학생이 좋은 학점을 기대(소망)하기 때문이다. 기대(소망)가 이루어지는 시점은 아직 오지 않고 있음에도 불구하고 그 학생은 자기의 선택 안에서 일정한 기대(소망)를 가지므로 공부에 몰두한다. 직업을 선택할 때도 마찬가지이다. 우리는 자신이 선택한 직업이 형편없는 일이거나 지나치게 낮은 봉급을 받으리라 여기지 않는다. 누구나 자기가 선택한 앞으로의 길을 놓음이 자기에게 지금보다 더 나음을 지니기를 바란다. 따라서 기대(소망)에도 일종의 원함이 속하고 있다. 그런데 소망함이 더 나은 미래의 무엇을 추구함이라면, 소망함에 있어서 지금은 언제나 아직 아님이다.

소망하는 기대함은 지금껏 한 사람이 길 위에 있어옴으로부터 또 다른 길 위를 나서고자 함이라는 선택을 거쳐 마침내는 아직 아닌 미래를 아직 아닌 지금에서부터 원함(바람)으로 일어난다. 이러한 소망하는

---

255 여기에서 하이데거가 기대함(Gewärtigen)이라는 말을 쓸 때, 그는 기대함의 성격을 비본래적인 도래로서 이해하고 있다. 즉 "인간 현존재는 배려하면서 배려되고 있는 것을 내주거나 거절하는 그것에서부터 자기 자신을 기대하고 있다."는 것이다. *SuZ*, 337쪽;『존재와 시간』 446쪽.

기대함은 일종의 계산하는 사유에서 일어난다. 왜냐하면 무언가를 선택한다는 것은 그때까지 자기 자신이 걸어오고 있었던 길을 돌이켜 봐서 흡족한 것들을 추려내고, 미흡한 것을 획득하기 위해 새로운 혹은 다른 길을 내라고 요구하는 것이다. 요구는 특정한 어떤 것이나 어떤 일을 지시하고 있다. 요구는 인간 현존재의 가능성으로부터 요구된다. 그 요구가 향하고 있는 곳은 아직 아님에서부터 그 아직 아님을 추구함이다. 소망하는 기대함은 언제나 아직 아님이다.

선택한 것을 기대(소망)함에는 나름대로 그 길의 길이를 잼이 있다. 게다가 돌이킴과 길을 냄은 우선 대개는 일상의 틀 잡힌 이해와 해석에서 이루어진다. 이미 앞서 틀 잡힌 이해와 해석이 가능하므로 기대(소망)에는 곧 닥칠 결과가 예고의 방식으로도 일어날 수 있다. 예고될 수 있음은 무턱대고 얻어지는 것이 아니며, 예고될 수 있음이 예고되고 있는 것과 예고할 수 있는 존재를 이어줌, 그리하여 그 길의 너비(Weite)와 겨를(동안, Weite)을 세밀하게 잴 수 있을 때 가능하다. 그렇다면 소망하는 기대함은 인간 현존재의 존재전체 가능성과 어떤 연관을 맺고 있는가.

희망이나 기대(소망) 모두에게 공통적인 것은 거기에 일종의 바람이 열려있다는 것이다. 우리는 그 바람이 실제로 일어날 수 있는 것을 바라고 있는지, 혹은 그 바람은 실제로 일어날 수 없는 것인지 앞서 잡을 수 없다. 물론 희망함도 일단 여기를 떠난 저 너머의 것인 어떤 구체적인 것을 목적으로 삼고 있다. 그러나 사실 그 구체성은 그것들이 이미 세계 속에 존재하고 있는 것들이라는 것일 뿐, 그 누구에겐가 실제로 드러날 수 있는 것인지는 투명하지 않다. 반면 기대(소망)함은 보다 더 구체성을 가진다. 우리는 어느만큼 확신할 수 없는 것을, 다시 말해 곧 실현될 수 없는 것을 기대(소망)하지 않는다.

예컨대 몸이 건강한 우리들은 오래 살기를 희망하고, 그 삶이 더 많이 건강하고, 그 삶이 더 풍요롭기를 소망한다. 우리들은 잘 죽기를 희망하며, 그 죽음이 지금 당장 사고나 병으로 일어나지 않기를 소망한다. 그러나 삶은 우리의 희망과 소망을 거스를 수도 있다. 우리는 태어났으므로 반드시 죽으며, 그 죽음이 잘 죽는 식으로일지, 흉하게 죽는 식으로일지는 우리의 손에 달린 것이 아니다. 그러나 우리들은 교통사고를 당할 수 있다는 것을 염두에 두고 있으므로, 길을 나설 때 조심한다. 우리들은 몸을 해치는 것이라고 떠들썩하게 소문난 것들을 가까이 하지 않으며, 음식물로 취하지 않는다. 우리는 그런 식으로 해로운 것들에 의해서 죽고 싶지 않기 때문이다. 우리는 잘 죽음을 희망하고, 몸에 좋다는 것들을 취함을 소망한다.

그런데 어느 누구도 자기가 죽는 시점을 앞서 알지 못한다. 그리하여 누구나 죽음이 닥친 그때에 이르러야만 그 자신이 죽어가고 있음, 그리고 죽어버릴 것임, 그리하여 죽음을 깨닫는다. 만일 누군가가 자신에게 죽음이 덮치는 순간을 미리 알 수 있다면, 그건 어떤 기분일까. 더 이상 있고 싶지 않은 곳으로부터 훌쩍 떠나 다른 곳으로 자리를 옮김에서 일어나는 기분일까. 아니면 더 있고 싶지만 마지못해 그곳을 떠날 때의 기분일까. 우리는 여행을 떠날 때, 그리고 여행에서 돌아올 때 그와 비슷한 기분을 갖는다.

이를테면 우리가 아주 마음에 드는 여행지에 가 있다면 우리는 그곳을 떠나기가 싫어진다. 우리는 그 곳을 떠나지 않았으면 하는 일종의 바람을 갖는다. 게다가 만일 우리가 많이 좋아하는 사람과 함께 있다면, 그 장소로부터 떠남은 그 사람과 헤어져야 함을 말한다. 이때 우리는 그 장소로부터 떠나고 싶지 않다. 왜냐하면 그것은 사랑하는 사람과 헤어져야 함을 의미하기 때문이다. 또한 우리는 그 사람과 헤어져야 하는 그때를 감당하고 싶지 않을 것이다.

우리는 사랑하는 사람과 헤어지지 않을 수 있는 방도를 찾는다. 그러나 우리는 한결같이 그 자리에, 그 사람 곁에 머물러 있을 수 없음도 잘 알고 있다. 그리고 그 떠남과 헤어짐이 일어나는 시점은 곧이다. 마음에 들던 여행지로부터 돌아오는 시점과 사랑하는 이와 헤어져야 하는 시점을 우리는 암묵적으로나마 이미 잡고 있다.

그 시점이 하루 뒤이건 일주일 뒤이건, 머지않아 곧 우리를 덮친다. 우리는 그때를 소망(기대)하지 않는다. 오히려 우리는 사랑하는 사람과 영원히 함께 있고 싶다고 희망한다. 우리는 그때를 될 수 있으면 맞고 싶지 않다는 기분(소망)을 가지므로, 그때가 다가올수록 기분이 울적해진다. 하루하루, 한 시간 두 시간이 흐를수록 우리는 마음이 편하지 않다. 우리는 예약해 놓은 차 시간에 맞추어 길을 떠나야 한다. 우리가 아무리 타야 할 차와 차 시간을 조금 더 천천히 혹은 늦게라는 식으로 밀어내며 거부하여도, 우리가 예약한 차는 예약 시간에 맞추어 도착을 할 것이다.

우리는 그 시간이 도래함을 손으로 꼽고 어서 어서라는 식으로 애끓이며 소망(기대)하지 않는다. 그럼에도 우리는 그 시간이 도래할 그때에로 하여간 앞서 다가가 있다. 우리는 그때가 닥칠 그때를 밀어내는 방식으로 거부하려 한다. 그런데 그때는 우리가 밀어내고 거부한다고 해서 도래하지 않을 때가 아니다. 우리는 더 이상 각자 어느 한 곳에 오로지 그 한 사람과 같이 머무를 수 없다. 우리가 헤어지고 싶지 않다는 소망(기대)을 실현시키기 위한 방법은 예약한 차를 포기하고 며칠 후에 도착할 차표를 다시 예약하는 것이다.

그러나 우리는 언젠가는 그 곳에서 떠나야 하며, 그 한 사람과 헤어져야 한다. 우리는 영원히 어느 한 곳에 머물 수 없으며, 어떤 한 사람과 영원히 함께 할 수 없다는 유한성 안에 있다. 떠남의 언젠가는 사람마다 다르지만, 누구나 그 언젠가를 맞아야만 한다. 만일 우리에게 영원히 함께라는 희망이 허용될 수 있다면, 그 떠남과 헤어짐을 불안해하지 않아도 될 것이다. 거기에는 죽음 이후에도 함께 있음이 희망되고 있다. 그러나 우리는 어떤 방식으로도 죽음 이후에 관해서 이해할 수 없다. 때문에 여기에서 죽음 이후에도 함께 있음에 관하여 논의할 수는 없다.

하여간에 떠나야 함과 예약되어 있음은 기대함을 일으킨다. 우리는 그 떠남의 시간을 굳이 기대하고 있지는 않는다. 그럼에도 우리가 떠날 수밖에 없음은 그 떠나야 함에 우리를 떠넘기는 방식으로 일어난다. 이와 같이 기대함은 도래할 시간을 맞아들이려 하는 방식과 도래할 시간을 밀쳐내는 방식으로 일어난다. 이 맞아들임과 밀쳐냄 모두에는 기대함이 내재되어 있다. 하여간 그 시간을 기대함 끝에 마침내 차가 도착하고 때로 우리는 그 차에 오를 것인지, 아니면 그 곳을 떠날 시간을 아예 늦출 것인지 한 발 앞서 선택함으로써 결정지을 수도 있다. 마찬가지로 사랑하는 사람 곁에서부터 그 사람과 헤어지는 시점을 우리는 선택하여 조정할 수도 있다.

마음에 드는 여행지에서 사랑하는 사람과 함께 있다고 할 때, 우리는 때로 그 사람과 함께 그 자리를 떠날 수도 있다. 그 경우 우리에게 일어나는 기분은 비록 마음에 드는 장소에서 떠나고 싶지는 않더라도, 홀로 떠나는 것이 아니라 사랑하는 사람과 함께 떠날 수 있다는 데서 일어나는 편안함과 위안이다. 다시 말해서 모처럼 휴식을 얻을 수 있는 맑은 공기와 편안한 풍경에서부터 떠나 각박한 삶으로 돌아오는 것은 마뜩치 않지만, 그래도 사랑하는 사람이 곁에 있음으로 우리는 편안해질 수 있다. 우리는 일상 속에서 그런 식으로 살아낼 수 있을 것이다. 우리가 삶에서 소망하는 것은 그러한 것들이다. 편안함과 따뜻한 위로와 위안을 주는 것 등. 하여간 여기에서 함께 있고 싶음이라는 우리들의 희망은 어느 정도 이루어지고 있는 셈이다.

그런가 하면 우리는 우리가 더 이상 머물러 있고 싶지 않은 장소나, 함께 있기에 부담스러운 사람 곁에 있기도 한다. 그때 우리는 될 수 있으면 어서 빨리 그 곳을 떠나고, 그 사람과 헤어졌으면 하는 바람을 갖는다. 이제 우리는 오히려 그때가 어서 오기를 고대(소망)하고 있다.

우리에게는 자기의 뜻함과 달리 어떤 곳에 붙잡혀 있을 때도 있고,

함께 있기에 거북하지만 어떤 사람과 함께 있을 수밖에 없는 때라는 것도 있다. 우리는 그 경우에 그저 어서 이 모든 상황이 끝나기를 고대한다. 그리하여 그 곳으로부터 그리고 그 사람으로부터 벗어날 수 있는 때는 빨리 빨리 그때거나 어서 어서 그때라는 식이다.[256]

그때는 우리들이 주도적으로 결정지을 수도 있고, 그렇지 않을 수도 있다. 여기에서 고대함이란 소망함의 한 방식으로 아직 아님이 일어날 것을 기대함에 열중하고 있음이라고 이해할 수 있다. 고대함은 아직 아님을 어서로 잡아온다.

어쨌거나 거절로써 아직은 아닐 수 있었으면 이건, 내줌으로써 어서 ~였으면 이건 거기에는 기대(소망)함이 일어난다. 기대함이란 아직 아님에 근거하고 있다. 그런데 우리가 기대함을 얻을 수 있는 것은, 일단 우리가 그 기대함이 일어나는 그때를 우선 표상하여 앞서 잡기 때문이다. 그리고 동시에 우리는 기대(소망)함이라는 것을 이미 ~임 혹은 ~했음에 근거하여 얻는다. 즉 우리는 기대함을 이미 존재해 오고 있음에서부터, 그리고 그때그때마다 마주 대하고 있음의 상황에서부터 길어낸다. 우리의 존재해 오고 있음과 마주 대하고 있음이 일어나는 곳은 그때그때마다 삶의 '거기' 안이다. 따라서 기대함은 이미 우리가 길 위에 있음(살아있음)으로부터 가능하다.

즉 기대함이란 우리가 길 위에 있음으로부터 길을 일상적으로 길이 남 안에서 스스로 길을 내어냄에로 향하는 식으로, 그리고 길을 내어냄이 다시 길 위에로 돌아옴에 있다. 우리는 어떤 삶의 길 위에 머무르고, 늘(영원히) 같은 길 안에서 맴맴 돌고 있는 것이 아니라, 서로 다른 삶의 길을 떠난다. 각자가 길을 떠나 나섬은 어디에로 향함에서 일어난다. 그리고 이 어디에로 향함은 아직 아님을 기대(소망)함으로 자기 자신 가

---

256 참조: M. Heidegger, *Grundbegriffe*, 제2장 23절 139~159쪽.;『근본개념들』, 159~181쪽.

까이에로 끌어당긴다. 삶과 연관지을 때, 무엇을 기대함은 어떤 것을 선택하는 것이라는 점에서 하나의 길을 놓음이다. 나는 그것을 삶의 길 놓음이라고 부르기로 한다. 이처럼 우리는 삶의 길 놓음 안에 들어서있다.

그러나 앞에서 살펴본 희망함과 소망하는 기대함이 비록 시간성 안에서 이해될 수 있는 사유와 관련된다고 하더라도 인간존재의 전체 가능성의 차원에서 근원적이지는 않다. 왜냐하면 희망함과 소망하는 기대함은 원하는 사유, 다시 말하자면 근대로부터 전승된 사유인 사유의 주체가 사유의 대상을 표상하는 방식으로서의 사유이기 때문이다.

그러한 사유들은 표상하는 행위와 이런 행위에 의해 표상된 것에 줄곧 얽매인다. 그리고 어떤 것을 표상하여 그것을 우리 앞에 서 있게 하자마자, 우리는 그 표상된 것을 더 이상 희망하지도 소망(기대)하지도 않는다. 왜냐하면 이미 앞에 표상된 것은 성취한 것이고, 우리는 언제나 또 다른 표상꺼리들을 셈하고 있기 때문이다. 비록 희망하는 사유와 소망(기대)하는 사유가 아직 아님으로부터 길 놓음 안에 들어서있는 식으로 일어나기는 하지만, 그것들은 어떤 것을 표상하는 행위와 행위에 의해 표상된 것들에 대한 일종의 계산하는 사유(따져보는 사유, 셈하는 사유, rechnende Denken)이다. 이 계산하는 사유는 인간존재의 전체성을 드러내지 못한다.

앞서 나는 희망의 시간 성격을 망각되어 꿈꾸며 현재화하는 잠시라고, 그리고 소망의 시간 성격을 간직하며 계산하는(셈 하는) 곧(어서)이라고 새겨보았다. 따라서 희망과 소망은 둘 다 어떤 것을 원함을 향해 있다는 의미에서 지평적으로는 동일함에도, 그 시간성의 의미가 다르다. 그러나 이러한 차이에도 불구하고 그것들에는 그 어떤 목표로 내달아 가려는 조바심, 즉 안달함이 속해 있다. 희망함에는 조금 더 헐거움, 소망함(기대함)에는 조금 더 촘촘함이라는 다름이 있을 뿐, 어떤 것을 자기 앞에 가져다 놓는다는 식에서 본다면, 그것들은 매한가지이다.

2. 기다림 그리고 간절함

그렇다면 우리는 인간 존재의 전체성을 어떻게 열어 밝힐 수 있을까. 우리들 인간 현존재는 어떤 눈앞에 있는 존재자로서 표상될 수 없다. 인간 현존재는 그의 존재를 구성하는 염려를 통해서, 그리고 탁월한 존재방식인 실존을 통해서 규명되어야 한다. 이는 인간을 존재가능으로서 이해해야 한다는 것이다. 이러한 인간 현존재의 존재가능은 이것 혹은 저것이라는 식으로 잡히지 않는다. 존재가능이란 인간 현존재가 각자로서 스스로 존재를 존재할 수 있음 자체이다. 따라서 위에서 논의된 희망하는 사유와 기대하며 고대하는 소망함의 사유는 인간 현존재의 존재가능 전체를 해명할 수 없다.

하이데거의 후기 논의를 빌려보면, 그 해명은 계산적인 사유(rechnende Denken)가 아니라, 뜻 새기는 사유(besinnliche Denken), 즉 존재하는 모든 것에 깃들인 그 의미(Sinn)를 깊이 생각해 보는(nachdenken, 뒤따라 사유하는) 그런 사유에서만 가능하다.

> 계산하는 생각(따져보는 사유, 셈하는 사유, das rechnende Denken)은 앞으로 진전될 새로운 가능성들을, 언제나 좀 더 유망하면서도 더욱 편리한 그런 가능성들을 총괄적으로 따져봅니다. 따져보는 생각은 이 기회에서 저 기회에로 시시탐탐 옮겨 다닙니다. 따져보는 생각은 결코 조용히 멈춰서는 적이 없으며, 뜻 새김(숙고, Besinnung)에는 이르지 못합니다. 따져보는 생각은 결코 뜻 새기는 사유(숙고적인 사유, das besinnliche Denken), 즉 존재하는 모든 것에 깃들어 있는 그 의미를 깊이 생각해보는(뒤따라 사유하는, nachdenken) 그런 사유가 아닙니다.[257]

257 "Gelassenheit,", *Gelassenheit*, 13쪽. ;『동일성과 차이』, 123쪽.

물론 하이데거는 사유에 이러한 두 가지 종류의 사유가 있으며, 이 둘은 저 나름대로의 방식으로 정당한 권리를 지니고 있고, 그리고 그 때마다 필요하기도 하다고 말한다. 그는 "그저 단순하게 생각에 잠긴다."라는 것이 자기도 모르게 현실의 바다를 정처 없이 떠다니며 표류할 뿐인 것으로 우리들에게서 거부된다고 하는데, 왜냐하면 일상적으로, 그런 깊은 사유함은 현실의 지반을 상실할 것이고 더구나 분주하게 살아가기에 급급한 문제들을 해결하기에는 아무 쓸모도 없기 때문이며, 게다가 거기에는 실천적인 삶을 위해 이끌어주거나 베풀어 주는 것이 아예 없다고 치부되기 때문이라는 것이다.

그러나 하이데거는 그저 단순하게 깊은 사유를

> 농부처럼 씨가 싹터 익어 가는 것을 그렇게 기다릴(warten) 수 있어야 하듯이[258]

라는 의미로 새기고 있다. 즉 깊이 생각하는 사유, 즉 뜻 새기는 사유란, 사유하는 자로서의 어떤 주체가 사유의 대상으로서의 어떤 객체를 자발적으로, 다시 말해서 자기 자신의 의지에 의해서 생각해보는 것이 아니다. 깊이 생각하는 사유, 뜻 새기는 사유는 현존재가 사유해야 할 사태의 본질적인 차원 속으로 존재의 의미 혹은 존재의 진리가 스스로 내보이며 말 걸어오는 부름(Ruf)과 가리킴(Zeige)에 따라 부름에 귀 기울이고 가리킴을 뒤쫓으면서 사유함을 말한다.

이 뜻 새기는 사유는 인간의 본질(Menschenwesen)에로 향해 있다. 왜냐하면 인간은 사유하는, 즉 뜻을 새기는 본질 존재이기 때문이다. 즉 인간은 뜻 새기는 사유로서 그 존재의 본질이 있는 것이다.

---

258 "Gelassenheit,", *Gelassenheit*, 13쪽. ;『동일성과 차이』, 124쪽.

한편 사람들은 누구나 저 나름대로의 방식으로 자신의 한계 안에서 깊이 숙고하는(뒤따라-사유하는) 그런 길들을 따라갈 수 있습니다. 어째서 그럴까요? 그것은 인간이 사유하는 , 즉 음미하는(sinnen) 본질 존재이기 때문입니다.[259]

하이데거는 이러한 뜻 새기는 사유는 우리에게 일면적으로 표상에 매달리지 마라는 것, 그리고 우리가 어떤 표상을 향해 일방적으로 내달리지 말라는 것을 요구하며, 나아가 얼핏 보기에는 그 자체 전혀 우리와 관계하지 않는 듯이 보이는 그런 것 속으로 들어가(그것과) 관계 맺을 것을 요구한다고 말한다. 그것은 무집착에 관한 말이다.

…… 왜냐하면 가까이에 이르는 길은 우리들 인간에게는 언제나 가장 먼 길이고 따라서 가장 힘든 길이기 때문입니다. 이러한 길이 곧 숙고하는 사유의 길입니다. 숙고적인 사유가 우리에게 요구하는 것은, 우리가 일방적으로 표상을 향해 나아가지 말라는 것입니다. 그리고 우리가 얼핏 보기에는 그 자체 전혀 우리와 관계하지 않는 듯이 보이는 그런 것 속으로 들어가 관계 맺으라고(sich-einlassen auf) 우리에게 요구합니다.[260]

"그 자체 우리와 전혀 관계하지 않는 듯이 보이는 그런 것 속으로"라는 말에서 그런 것은 하이데거의 용어를 빌리면 영역(Gegend)이다. 하이데거에게서 Gegend는 사방으로 트여 있는 열린 영역으로서 그 속에서 인간들이 존재자들을 그 존재자로서 마주대하여 만나게 되는 만남의 장소이다.

이는 존재론적인 시간-공간, 즉 인간 본질과의 연관 속에서만 사방

259 "Gelassenheit,", *Gelassenheit*, 13/14쪽. ;『동일성과 차이』, 124쪽.
260 "Gelassenheit,", *Gelassenheit*, 21/22쪽. ;『동일성과 차이』, 132쪽.

으로 펼쳐지며 일어나는 존재의 열린 장으로서의 Gegnet[261]를 가리키는 것이기도 하다. Gegnet는 사방으로 트인 곳, 곧 환히 트인 터(freie Weite)를 의미한다. 사방으로 트인 Gegnet의 본질은 사방으로 펼치며 모든 것을 모아들이면서 스스로를 열어놓는다(sich öffnen)는 점에 있다. 하이데거는 자기 자신의 고유한 본질에 의해 사방으로 펼쳐져 열린 터(das Offene)가 곧 존재와 인간의 본질이 서로 친밀하게 어우러져 만나는 영역이라고 보고 있는 것이다.

> 학자(Gelehrter) : 표상 행위는, 예컨대 하나의 사물이 나무의 모습으로 …… 혹은 여러 사물들이 그것의 모습으로 우리와 마주하여 서 있을 때, 우리가 나무의 나무다움 …… 등을 통찰할 수 있는 시야를 우리에게 제공합니다.
> 탐구자(Forscher): 당신이 다시 한 번 서술한 그 지평(Horizont)이 곧 외관을 둘러싸고 있는 시야(Gesichtkreis)입니다. ……
> 스승(Lehrer) : 우리는 지평은 철저하게 통찰해야 한다고 말했습니다. 따라서 시야란 어떤 열린 장입니다. 그러나 이 열린 장의 열려 있음(Offenheit)은 우리가 통찰한다는 사실에 의해 그것에게 다가오는 것이 아닙니다. ……
> 스승 : 그러므로 지평적인 것은 단지 우리를 둘러싸고 있는 어떤 열린 장이 우리를 향해 다가오는 하나의 측면일 뿐입니다. 이 열린 장은 표상하는 우리에게 대상으로서 나타나는 그것의 모습을 밝혀주면서 환히 트인 전망과 더불어 채워지는 것입니다. …… 저에게는 그것이 하나의 영역(eine Gegend)처럼 보입니다.[262]

---

261 옮긴이에 따라 '사역'이나 '회역' 또는 '온들녘', '누리'라고도 번역된다. 나는 이 말뜻을 '오롯이 트인 너른 터'으로 새겨본다.
262 "Erörterung", 36~38쪽.;『동일성과 차이』, 148~150쪽.

우리가 뜻 새기는 사유를 함은 우리가 이렇게 스스로를 자유롭게 해방시키고, 그리하여 존재하는 것들을 그것들의 존재에로 내어주는 사방으로 트인 존재의 열린 장으로 들어섬으로써 가능하다. 따라서 이러한 열린 장 가까이에 이르고 들어설 수 있음은 표상적인 계산하는 사유에 의해 이루어지는 것이 아니다. 오히려 그러한 따지며 계산하는 사유를 떠나서, 열린 장으로 들어섬은 우리가 내맡김(초연함, Gelassenheit)으로서 뜻을 새기는 사유함 혹은 기다리는 사유함에 의해 가능한 것이다. 따라서 우리들의 뜻 새기는 사유가 나아가는 길 자체는 바로 내맡김이고, 이러한 내맡김으로서의 길 자체가 사유하는 이에게 사유해야 할 길을 고요하게 놓아주고 있다.[263]

탐구자 : 어째서 기다림에 이르게 되었으며, 또 어떤 방향에서 사유의 본질이 저에게 뚜렷해졌는지를 말하려 합니다. 기다림은 어떤 것을 표상하지 않아도 열린 장으로 나아가기 때문에, 저는 모든 표상으로부터 완전히 벗어나고자 하였습니다. 열린 장을 여는 것은 Gegnet이기 때문에, 저는 표상으로부터 완전히 벗어난 채 오직 순수하게 Gegnet에 내맡기며 머물러 있고자 했던 것입니다.

학자 : 우리가 들어와 관계 맺도록 유인된다는 것보다 더 알맞게 내맡김에 도달하는 길은 거의 없을 것 같습니다.

스승 : 특히 이러한 유인은 우리를 움직이는 대화의, 말 없는 흐름처럼 전혀 눈에 보이는 것이 아닙니다.

학자 : 오직 내맡김 그 자체 외에는 전혀 다른 것으로 여겨지지 않는 바로 그 길에로 대화가 우리를 데려온다고 하는 이 말은 무슨 뜻입니까?

스승 : 내맡김은 고요함과 같은 그런 것입니다.[264]

---

263 참조: "Erörterung", 44쪽.;『동일성과 차이』, 159쪽.

264 "Erörterung", 44/5쪽.; 『동일성과 차이』, 158/9쪽.

내맡김이라 할 때, 그것은 내맡겨 주는 주체와 내맡겨지는 무엇, 즉 대상이 있다는 말이 아니다. 오히려 내가 자기 자신에게 트여 열리는 곳에로 어떤 것에도 얽매이지 않음으로 스스로를 내어놓음이다. 거기에는 머무름, 속박되는 아무 것도 없이 고요하고 편안히 쉼, 즉 한적한 머무름[265]이 열리고 있다. 거기에는 내가 기대어 매달릴 만한 것이 아무 것도 없다. 거기에는 나를 떠맡길 수 있는 이도 없다. 거기에는 나 자신을 맡길 데가 아무 데도 없다. 거기에는 그 안에서 무엇이건 그답게 존재하게 함이 열린다.

그리고 이는 인간 현존재로서의 내가 결정내림에 바탕하지 않는다. 자기 자신을 자기답게, 인간을 인간답게, 그리고 사물을 사물답게 존재하게 함은 그 존재자들이 그의 존재의미 안에서 전적으로 받아들여지고 그렇게 열려 있음으로 가능하다. 따라서 내맡김은 현존재가 갖는 의지나 원함과 관련되지 않는다. 내맡김은 Gegnet에서 오로지 존재자들을 그 존재의미 안에서 스스로에게 해방시킴에 있다. 여기에서 나는 이 Gegnet를 오롯하게 온갖 것들이 드러나고 품어지는 너른 터라는 의미로 새기도록 한다.

인간 현존재가 스스로의 삶의 길을 놓아 나섬으로 이해되는 존재의미 안에 머물고 있다면, 그는 그 자신의 삶의 가능성, 즉 현존재의 있음(존재)이 뜻하는 바를 찾아 나서게 된다. 그리고 그 뜻하는 바를 찾는

---

265 레비나스는 '잠'으로 이 쉼과 한적한 머무름을 대체하고 있는 듯이 보인다. 그에게 잠은 인간의 주체적인 의식이 주도권을 가지기 위해서 취해야 하는 휴식이다. 즉 언제나 의식과 지성이 깨어있다면, 그 의식과 지성의 주도자로서의 인간은 영원한 깨어있어야 한다. 만일 그렇다면 인간은 생각을 중단하거나 끝내거나 할 수조차 없다. 결국 인간은 자기 자신의 의식에 대해서 어떤 주도권도 가질 수 없게 된다. 따라서 레비나스에게 잠은 인간 자신에게 주도권을 확보하게 하는 휴식으로 있다. 참조: E. 레비나스, 강영안 옮김,『시간과 타자』, 문예출판사, 2001, 제5판, 41/2쪽. 그러나 하이데거가 말하는 고요한 쉼, 곧 한적한 머무름은 주체가 힘을 축적하기 위하여 쉬는 것이 아니라, 본질적으로 '고요'와 '한적함'에 그 의미가 놓여 있다.

데에서 스스로를 염려하는 것이다. 일상적으로 그 염려는 때로 그 자신이 찾으려 하는 것을 찾지 못할까봐 마음을 놓을 수 없는 식으로도 있다. 그리고 인간은 그 자신이 찾고자 하는 바를 그에게 어떻게든 이미 열어 밝혀져 있는 가능성으로부터 아무 생각 없이 전수받는다.

이렇게 전수된 가능성은 인간을 인간들로서 있게는 하지만, 인간들 속에서 인간들로서의 한 인간은 그 자신의 본래적인 가능성을 알 수 없게 한다. 그 가능성은 인간들 속에 무차별적으로 섞이는데, 무차별적으로 섞임은 자기 자신을 스스로에게서 놓음이다. 다른 이들과 섞여버린 곳에서는 소란스럽게 교류하는 교제의 장이 열린다. 그러나 인간이 찾아 나서고자 염려하고 있는 자기 자신의 본래적인 존재가능은 그들과의 소란스러운 교제 안에서는 발견할 수 없다.

현존재가 자기 자신의 존재의미를 일깨울 수 있는 것은 그의 존재가능성으로부터이다. 자기 자신의 가능성은 오로지 오롯하게 트인 너른 터(Gegnet)에서 싹을 틔운다. 오롯하다라는 말은 힘차게 우뚝 서있음을 뜻하는 말이 아니다. 오롯함은 흔들리지 않는 강건함이라기보다는 소란스럽지 않은 수줍음의 가녀림, 그리고 자신 속에 언제나 그 자신 안으로 삭여 들어가는 교교[校皎]함(깨끗하고 밝게 하얌)을 간직하고 있음이다. 고요한 오롯함은 들썩이지 않는다. 수줍은 오롯함은 자기 자신을 앞에 내세우기 위해 나서지 않는다. 가녀린 오롯함은 강인함으로 다른 것들을 지배하려 하지 않는다. 삭이는 교교함은 나 스스로를 존재하는 다른 모든 것들을 그 자체로 드러날 수 있게 그 자체를 품어 내어 나른다(aus-tragen).

우리는 이러한 오롯하게 트인 너른 터에서 자기 자신을 기다릴 수 있다. 기다리는 것은 아직 아님으로서 자기 자신에게 내맡겨진 자기 자신의 가능성이다. 그리고 그 안에서 사물을 사물 그대로, 다른 이들을 다른 이들 그 자체로 자유롭게 존재할 수 있도록 스스로에게 내맡김으로 만날 수 있다. 나 자신과 존재하는 모든 것들을 스스로에게 내맡길 수 있음은 그 거기가 활짝 트임으로 있기 때문이다.

어느 곳으로도 자물쇠가 걸리지 않아 모든 존재자들이 이끌려 들어가 머물러 있을 수 있는, 그리고 그 자체에로 내맡겨져 있는(풀려나있는, gelassen-sein) 거기는 널널하게 너른 곳이다. 그 오롯하게 트인 너른 터는 존재자들을 그 자체로서 존재하게 함으로써 서로 맺어질 수 있게 한다.

> 학자 : 어떤 것과 맺어지는 관계는 그 맺어짐이 관계하는 그것(오롯하게 트인 너른 터, Gegnet)에 의해 그 맺어짐이 그 자신의 고유한 본질 속에서 지탱되고 있을 경우에만 참다운 맺어짐이 됩니다.
> 스승 : 오롯이 트인 너른 터와의 관계가 기다림이며, 이때 기다림이란 오롯이 트인 너른 터의 열림 속으로 들어가 그것과 관계 맺는다는 뜻입니다.[266]

즉 이 서로 맺어질 수 있게 하면서 소란스럽지 않게 머물러 있게 하는 것이 기다림이다. 그리고 이러한 기다림은 곧 오롯이 트인 너른 터에 존재하는 모든 것들을 그것들의 존재에로 내맡김이다.

> 탐구자 : 내맡김은 기다림입니다. …… 기다림이 Gegnet 속으로 들어가 그것과 관계 맺고 있는 한, 아마 그것은 심지어 Gegnet와의 그 관계라고 말할 수 있겠지요.
> 스승 : Gegnet와의 관계는 기다림입니다. 그리고 기다림이란, Gegnet의 열린 장 속으로 들어가 그것과 관계 맺는다는 뜻입니다. …… 기다리는 가운데 우리는 지평과 관계하는 초월적인 연관으로부터 풀려나 벗어나게 됩니다.[267]

266 "Erörterung", 48쪽.;『동일성과 차이』, 164쪽.

하이데거는 이 오롯이 트인 너른 터가 우리가 머물고 있는 일상의 세계와 전혀 다른 어떤 곳이 아님을 말한다. 이 말은 그 일상의 세계가 다만 우리의 표상행위를 향해 다가오는 오롯이 트인 너른 터의 한 측면일 뿐이라는 것이다. 오롯이 트인 너른 터 안에서 우리들이 살아가는 일상의 세계가 열린다. 오롯이 트인 너른 터는 일상의 세계를 그 터 안에 담아두고 있다.

하여간에 우리가 무엇을 표상하는 사유의 본질로서, 지평과 관계하는 초월적 연관 속에 머무르며 체류하고 있는 한, 우리는 절대로 오롯이 트인 너른 터 밖에 존재하는 것이 아니다. 오롯이 트인 너른 터는 일단 지평으로서 우리의 길을 놓음에 관계하면서 우리에게 스스로를 내보이는 것이다. 그러나 이 내보임은 적나라하거나 노골적이지 않게, 오히려 스스로를 감추면서 일어난다.[268]

내맡기는 기다림 가운데 스스로를 감추면서 스스로를 드러내 보임이 일어난다. 이제 우리들은 지평적인 초월로부터 풀려나 벗어나게 (losgelassen) 된다. 하이데거는 이 지평적인 초월로부터 벗어남이 본래적인 내맡김에 앞서 일어나는 것이기는 하지만, 반드시 이런 일이 일어나지 않더라도 본래적인 내맡김은 스스로 발원하고 있다고 말한다.

> 스승 : 지평적인 초월로부터 벗어나게 된다는 것은 본래적인 내맡김에 선행하는 것이지만, 비록 이런 일이 꼭 일어나지 않는다고 하더라도, 본래적인 내맡김은 생기할 수 있기 때문입니다.[269]

즉 본래적인 내맡김이 오롯이 트인 너른 터와 알맞게 맺어지고 이 맺

---

267 "Erörterung", 48쪽.;『동일성과 차이』, 163쪽.
268 참조: "Erörterung", 48/9쪽.;『동일성과 차이』, 164/5쪽.
269 "Erörterung", 49쪽.;『동일성과 차이』, 166쪽.

어짐이 오롯이 트인 너른 터로부터 순수하게 규정되는 것이라면, 본래적인 내맡김은 이미 그곳에 안주하고 있으며, 결국 본래적인 내맡김은 오롯이 트인 너른 터 속에 머물면서 그곳으로 향한 운동을 이미 받아들이고 있다는 것이다.

> 스승 : 인간은 근본적으로 'Gegnet'에 속해 있는 한, 인간의 본질상 그곳에 내맡겨져 존재합니다.[270]

우리들은 그 자신의 오롯이 트인 너른 터로 나가 서 있다. 우리가 나가 섬은 우리가 이미 너른 터에 속하기 때문이다. 그리고 우리가 그곳에 속한 이상 우리가 기다리고 있는 것은 오롯이 트인 너른 터가 우리에게 말 걸어오는 존재의 부름이다. 그러나 우리는 그 부름에 아무리 귀를 기울인다 해도 그 부름이 무슨 소리인지를 제대로 알아듣지 못한다. 왜냐하면 그 부름은 귀로 들을 수 있는 소리로서 오지 않고, 다만 침묵을 통해서 울려오기 때문이다.

그럼에도 우리는 그 부름에 귀 기울이며 두 가지 방식으로 그 부름을 기다린다. 일단 그것은 기다리는 것이 다가오기를 바라는 기다림[271]이다. 그런데 만일 우리가 그 부름이 무엇이고 어떤 것인지를 미리 알 수 있거나 이미 알고 있다면 우리의 기다림은 거기에서 끝나버리고 말 것이다. 부름이 다가오기를 바라는 기다림이 끝남은 우리가 더 이상 오롯이 트인 너른 터에 속해 있지 않음이다.

> 스승 : 기다린다는 것은 좋지만, 그렇다고 결코 고대하지는 말도록 합

---

270 "Erörterung", 50쪽.;『동일성과 차이』, 166쪽.

271 구연상 교수는 특정의 기다리는 것을 기다리는, 그로써 그것이 주어지는 순간 더 이상 기다릴 필요가 없는 '기다림'을 '바라는 기다림'이라 부른다. 참조: 구연상, 같은 책, 602쪽.

시다. 왜냐하면 고대한다는 것은 표상하는 행위와 이런 행위에 의해 표상된 것에 얽매이곤 하기 때문입니다. ……

학자 : 그러나 우리가 우리들이 기다렸던 바를 우리 앞에 세워서(표상하여) 그것을 서 있게 하자마자, 우리는 더 이상 기다리지 않습니다.[272]

그러나 우리의 기다림은 삶의 길을 놓음이 끝나는 순간, 즉 죽음에 이르기까지 멈춰지지 않는다.[273]

우리가 멈출 수 없이 기다리는 것은 오롯이 트인 너른 터가 울려내는 존재의 부름이다. 그리고 우리는 살아있는 한, 그 부름을 낚시터에서 물고기를 낚듯이 재게 낚아챌 수도 없지만, 그 부름을 기다린다. 따라서 다른 우리의 기다림은 열린 기다림[274]이다. 이러한 열린 기다림은 우리 자신이 기다리는 것에게 우리 자신을 전적으로 내맡겨줌을 뜻하는 것이다. 그 열린 기다림은 전적으로 기다림 자체에 속해 있다. 그런데 열린 기다림이 이렇게 어떤 무엇을 붙잡고자 기다리는 것이 아니고 오히려 모든 것을 열어둔 채 기다리는 것이라면, 그리고 우리가 특정한 무엇을 기다리는 것이 아니라, 오히려 기다리는 것이 아무 것도 아니게 됨이라면 우리의 기다림은 어떠해야 하는가.

스승 : 기다림에서 우리는 기다리는 그것을 열린 채 놔둡니다.[275]

그리고 하이데거는 이러한 기다림의 본질을 아래와 같이 말한다.

스승 : …… Gegnet에게로 이르는 내맡김입니다.[276]

272 "Erörterung", 42쪽.;『동일성과 차이』, 155/6쪽.

273 참조: 구연상, 같은 책, 601~604쪽

274 구연상, 같은 책, 602쪽.

275 "Erörterung", 42쪽.;『동일성과 차이』, 156쪽.

하이데거는 열린 기다림은 오롯이 트인 너른 터에로 내맡김 속에 들어서 견디어나가는 자(Inständige in der Gelassenheit zur Gegnet)로서, 자기 본질의 유래(Herkunft) 속에 머무르는 자, 또는 진리의 본질 속으로 요청된(Gebrauchte) 자가 떠맡는 기다림이라고 말한다. 따라서 그 기다림이 기다리는 것은 다름 아닌 그 자신의 본질의 유래이다. 그리고 하이데거는 그 유래를 Gegnet라고 부르고 있다.

> 학자 : 인간은 Gegnet에 이르는 내맡김 가운데 '들어서-견디어-나가는' 존재로서 자신의 본질의 유래 속에 머무르고 있던 셈이 되겠습니다. 우리는 인간의 본질을 다음과 같이 조금 수정해서 서술하는 것이 좋겠습니다. 인간은 진리의 본질 속으로[Gegnet에 의해] 필요하게 된 자라고 말입니다.[277]

Gegnet, 즉 오롯이 트인 너른 터는 인간 현존재의 유래이다. 그러나 유래란, 모든 것은 어떤 원인에 의해 형성된 결과물이라는 식으로의 원인이 아니다. 전통적인 인식론에서 중요한 일은 사물 혹은 사태를 개념으로 파악하는 것이다. 그것은 사물 혹은 사태를 관찰의 대상으로 삼아 그에 맞갖은 방식으로 머릿속에서 표상하여 개념으로 잡아내는 일이다. 여기에서 인식론적 이성은 인식주체와 인식객체, 인간과 사물, 사유와 대상, 정신과 물질을 구분하는 이분법적 도식 속에서 펼쳐진다. 그리고 이성적인 판단이 요구하는 것은 사물의 근거나 원리[원칙]을 찾거나 사태의 원인을 찾는 것이다. 인식론적 시각에는 모든 것이 어떤 원인에 의해 형성된 결과물이라는 생각이 자리 잡고 있다. 따라서 전통적인 인식론에서 이성이 해야 할 것은 그 근거와 원인에 바

276 "Erörterung", 50쪽.;『동일성과 차이』, 167쪽.
277 "Erörterung", 64쪽.;『동일성과 차이』, 184쪽.

탕해서 생긴 사물과 사태를 제대로 알아보는 것에 다름 아니다.[278]

그러나 Gegnet, 즉 오롯이 트인 너른 터는 그러한 인과관계에서의 원인이 결코 아니다. 그것은 오로지 모든 존재자들의 유래로서, 그리고 존재자들이 다가갈 수 있음에로 끊임없이 그것들을 거기에로 모아들이면서 그들 자신에로 그들을 자유롭게 내어주면서 있다.

기다림에서 기다리는 것은 기다리는 자신에게 자유롭게 열린 터(freie Weite)의 머물 동안(겨를, Weite)이 된다. 이에 하이데거는 이러한 머물 동안 그 자체(Weile selbst)의 터를 예감할 수 있게 하면서 가장 길게 기다릴 수 있는 것을 참을성(인내심, Langmut)이라고 한다. 이러한 참을성 있는 기다림은 더 이상 아무 것도 원하지 않고 오히려 원하는 무엇에 집착하는 의지로부터 완전하게 벗어나 자기 안에서 쉼을 내어주는 그런 내맡김이다. 이제 오롯이 트인 너른 터의 본질은 모든 것들이 편히 머무르게 해주는 그런 것, 즉 참을성 있는 기다림이며, 그 기다림은 바로 내맡김임이 밝혀졌다. 그렇다면 기다림과 인간 현존재의 존재가능은 어떤 연관을 갖는다고 말할 수 있을까.

인간의 존재가능 전체는 현실적으로 이런저런 것들을 모아서 마련되는 것이 아니다. 우리가 보기에 그리고 겪기에 그럴싸한 것들을 바쁘게 긁어모아 보았자, 그것들은 그저 이것, 혹은 저것들이다. 우리들은 삶의 길을 놓음 안에서 그런 것들을 끊임없이 만난다. 그리고 그것들의 덩치를 조금 더 키우거나 키를 조금 더 높이거나 하는 방식으로 그것들을 더 높이 그리고 더 크게 추구하며 집착한다. 추구함은 어떤 무엇을 구체적으로 손에 넣고자 함, 즉 원하며 기대함을 통해 그의 것으로 삼고자 함이다. 집착함은 어떤 것에 눈이 팔려 그것만이 자기에

278 참조: 이기상, 「삼신 할매 신화에서 읽어내는 한국인의 살림살이 이성」, 『해석학 연구 제20집』, 한국해석학회, 2007 가을, 25쪽. 참조: 박이문, 「이성」, 『우리말 철학사전 1』, 우리사상연구소 편, 지식산업사, 2001, 107~134쪽.

게 전부가 되는, 그리하여 다른 것들이 그의 존재를 존재함으로부터 등을 돌림, 즉 눈과 마음이 팔려서 오로지 어떤 것에게로 목을 매는 안달함이다.

이를테면 우리는 좋은 점수에, 잘된 평가 등등에 목을 매며 안달한다. 우리들은 곧 그것들이 원인이 되어야만 궁극적으로 기대할 수 있는 것들이 결과한다고 믿는다. 우리는 그것들을 표상적으로 앞에 세워 손에 얻고자 안절부절한다. 우리는 원인이라 대상화할 수 있는 것을 붙잡고 그것이 일으키는 결과를 획득하고자 안달하며 산다. 그러나 이러한 것은 하이데거가 말하고자 하는 기다림과는 근원적으로 다르다. 그것은 단지 연연해함이고 집착이며 따라서 애절하게 기대함에 불과한 것이다.

추구되거나 집착하는 모든 것들은 우선 눈앞에 있는 것으로써, 표상할 수 있는 것들이다. 그리고 우리들은 그것들을 눈앞에 놓여 있는 대상이 아니라 손안에 얻음이라는 식으로 획득하기를 꾀한다. 그리하여 마침내 그것들을 손에 넣는 그때, 우리는 드디어 우리가 해낼 수 있음을 달성했다고 말한다. 그러고 나서 우리들은 또 다른 것들을 찾아 손에 넣기 위해 안달한다.

안달이 있는 곳에는 소란스러운 들썩임이 있을 뿐이다. 들썩임 안에서 우리들은 왜 소란스러운지, 그리고 무엇 때문에 들썩거리는지에 관하여 뜻을 새기며 사유하지 않는다. 우리들에게 강하게 요구되는 것은 오로지 원하는 바를 성취함이며, 우리의 마음과 눈이 쏠리며 치닫는 곳은 집착하며 의지적으로 목적한 어떤 것에 도달할 수 있는 곳뿐이다. 우리에게는 오직 우리가 원하고 목적할 수 있는 것(존재하는 것, 존재자)만이 전부이다. 우리들에게 다른 것들은 그다지 중요한 것이 아니다. 그렇기에 우리는 각자 길이 각자 갈라짐으로써 갈라져 나간 각자의 다양한 가능성에서부터 우리가 만날 수 있는 있는 것 자체에는 아무 관심도 없게 된다. 우리는 이미 익숙해져 있는 삶을 현실이라고 생각하고 현실에만 몰두하므로, 그 현실 밖에 있어서 아직 현실화하지 않은 존재자들의 가능성에는 전혀 상관하지 않는다.

게다가 우리들이 익숙해져 있는 세계 속에 빠져 있을 때, 우리들은 우리가 관계 맺고 있는 것들의 근거가 무엇인지 잊고 있다. 우리들의 눈과 마음은 온통 세계내부적 존재자(세계 안에 있는 것)들에 쏠려 있다. 우리에게는 "있는 것밖에 아무 것도 없다." 그리고 "있는 것 밖에는 아무 것도 없다." 또한 "있는 것 너머에는 아무 것도 없다."[279] 이렇게 우리들은 '밖에' 아무 것도 없음으로써, 있음 그 자체와 있는 것이 있음의 밖을 설정하지 않고 있는 것 너머를 거부함으로써 있는 것을 넘어선 근거 또는 바탕을 없다고 거부해버린다. 따라서 우리들에게는 어디서든 있는 것만 있을 뿐, 그것밖에는 그리고 그것 바깥에는 그리고 그것 너머에는 아무것도 없다.[280]고 말한다. 그러나 우리들의 존재가능은 현실적으로 있는 것이 아니고, 오히려 현실 밖에 있으며, 현실 너머에서 우리들이 있음(존재)의 근거로서 동시에 가능으로서 있다. 우리들은 존재의 탁월한 방식으로 존재한다. 그리고 그 방식은 존재가능에로 나가 들어섬이다.

우리가 나가 들어설 수 있는 거기는 오롯이 트인 너른 터이다. 그런데 우리들은 그 너른 터에 미처 들어설 수 없다고 여긴다. 말했듯이 일상 세계 속에 살고 있는 일상적인 우리는 그 너른 터가 우리들의 일상적인 삶의 세계와 전혀 상관없는 다른 곳이라 생각해버린다. 일상 안에서 살아가고 있는 우리들에게 다른 무엇보다 중요한 것은 그 너른 터가 아니라, 오직 눈과 마음이 쏠리고 있는 것들이 가득한 일상적인 삶의 세계이기 때문이다. 눈앞에 닥쳐 있는 것 말고 중요한 것은 아무

---

279 참조: 구연상, 같은 책, 572~583쪽. 구연상 교수는 여기에서 '밖에'와 '아무 것도 없음'에 관한 탁월한 분석을 시도하고 있다.
280 구연상, 같은 책, 575쪽.

것도 없다. 이미 있지 않으므로, 있지도 않은 것이 중요한가 하는 따위는 더구나 마음 쓸 일이 아니다.

그러나 그럼에도 우리가 거부하는 그 오롯이 트인 너른 터가 우리 삶의 일상 세계를 드러내 주고 있는 것이다. 그것은 우리가 일상적으로 살고 있음에도 불구하고, 우리의 존재가능이 앞서 우리를 각자로서 각자의 길을 놓음에로 이끌고 있기 때문에 그러하다. 우리는 그 오롯이 트인 너른 터에 우리가 의도하건 의도하지 않았건 이미 들어서 있다. 거기에서 우리들 인간의 본질은 인간 자신의 자의적인 의지에 의해서 이런 것 혹은 저런 것이라는 식으로 규정되는 것이 아니다. 오히려 그러한 의지하는 원함은 오롯이 트인 너른 터의 한 측면인 일상의 세계에서 맺은 관련으로부터, 그 너른 터 속으로 들어서는 내맡김으로 자기 속에로 순수하게 가라앉는다.

여기에서 들어섬은 나가 견디어 섬이다. 나감은 존재 그 자체의 열려 있음(개방성, Offenheit)이 나름의 다양한 머무름의 단계를 가짐을 뜻한다. 즉 존재 자체는 그 자신 속에 머무른 채(그 자신의 나타냄을 삼간 채 드러냄) 그 자신을 역사적으로 드러냄을 뜻하는 것이다. 따라서 우리 자신에게는 존재의 역사에 따라 말 건네진 그때마다의 존재가 주어지고 있다. 그리고 이러한 주어짐은 우리들이 자신의 존재의 거기로 들어섬을 끝까지, 즉 죽음까지 품어 날라낼(austragen) 때만 허용되는 것이다. 품어 날라냄은 그저 멀뚱거리는 게으름에서 일어나지 않는다. 그것은 참을성을 견뎌냄으로써 스스로를 공들여 감에서 열려진다. 그렇다면 들어섬은 우리자신이 들어선 존재의 영역을 자기 자신의 죽음까지 공들이면서 참을성을 견뎌냄(Ausdauern)을 뜻하는 것이다.[281]

그것이 바로 간절함(Inständigkeit)이다. 그런데 우리는 일상적으로 간절함을 갈망[渴望]함이나 열망[熱望]함의 문맥에서 이해한다. 갈망함은

---

281 참조: 구연상, 같은 책, 577쪽.

원할 수 없는 무엇을 좇아 원함이다. 우리는 풀 한포기 자라지 않는 모래사막 한가운데서 물을 얻기를 갈망한다. 우리는 도저히 맺어질 수 없는 사람에게서 사랑을 갈망한다. 죽어도 그 원함을 이룰 수 없으므로 우리는 그 무엇을 간절히 원한다. 갈망함에서는 도래가 근본적으로 제거되어 있다. 갈망함이 일어난다는 것은 아직 아님을 현재화시키고자 하는 일종의 바람에서이지만, 그 아직 아님의 시간 성격은 결코 현재화하지 않는다.

또한, 열망함은 호기심에서 일어난다. 우리는 어떠어떠한 학문적인 성취를 열망한다. 반면 우리는 돈과 권력을 열망한다고 하지는 않는다. 열망은 구체적인 손안에 있음을 좇음이 아니라, 스스로에게 아직 아닌 정신적이고 지적인 차원을 향해 있다. 그 열망도 우리에게는 나름대로 간절하다. 그러나 열망은 지적인 호기심의 성격을 갖는다. 우리가 어느 정도 학문적 성취를 이루게 되면 우리의 열망은 또한 분주하게 안달하면서 다른 열망의 거리들을 찾아다닌다. 따라서 열망함의 시간 성격은 부단하게 간직된 기대하는 현재화에 다름 아니다.

그러나 여기에서 해명하고자 하는 간절함은 참을성을 견뎌냄으로서 스스로를 공들여 감이다. 그것은 무연히 게으르게 시간만 죽이는 삶의 방식에서 가능한 것이 아니며, 자기 자신을 분주하게 어떤 무엇으로 만들어내기 위한 것도 아니다. 스스로를 공들여감이라는 말은 무엇에 빗대어 발 빠르게 자기 자신을 맞추고자 하는 것을 뜻하지 않는다. 그것은 오롯이 트인 너른 터에로 자기를 들여보내면서, 존재의 침묵으로 울려오는 부름에 들음으로 응하는, 그리하여 그 부름에 소음으로써가 아닌 고요함으로 응답함에서 가능한 것이다. 그것은 바로 자기 자신에로 되돌아옴이며, 그럼으로써 자기 자신에게로 나아감이다. 그 모든 것은 기다리는 간절함이고, 간절한 기다림이다.

3. 기다림 그리고 그리움

이제 나는 오롯이 트인 너른 터에 관련하여, 간절함(Inständigkeit)이라는 말을 들어서 견디어나감이라 이해하고자 한다. 이러한 들어서 견디어나감은 오롯이 트인 너른 터에 부드럽게 스며들어 있다. 들어서 견디어나감은 간절함을 뜻하는 것이기도 하다. 즉 그 말은 있는 것의 존재에로 속할 수밖에 없음의 운명을 자기 자신의 운명으로 간절히 맞아들임이다. 맞아들여야 하는 것은 돌이켜 사유해야 하는 것이다.[282] 그리고 돌이켜 사유해야 하는 것은 바로 유래로서 그리고 가능으로서 펼쳐져 있는 오롯이 트인 너른 터 그 자체이다.

간절함

참된 것은 결코 홀로가 아니라네.
진리는 본래
널리 존속하기 위하여
성스럽게 치유하면서
사유하는 심장을 부른다네.
고결한 기억으로
유일해진 관대함이
단순한 참을성 속으로 들어갈 수 있도록.

Inständigkeit

Nie ein Wahres allein,
Die wesende Wahrheit

282 참조: 구연상, 같은 책, 576~581쪽.

Heil zu empfangen
Für weite Beständnis,
Bestell das denkende Herz
In die einfache Langmut
Der einzigen Großmut
Edlen Erinnerns.[283]

그렇다면 참을성을 견뎌냄으로써 스스로를 공들여감이라는 간절함은 내맡김의 본질로서의 근본기분이라 할 수 있다. 왜냐하면 간절함이란 오롯이 트인 너른 터에 이르는 내맡김 가운데 들어서 견디어나감으로서, 이는 사유의 진정한 본질이기 때문이다. 간절함은 사유함이 오롯이 트인 너른 터와 어떤 맺어짐 속에 있는지를 근본적으로 규정해 준다.

간절함은 고결함(고결한 마음, Edelmut) 그 자체이다, 고결한 것은 유래(Herkunft)를 지니고 있을 뿐만 아니라, 자신의 본질이 유래하는 그 유래 속에 머무른다. 여기에서 말하고 있는 유래란 오롯이 트인 너른 터로서의 존재 진리의 열린 장이 스스로를 열어 밝히는 열어 밝힘의 근원적 장소를 말한다. 오롯이 트인 너른 터는 인간의 본질을 그 자신의 고유한 펼침에 속하게 하여 스스로 사방으로 고유하게 펼치는 가운데 인간의 본질을 고유하게 한다. 즉 인간 본질의 고유함은 인간 자체에서 비롯하는 것이 아니라, 오히려 오롯이 트인 너른 터에 속함에 내맡김으로서 열어 밝혀지는 것이다. 그런데 우리는 오롯이 트인 너른 터에 이르름은 내맡김이고, 그 내맡김의 본질이 간절함이며 기다림이라고 하였다. 그렇다면 이제 인간의 본질로서의 존재가능과 기다림이 맺어짐이 발견된다.

인간존재의 본질인 존재가능은 저 홀로 발원하지 않는다. 그 존재가

283 "Erörterung", 60쪽.;『동일성과 차이』, 180쪽. 참조: 구연상, 같은 책, 580쪽

능은 오로지 오롯이 트인 너른 터의 스스로 고유하게 펼침 안에 속해 있다. 그리고 그 오롯이 트인 너른 터는 인간이 자신의 본질을 내맡김(초연함)이 피어오르는 곳이다. 거기는 어떠한 있는 것들이 들썩이고 소란스러움이 아니라, 있는 것들이 있는 것들 자체로 내맡겨짐으로써 그 자체로 존재할 수 있는 '있음(존재)'이 스스로 참을성있게 견디면서 열어 밝히는 고요이다. 따라서 그 고요는 간절한 기다림으로 있다. 그리고 그 간절한 기다림은 바로 고결함, 즉 자신의 본질이 유래하는 그 유래에로 향해 있음이다.

> 탐구자 : 그렇다면 …… 과연 어느 정도로 내맡김이 고결한 것과 친근할 수 있는지를 당신은 밝게 깨어 있는 당신의 그 진기한 마음 상태 속에서 말씀해 주실 수 있습니까?
>
> 학자 : 유래를 가지고 있는 것은 고결합니다.
>
> 스승 : 고결한 것은 유래를 지니고 있을 뿐만 아니라, 자신의 본질이 유래하는 그 유래 속에서 머무르고 있습니다.
>
> 탐구자 : 그럼 이제 본래적인 내맡김은, 인간이 본질적으로 Gegnet에 속한다는 점에, 다시 말해 Gegnet에 내맡겨진 채로 있다는 점에 존립하겠군요.
>
> 학자 : 인간은 어쩌다가 가끔씩 그렇게 내맡겨진 채로 존재하는 것이 아니고, 처음부터 그렇게 존재하는 것이라고 우리는 말해야 합니다. …… 본질적으로 Gegnet에 (내맡겨진 채) 속해 있는 것이기 때문입니다.[284]

근본기분을 경험함, 그리고 경험될 수 있는 근본기분은 서로를 속하게 한다. 그리하여 그 속하게 함으로 속하고 있는 것들을 자유로이 그 자체에게로 내어준다. 우리는 이러한 근본기분을 간절함과 간절한 기

284 "Erörterung", 61/2쪽.; 『동일성과 차이』, 181/2쪽.

다림으로 새겨보았다. 그 근본기분은 바로 그리움이다. 그리움은 그리는 마음이다. 그리는 것은 바로 우리 자신의 유래이고 존재가능이다.

그런데 일상적으로 우리에게 이해되고 있는 그리움이란 이미 지난 것에 대한 회고이거나 어떤 것을 추억함이다. 우리에게 그렇게 이해되고 있는 그리움은 하나의 연연해함이거나 집착함에 다름 아니다. 물론 우리는 이미 지나간 것들을 기억 속에서 잊지 못하고 그것 혹은 그때, 그 사람들을 떠올리곤 한다. 때로 우리는 지난 것을 그리워하는 마음으로 삶을 살아가기도 한다.

이를테면 자식이 부모보다 먼저 세상을 떠난 경우, 남아 있는 부모는 살아있을 적 자식의 모습을 기억하거나 모습이 담긴 사진을 통해서 혹은 그 자식이 남겨두고 떠난 어떠한 것들(존재자들)을 만남으로써 그 자식에 대한 그리움을 달랜다. 이때, 그리움은 이전에는 있었던 것이 지금은 없음에 대하여 그 전에 있었던 것을 추억하는 마음이다. 그것은 이전에는 있었고 지금은 없는, 아니 없어진 것을 그리워하는 것이다. 그렇다면 그것을 그리는 마음은 어디로부터 연유하는가.

이러한 맥락에서 본다면, 일상적으로 그리움은 결여와 관련되어 있다. 가득함에 비해서 결여는 모자람이고 부족함이다. 이전에는 있었던 것이 지금은 없어져 그 자리가 모자람으로 비어있지만, 그렇다고 하여 자기 자신의 삶의 길이 통째로 끊어져 버린 것은 아니기에, 그 자기 자신에게는, 있었던 자리가 없어진 한 토막이 다른 것으로 대체될 수 있기도 하다. 그러나 대체될 수 있음은 있었던 것에 대한 충만한 채움이 아니다. 다만 그것은 있었던 것이 없음으로 비운 자리를 적당히 메우고 있을 뿐이다. 그러나 메움으로서의 대체는 그 자체가 될 수 없으며, 따라서 그 비어진 자리에는 언제나 빔의 자리가 남아있게 된다. 가득 충만하게 채워지지 않음을 우리는 결여되어 있음이라 새겨보도록 하자. 결여된 것이 어떤 뚜렷한 존재자로서이건, 아니면 그 존재자의 존재이건 하여간 결여됨은 채워지지 않는 빈틈에 관한 것이다.

우리가 결여됨을 느낄 수 있음은 우리가 무엇인가를 잃었을 때, 즉 그 무엇인가가 우리에게서 빠져나갈 때 그러하다. 빠져나감과 잃음은 돌이킬 수 없다. 아무리 다른 것들로 잃음과 빠져나감을 대신 채우려 해도 거기에는 비어있음이 남아있게 된다. 그렇다면 우리가 그리움을 느끼는 것은 그 어떤 것을 잃음 자체, 또는 빠져나가버린 것 자체에서인가, 아니면 거기에 남아있는 비어있음의 틈에 대한 것인가. 아니면 그 무엇이 빠져나간 충만했던 그 자리가 비워짐에서인가. 이 물음은 비워진 빔에 관한 것이기도 하다. 우리는 대관절 어떤 무엇을 그리워하는가,

대체 함, 대리함은 대체로써 채우기 위해서 일단 비워진 빔이 있어야 가능하다. 그런데 그 비워져 있는 자리는 무언가가 있었던 자리이다. 비워진 그 자리는 그 본래 채워져 있었던 자리 자체로 앞서 발견되어야 한다. 다시 말하면, 채워져 있었음의 자리가 자리로서 이미 드러나 있을 때, 우리는 거기로부터 빔을 발견할 수 있다는 말이다. 그 자리에 아무 것도 없음으로 빔이 일어남, 곧 비어서 아무 것도 없음은 우리가 거기에 있을 수 있는 것을 이미 앞서 알고 있을 때 발견될 수 있다.

그렇다면 아무 것도 없이 빔은 결여라는 말로 이해되어서는 안 된다. 왜냐하면 결여란 부족함이다. 가득 채워지지 않은 어떤 모자람이다. 꽉 차 있지 않음과 아무 것도 없음은 근원적으로 다르다. 아무 것도 없음은 모든 것이 없음이기 때문이다. 그렇기 때문에 우리가 그리워하는 것은 결여로서 부족함이 아니라, 무엇으로도 채울 수 없고 무엇으로도 대체될 수 없는 비워진 빔 자체에 관한 것이다.

우리는 부족함이 없이 꽉 채워져 있을 때가 있었다고 하면서, 그때를 회고하며 그리워한다고 말한다. 그렇다면 그 그리움은 이미 지나가 버린, 그래서 되돌아갈 수 없는 시간 성격을 향해 있는 것이다. 우리는 이미 떠나간 사랑하는 사람을 그리워한다. 그리고 그 사랑하는 사람과 함께 있었던 시간과 장소를 그리워한다. 그래서 우리는 그 장소에 가

보기도 한다. 그러나 그때의 시간은 이미 그 장소에 없다. 우리는 그때로 되돌아갈 수 없다고 생각하므로, 그 장소와 떠나간 사람이 비운 자리를 다른 사람으로 대체하여 채워놓는다.

우리가 살아가는 일상은 대개 그런 식이다. 우리는 결여이건 채워있던 것이 빠져나감으로 비워진 빔이건, 그 빔을 견디지 못한다. 우리는 언제나 우리가 견디지 못하는 빔을 채우기 위해 바쁘다. 그러나 그렇다고 해서 우리가 비워진 빔을 채우기 위해 우리들의 모든 것을 그리에로 쏟아 붓지도 않는다. 모든 것이 아님은 아무 것도 아님이다. 우리들은 적당히 이것 또는 저것으로 그 자리를 메워 넣고 있을 뿐이다. 그건 아무거나로 그러하다.

결국 우리가 빔을 채우기 위해 쑤셔 넣었던 것은 아무 것도 아니다. 우리는 아무 것도 아님을 그리워한다. 이게 대관절 무슨 말인가. 분명 빠져 나감으로써 비운 빔에 빠져나간 것은 우리에게 아무 것도 아닌 것이 아님이었다. 우리는 그 아무 것도 아닌 것이 아님을 그리워하지만, 결국 우리가 그리워하는 것은 아무 것도 아님이 되어 버린다.

그러나 여기에서 살피고자 하는 그리움은 되돌아갈 수 없는 이미 지나가 버림이라는 시간 성격으로 말해질 수 없다. 그리움은 자기 자신의 근원에로 향해 그 근원에서부터 일어나는 기분이다. 하물며 그리움은 간절함이다. 그리고 나는 하이데거를 빌어 간절함이 자신의 본질이 유래하는 그 유래 속에 머무른다는 것을 앞서 말했었다. 그 유래는 오롯이 트인 너른 터 그 자체이다. 이에 나는 그 비워진 빔을 무언가가 있다가 빠져나가버림으로써 비워지는 것으로가 아니라, 무언가가 담길 수 있는 가능에서 찾아보고자 한다.

그때, 빔은 무언가에 의해서 만들어지는 것이 아니고, 오히려 무언가가 그리에로 다가갈 수 있는, 그리하여 마침내 그 빔이 채워질 수 있는 오롯이 트인 너른 터로 새겨질 수 있다. 그 오롯이 트인 너른 터는 존재하는 모든 것들이 그것 자체로서 스스로를 드러내어 열어 밝힐 수 있도록 자리를 내어준다. 오롯이 트인 너른 터에서는 내어줌과 머무름이 함께 열려있다. 그리고 존재하는 모든 것들은 그 오롯이 트인 너른 터에로 나가 들어섬으로써 각자 자기로 자리를 잡을 수 있다. 우리는 앞선 장에서 존재하는 것들이 자기 것으로 잡은 그 자리를 영역(Gegend)라고 이해했었다.

그리움은 간절함이며, 곧 기다림이다. 우리는 그리워하는 것을 그리워하므로 간절히 기다린다. 그러나 일상 속에서 우리가 그리워하는 것은 이미 우리를 지나쳐 있고, 일상적으로 우리가 기다리는 것은 아직 우리에게 스치지 못하고 있다. 일상 속에서 간절함은 이미 어디에로, 그리고 아직 어디에로 향해 있다. 그런데 간절함은, 우리 자신을 드러내지 않은 채, 간절함이 일어나고 있는 그곳으로 나가 견디어 섬이다. 그 나가 견디어 섬은 바로 기다릴 수 있음이다. 그리고 나가 섬은 되돌아옴이다. 따라서 견딤은 다가갈 수 있으므로 되돌아가는 자기를 견딤이며 다가가는 자기 자신의 유래를 견딤이다.

자신의 유래 속에 유래를 향해 있음으로서 그리움은 인간 현존재로서 우리들의 본래적 염려이다. 우리는 본래적 염려로서의 자기 자신을 그리워한다. 우리가 무엇을 그리워하는 것이 본디 아무 것도 아님으로 드러나 있다면, 그리움은 이제 근원에서부터 찾아져야 하는 것이다. 그러나 근원에서부터 찾아져야 한다는 것이 때문에라는 원인에서 그것이 밝혀져야 한다는 것은 아니다. 그 말은 오로지 그리움이 근거하는 그곳을 각각 그때그때로 절단된 시간 성격에서가 아니라, 다가가며 되돌아오는 현재라는 본래적 시간 이해로부터 길어져 나와야 한다는 것을 뜻한다.

간절하게 기다리는 그리움 혹은 그리워하며 간절한 기다림. 우리는 이제 그리움과 기다림 그리고 간절함은 서로 속하고 있다고 말할 수 있다. 그것을 이해함을 통하여 우리 스스로는 오롯이 터인 너른 터로 나가 들어설 수 있다. 그 오롯이 트인 너른 터는 내맡겨주는 기다림을 열어 밝혀준다. 그러나 우리들이 그리로 나가 들어서 있지 않으면, 그 터는 스스로를 우리에게 열어 밝혀 놓지 않으며, 우리는 그 터에 머물 수 없다. 기다림에는 본래적 염려가 속해있다.

4. 죽음 — 길이 끝남에로 내맡김

죽음은 예고하거나 기대할 수 있는 방식으로 우리에게 다가오지 않는다. 그것은 그야말로 덮침이다. 그 덮침은 때로 예측할 수 있게, 때로는 예측할 수 없게 들이 닥치지만, 하여간 의도적인 죽음인 자살을 제외하고, 죽음은 대개 죽음을 소망하는 기대함이나 희망과는 상관없이 우리를 덮친다.

물론 중병으로 오랫동안 자리를 보존하고 있는 환자나, 사고로 인하여 크게 다친 사람들이 맞이하는 죽음의 모습도 있다. 그러나 우리는 그 사람이 언젠가는 회복하여 자리를 박차고 일어설 수 있으리라는 희망을 쉽게 놓지 않는다. 설령 그런 희망까지는 아니더라도, 당장 그가 의학적으로 조금이나마 회복하리라는 것을 소망한다. 비록 죽음을 눈앞에 둔 사람도 그의 의식이 깨어 있다면, 물론 그러하다. 그러나 죽음은 우리의 원함과 기대와는 무관한 것이다.

하물며 그의 의식이 깨어있지 않을 때, 그는 죽음이 눈앞에 와있다는 것을 알지 못한다. 따라서 죽음은 우리에게서 늘 아직 아닌(우리가 알 수 없는) 저만치에 있다. 우리는 그 누구도 죽음을 원하지도 어서라는 식으로 기대하지도 않는다. 그러나 그럼에도 죽음은 삶의 길 안에 있다. 왜냐하면 일상적인 죽음에는 죽음을 원하지 않음으로 원함이, 그리고 죽음을 기대하지 않음으로서의 기대함이 열리고 있기 때문이다.

저만치는 얼마의 거리를 갖는 것일까. 어리거나 젊어 힘이 있는 이들은 그 저만치를 더 멀리에 둘 것이며 나이가 들거나 아픈 이들은 조금 가까이에 둘 뿐이다. 그 차이는 다만 조금 멀고 조금 가깝고에 그친다. 그럼에도 우리는 죽음을 늘 저만치에 두고 있다. 그것은 우선 앞서 이야기했던 여행지에서 돌아오는 시점을 때로는 멀리에, 때로는 가까이에 두고자 하는 의지에 바탕한 원함 혹은 기대함이 우리에게 있기 때문이다.

그런데 죽음은 사람들의 의지로 이리저리 움직일 수 없다. 우리에게는 다만 태어났으므로 죽을 수밖에 없다는 사실만이 놓여 있을 뿐이다. 그리고 인간 현존재는 그의 죽을 수 있음에로 그 자신을 앞서 데려다 놓을 수 있다는 것에서 그 존재의 독특한 존재방식, 곧 실존을 발견한다. 그것은 내맡기며 그리워하는 기다림을 결단함으로 가능하다. 나는 이제 그리워하는 기다림과 결단함, 그리고 내맡김에서부터 죽음을 발견해보려 한다.

길을 나서기 위해 집에서 떠날 때, 나는 언제나 내 방 문과 큰 문에 인사를 한다. 그 인사가 별 것은 아니다. 그저 "다녀올게. 잘 다녀와서 이리로 잘 돌아와서 다시 만날 수 있기를. 그러나 내가 돌아오지 못해도 너무 섭섭해 하지는 말거라." 이런 식이다. 이런 인사를 하고 집을 나갔다가 다시 돌아온 지 십 수 년이다. 그 십 수 년 동안 나는 끈질기게 다시 그 문들 안으로 돌아왔다.

나는 오늘도 집을 나간다. 내 집 문 밖에는 어떤 것들이 앞에 나서서 내 기분을 좋게 할런지 아니면 내 기분을 위협하려는지 나는 아직 알 길이 없다. 나는 집 문밖으로 나가서 무언지 모를 어떤 것들을 만날 것이다. 그것들이 무엇인지, 어떠할지 모르지만, 나는 내 볼일이 있으므로 하여간 집을 나선다. 나는 내 볼일을 잘 보고 다시 돌아올 수 있기를 기대한다. 그러나 그 기대가 늘 이루어질 수 있는 것은 아니다.

그런데 내가 집을 나가면서 갖는 기대는 다시 돌아옴에 관한 것이 아니라, 일단은 몇 달 동안 혼잣말을 꿍얼거리면서 궁리하고 있었던 어떤 글이 어느 정도 정리되어 가고 있으며, 나는 이삼일 안으로 그 글을 어떻게든 끝낼 수 있었으면 하는 소망에로 쏠려 있다. 그리고 그 글이 잘 마무리되기를 기대한다. 이 기대는 내가 그동안 그 글을 궁리하고 있어왔음에 근거한다. 그 있어왔음은 나에게 간직되어 있다. 그리고 나는 기대하며, 기대하기에 기대하는 바는 나에게 현재화한다. 그러나 그 기대는 헛된 것일 수도 있다. 모든 기대는 반드시 내가 기대하는 바에 부응하는 식으로 현재가 되지 않는다. 어찌되었든 나는 아직 어수선한 내 글이 잘 다듬어지고 잘 정돈되고 빼곡히 내용이 잘 채워져서 마무리되기를 소망한다. 이처럼 내가 소망하는 것은 아직 아니지만 곧 원하는 대로 잘될 수 있음에로 향해 있다.

그러나 내가 집 문을 나가면서 다시 돌아올 수 있기를 기대함은 내 글이 잘 마무리됨을 소망함과 상관없어 보인다. 하지만 문을 나갈 일이 내게 현재화하지 않는 한, 내가 집 문밖으로 나갈 이유는 없다. 따라서 내 글이 잘 마무리되기를 소망함은 내가 집 문밖으로 나가면서 갖는 기대함과 전혀 상관없는 것은 아니다. 돌아올 문이 있어서 나갈 문이 있는 것이며, 나갈 문이 있을 때 돌아올 문이 있는 법이다. 나는 돌아올 문이 있어서 문을 나가고, 문을 나가므로, 나에게는 돌아올 문이 있다.

우리는 누구나 자기가 나갔던 문으로 탈 없이 다시 돌아올 수 있으리라 기대한다. 그 누구도 아침에 집 문을 나갔다가 다시는 돌아오지 못하리라는 것을 기대하지 않는다. 그러나 그 기대하지 않음은 돌아올 수 있음을 바람으로써 열리는 기대함에 다름 아니다. 우리들은 누구도 집 문을 나갔다가 느닷없는 사고로 죽음에 이를 수 있다는 생각을 하지 않는다. 그런 생각으로 하루를 사는 사람은 아무도 없다. 그렇다면 정작 죽음의 현상 앞에 달려가 보는 이가 아무도 없다는 말일까.

우리가 우연하고 돌발적인 사고로 죽을 수 있음을 나의 것으로 배려하지 않는다면, 또한 현대의학에서 치료가 불가능하다는 병에 걸리지 않는다면, 나는 죽지 않는다라고 잘라 말할 수 있다는 말인가. 문제는 그러함에도 죽음은 아무에게도 없음이 아니라, 철저하게 누구나를 관통하고 있는 있음의 사건이라는 것이다. 사고로부터 죽건, 병으로 죽건, 늙어 죽건 우리 모두는 죽음을 피할 수 없다.

우리는 살기에도 바빠 "죽을 것 같다."라는 식으로 삶의 분주함에 빠져 있다. 그러나 그 바쁘디 바쁘고, 우리를 분주하도록 배려하는 바쁜 일거리들이 아무리 셀 수 없이 우리 앞에 현재화한다 하여도, 우리가 죽을 수밖에 없다는 그 사실이 부정될 수 있는 것은 아니다. 다만 우리는 그 사실을 우선 대개는 망각하고 있으며, 망각에서 벗어나 있더라도 저만치로 밀어둠으로써 자기와는 당장 상관없음으로 여겨버리고 있을 뿐이다.

그러나 망각에 빠져버리고 지금 닥친 일이 아니라고 해서 우리가 죽음으로부터 벗어날 수 있는 길은 없다. 우리에게 죽음은 때로 위협을 일으키는 공포이기도 하고 막연하다는 식으로 기대하지 않는 기대함이기도 하다. 그러나 죽음은 우리 자신의 실존 자체와 관련되어 있는 우리 자신의 존재가능 전체이다.

그 누구도 죽음을 경험할 수 없다는 것은 엄연한 사실이며, 때문에 죽음을 체험하고 되돌아온 사람은 아무도 없다. 죽음은 다만 그리로 앞서 달려가봄만으로 있다. 죽음은 우리에게 단 한번뿐으로 체험될 수 있는 것이며, 우리들을 그 누구도 그의 존재해 오고 있음에로 되돌려주지 않는다. 그러나 인간 현존재가 죽음에서부터 되돌려지는 곳이 있기는 있는데, 그곳은 그 자신에게로가 아니라, 다른 이들에게로이다. 다른 이들은 나의 죽음과 상관없이 살아있는 사람이다. 나의 죽음은 나 자신을 무로 빨아들이지만, 살아있는 다른 이들 곁에 되돌림으로 나를 남겨준다.

나는 다른 이들의 죽음을 애도하기도 하고 아쉬움을 갖기도 하며 추모한다. 그런데 슬픔으로 추모되는 이미 죽어버린 사람은 어떤 식으로도 그의 존재해왔음을 칭송받으면 받았지 추궁받지 않는다. 우리들은 이미 죽어버린 사람을 그의 존재해왔음에서부터 칭송하건 혹은 칭송하지 못할 바에야, 추궁도 하지 않음으로 그 죽은 이를 묻어둔다. 우리들이 이미 삶이 다한 한 사람을 우리 곁에 남겨둠은 그 사람을 언제나 묻어둠으로 심려하는 것이다. 그 심려는 이미 그의 삶이 돌이킬 수 없이 끝장남에 있다. 묻음은 그 죽은 이를 땅 속에 묻건, 가슴에 묻건 그 사람이 존재했던 자리가 비어 있음에도 그 비임을 빔으로 간직하는 어떤 곳이다. 우리는 살아있는 다른 이들이 비워진 비임을 빔으로 간직하는 심려로서 죽은 이를 배려하고 있다.

우리는 대개 자기의 죽음 앞으로 앞서 달려가 보려 하지 않는다. 그럼에도 죽음은 아귀처럼 그 입을 우리를 향해서 벌리고 있다. 잠들어 있는 아귀 같은 죽음이 잠에서 깨어나면, 죽음은 우리를 집어삼켜버릴 것이다. 그 죽음이 잠에서 깨어나는 시간은 아무도 모른다. 따라서 우리들은 시끌벅적함 안에서 분주하기만 하다. 그러나 죽음은 고요하게 머무는, 자기 자신을 자기 자신 전체에로 다가가게 하면서 자기 자신에게로 되돌아오게 하는, 그리하여 자기 자신을 집착하는 어떤 것에서부터 자기 자신에로 되찾아 오는 고요하게 깊은 사유에서 온전하게 본래적으로 드러나는 것이다.

우리는 이러한 사유를, 내맡김이고 기다리는 간절한 그리움이라고 말했었다. 이러한 사유는 안달복달하는 사유가 아니며 삶의 손익을 계산하는 사유도 아니다. 그것은 간절하므로 견디는 사유이다. 견디는 사유는 존재하는 것들 앞으로 자기를 내세우지 않으며, 뒤로 물러서 있는 사유이다. 뒤로 물러서 있으므로 그것은 눈앞에 보이지 않는다. 그러나 눈앞에 보이지 않기 때문에 아무 것도 아님은 아니다. 이것은 마치 아무 것도 아님으로서의 무가 존재하는 것의 부정이 아님과 같다.

물론 우리는 죽음을 기대하지 않음으로 기대하기도 한다. 이 말은 우리가 죽음을 어떻게든 예기함으로써 기대하고 있다는 말과 같은 것이다. 다만 그 기대함은 죽음이 현재화함에 있어서 삭제하는 방식으로 기대함이다. 그런데 우리가 죽음을 기다림에서, 그 기다림은 우리에게서 죽음을 없는 것으로 삭제하지 않는다. 오히려 기다림은 집착하고 있었던 모든 것들을 무화시킴으로써, 죽음에로 다가가 들어서는 것이다. 그리고 무로서 죽음에 다가가 들어섬은, 죽음이 한 인간 현존재가 스스로 내어 가는 길이 끝남의 순간을 말하고 있기 때문이다.

길이 끝남이라는 죽음에서는 우리에게 있었던 모든 연관이 끊어지며, 자기 자신의 존재가능 전체를 몰수당한다. 우리가 집착했던 모든 것들에 연연했음도 더 이상 우리에게 아무런 의미를 지니지 못한다. 거기에 남아 있는 것은 아무 것도 없다. 아무 것도 없음은 빔이다. 죽음은 비워진 비움을 빔으로 남겨 놓는다. 마침내 우리는 비운 빔을 기다려야 하는 것이다.

기다림은 우리가 다시 돌아오는, 그리고 다가갈 수 있는 자기 자신에로 되돌아오게 함이다. 죽음은 다른 누구의 죽음이 아니다. 죽음은 바로 나의 죽음이며, 죽음이라는 화살은 나를 자신에게서 나가 들어섬에로 되돌아오게 조준되어 있다. 우리는 죽음을 기다릴 수밖에 없는 존재다. 그리고 그 기다림은 고요히 머물러 있으며, 기다리는 것으로서의 나의 영역을 오롯이 트인 너른 터로부터 나 자신에게 내어준다. 이 내어주는 내맡김이 바로 인간 현존재의 본래적인 결단이다.

왜냐하면 내맡김은 모든 연관으로부터 스스로를 풀어내고(해방시키고), 스스로의 죽음을 향해 앞서 달려감을 결단함으로써 가능하기 때문이다. 이때, 결단은 우리가 살아있는 한 삶에서 포기할 수 없다고 움켜잡고 버둥대던 모든 것들을 송두리째 내던져 버리게 함으로써, 우리가 언제나 죽음을 마주할 수 있게 하는 힘이다. 그것은 아무런 치장 없이 스스로를 죽음에로 내맡김에 다름 아니다.

따라서 이제 나는 스스로를 죽음에로 내맡김, 죽음에로 나 자신을 내맡김하는 기다림, 그리고 스스로를 내맡김에로 내어놓은 나 자신의 결단성 자체가 본질적으로 다르지 않음을 뜻 새길 수 있다.

끝맺기 : 아직 길 위에서

우리는 세계 속에 존재하며 존재해야 한다. 그리고 우리는 세계 속에서 존재해야 함이 자기 자신에게 떠맡겨지므로, 그것을 떠맡아야 한다. 우리가 더 이상 세계 속에 존재하지 않고 세계를 떠남은 바로 죽음이다. 죽을 수 있음은 우리가 태어나서 세계 속에 내던져지는 한, 떠맡아야 하는 존재가능이다. 우리는 죽음에 닥쳐서야 자기 자신의 본래적인 존재가능에로 나가 들어설 수 있다. 삶이 있는 한, 우리 자신은 늘 아직 아님이다. 아직 아님은 인간 현존재의 본질이 언제나 존재가능으로서 규정될 수 있다는 말이다. 인간 현존재의 존재가능은 죽음을 맞딱뜨릴 때 비로소 끝난다. 그러나 우리들의 삶이 그 끝인 죽음에 도달했다는 것으로부터 우리들의 삶이 비로소 완벽해졌다거나 완성되었다는 결론은 이끌어져 나오지 않는다.

우리는 죽음에로 앞질러 달려가봄으로써 비로소 우리의 존재가능을 이해할 수 있다. 죽음은 우리를 우리 자신으로부터, 모든 이들로부터 그리고 세계 자체로부터 떼어놓는다. 우리는 죽음 앞에서 현실에서 아직 아닌 모든 가능성을 송두리째 빼앗긴다. 그것은 몰수이며 박탈당함이다. 죽음은 모든 연관을 끊어버린다. 몰수당하는 것은 바로 우리들 인간 현존재의 존재가능 전체이다.

우리들의 삶은 완성되지 않는다. 다시 말해서 우리의 삶은 우리들 자신의 존재가능을 채 이루지 못한 상태에서 끝나고 만다. 결국 우리들의 삶의 길은 가다가 만 길이다. 그러나 우리가 내어가는 그 길이 가다가 중간에서 끊김으로 우리의 삶이 끝난다는 것을 알 수 있음은 또한 우리가 스스로의 삶의 전체성을 어떻게든 앞서 이해하고 있음을 의미한다.

따라서 모든 가능성의 몰수이며 박탈로서의 죽음 분석이 목적하는 바는 인간 현존재를 그 근원적 전체성으로부터 밝게 열어 밝힐 수 있는 근거를 나름대로 확보하는 것에 있다. 죽음에로 앞서 달려가봄은 우리가 죽음에로 고요히 들어설 수밖에 없는, 스스로를 내맡김이다. 내맡김은 기대가 아닌 근원적인 기다림이다. 기다림은 자신의 유래에로 향하는 그리움이며, 죽음 앞에서 마침내 자기 자신의 존재가능 전체를 도래로서 대면하는 것을 기다림이다.

우리는 태어나서 죽음까지의 길 위에 있다. 우리는 살아있는 한, 늘 죽음을 뛰어넘을 수 없는 미완의 존재이다. 삶을 이루고 있는 동안 우리는 우리 자신과 존재 전체를 만날 수 없다. 다만 그리할 수 있음을 가능성으로 간직하고 있을 뿐이다. 이에 하이데거는 불안과 죽음 이해를 통해, 인간 일반에 대한 객관적인 분석이 아니라, 개개인이 어떻게 자신을 모두 잃음으로써 어떻게 본래적인 자기를 발견할 수 있는지를 분석하고 있는 것이다.[285]

이것은 몸을 이루는 글에서도 제시했듯이 모든 관계를 몰수하는 체험 불가능함의 가능성으로서의 죽음과, 죽음을 근원적으로 이해할 수 있는 인간 현존재 분석에서 이해할 수 있는 일이다. 죽음에서는 그것이

285 참조; 박찬국, 같은 책, 77쪽.

대리 불가능성으로서 바로 나 자신의 죽음이라는 점, 그리고 죽음을 맞는 나의 태도에 관한 본래성이 주목되어야 한다. 인간 현존재가 자신의 가장 고유한 존재가능성 앞으로 달려갈 때, 그는 자신의 죽음을 스스로 떠맡아 결단하지 않을 수 없음을 깨닫게 된다. 나는 제1장 1절로부터 제3절에 걸쳐 이 문제들에 관하여 하이데거의 철학에 힘입어서 살펴보았다.

이 글의 제2장 제1절에서 나는 스스로를 죽임(자살)이라는 죽음의 한 양태를 생각해 보았다. 이것은 이 글이 나아가고 싶었던 길이 죽음에 대한 실존론적 · 존재론적 분석이 머무르는 곳에서 그치지 않고, 죽음에 대한 현사실적이며 가능적인 인간의 태도가 본질적으로 본래적일 수 있음에 주목하고자 한 마음에서이다. 그것은 죽음에로 자기 자신을 내맡기며 뛰어들 수 있음의 본래성에 관한 것이다. 그러나 이 문제에 관하여 보다 깊이 있게 연구한다는 것은 다음 과제로 미루어 놓기로 한다.

우리는 살아있는 한, 끊임없이 죽음이라는 위협을 받고 있다. 하이데거를 따르면 이 위협을 진정으로 열어밝히는 근본적인 처해있음이 바로 불안이며, 불안 앞에서 현존재는 비로소 무에 처하게 된다. 무는 일상적인 삶에서 중요하다고 집착했던 것들을 거부함으로써, 존재자 그 자체를 존재의 오롯이 트인 너른 터(Gegnet)에로 불러낸다. 불안은 우리가 일단 회피하거나 거기서부터 달아날 수 없는 인간 현존재의 근본적 기분이다. 불안은 언제나 우리들을 자기 자신의 존재로 일깨운다.

이 글의 제2장 제2절에서, 나는 근본기분에서부터 죽음을 뜻 새겨보고자 했다. 근본기분으로서 불안과 불안에서 불러 일으켜지는 무화는 인간들을 자유로움에로 열어내어 준다. 그렇다면 근원적인 자유로움은 어떻게 우리에게 열어 밝혀질 수 있을까. 죽어가는 사람에게도, 그리고 결단으로서 죽음에로 앞서 달려가 보는 사람들에게도 근원적인 불안과 무는 아직 체험되지 않았다. 그렇다면 도대체 우리는 자유로움의 근원에 도달할 수 있기는 한가. 자유로움에로 향해 있는 불안과 무,

그리고 무화는 어떠한 식으로 있으며 대체 있기는 한가. 이 물음은 우리가 결코 완성될 수 없는 존재라는 것으로 어느 만큼은 답할 수 있을 것이다.

불안에 대면할 수 있는 것은 우리들 자신에게서 울려나오는 자기 존재를 불러내는 양심의 소리로서 이다. 양심은 소란스럽고 무언가에 집착하는 일상에 빠져있는 그들 속에서 자기 자신을 불러낸다. 이것이 바로 본래적인 결단이다. 그러나 결단은 인간의 의지를 내세우는 능동적인 힘이 아니다. 그것은 오히려 뒤로 물러서는 고요한 기다림으로서 결단하는 내맡김이다. 자기 자신을 내맡기는 결단을 통해 우리는 우리들 자신의 존재가 울려오는 소리를 들을 수 있다.

집착과 연연해함에서 벗어남으로만이 진정 자기 자신을 그 자체로 이해할 수 있게 되고, 그로부터 존재 전체가 환히 드러날 수 있는 것이다. 그 벗어남은 세계를 떠남이 아니다. 세계는 존재가 열어 밝혀지는 거기이다. 우리는 우리 자신을 고집스레 무언가를 향해 의지하고 의욕함으로써 낚아채지 않음으로, 오히려 자기 자신을 자신의 존재가능으로 내맡김, 그리하여 늘 깨어있는 상태로 침묵으로 울려오는 존재의 소리에 귀 기울이는 결단함의 기다림에서 비로소 존재 자체를 맞아들일 수 있다.

거기에서 본래적인 자유를 체험할 수 있는 가능성이 열린다. 즉 하이데거는 자기를 비롯한 모든 존재자의 고유한 존재에 열려 있는 상태를 본래적인 자유라고 한다. 이러한 자유의 상태를 체험할 수 있을 때, 우리는 비로소 투명해진 존재가 펼쳐지는 오롯이 트인 너른 터의 풍요로움을 얻을 수 있다는 것이다. 하이데거는 인간의 실존과 일상에 대한 치밀한 분석, 그리고 일상을 초월하는 죽음 이해를 통해 본래적인 인간의 모습을 열어 밝히고 있다.

제2장의 제3절에서는 『존재와 시간』에서 나타나고 있는 본래적인 결단성 개념을 내맡김으로서의 기다림, 그리고 그리움과 연관지어 보고

자 했다. 물론 내맡김이라는 말은 하이데거의 후기 철학에서 부각되는 개념이다. 그러나 나는 『존재와 시간』에서 이미 본래적인 인간 현존재의 결단성이라는 뜻 새김 안에서 그리에로 갈 수 있는 충분한 단초가 마련되고 있다고 생각한다.

남아 있는 문제는 살아있는 어떤 인간이 과연 자신이 죽음이라는 상황을 결단하고 기다리며 고요하게 그리워할 수 있는가 하는 것에 있다. 그러나 우리가 일상적으로 사용하고 있는 기다림과 그리움이라는 말이 여기에서 새겨보려 했던 것과 뜻이 다름을 이해할 수 있다면, 이 문제가 어느 정도 해명될 수 있으리라 생각한다. 미흡했던 점 또한 다음 연구 과제로 남겨 놓는다. 여기에서 고백해야 할 것이 있다. 그것은 처음 시도해보고자 했던 인간 현존재의 삶과 죽음에 관한 실존론적이고 존재론적이며 초월론적 이해의 지평을 제대로 마련하지 못했다는 것이다. 이는 나에게 두고두고 미련을 남길 것이다. 모든 탓은 나 자신의 학문적 치밀함이 부족함에 있다.

가려 했던 길에 놓인 하이데거의 말들은 암호 같기도 하다. 게다가 길은 한번 잘못 들면, 내가 진정 어디로 가려는지 그 이정표(Wegmarken)를 송두리째 잃게 된다. 그러나 길은 나서야 길이다. 나서지 않으면 그 길은 있거나 말거나 나 자신과 아무런 상관이 없는 것이다. 나는 그 길에 발을 한 발 올림으로, 그 길에 들어서 보려 했다. 그러나 내가 과연 제대로 길을 찾기는 찾은 것이며, 얼마만큼 그 길을 가보았는지는 아직도 알 수 없다.

하이데거 사후 32년. 하이데거는 이미 죽었다. 그럼에도 하이데거의 철학은 끊임없이 우리를 우리 자신에게로 다가가게 하고 있으며, 우리를 우리 자신에게 되돌아옴에로 불러낸다.

그리고 나에게는 해야 할 일들이 참 많이 생겼다.

참고문헌

1. 하이데거의 글들

(하이데거 전집 – Martin Heidegger, Gesamtausgabe, Vittorio Klostermann, Frankfurt a.M.에 속한 글들 : 전집의 번호 순)

Martin Heidegger, *Sein und Zeit*, 1976, GA.2 (이 책에서 Text로 사용한 책은 전집 판본이 아니라, 1972년 출판본임)

_____, *Wegmarken*, 1976, GA.9

_____, *Logik : Frage nach der Wahrheit*, 1976, GA.21

_____, *Einführung in die Metaphysik*, 1966, GA.23

_____, *Die Grundprobleme der Phänomenologie*, 1975, GA.24

_____, *Einleitung in die Philosophie*, 1996, GA.27

_____, *Die Grundbegriffe der Metaphysik : Welt-Endlichkeit-Einsamkeit*, 1983, GA.29/30

_____, *Vom Wesen der Wahrheit*, 1988, GA.34

_____, *Ontologie*, 1988, GA.63

_____, *Gelassenheit*, Günter Neske, Pfullinngen, 1977. (전집에 속해 있지않음.)

2. 한국어로 옮긴 하이데거의 글들 (번역 출판 연도 순)

Heidegger, M., 박휘근 옮김, 『형이상학 입문』, 문예출판사, 1993.
_____, 이기상 옮김, 『형이상학이란 무엇인가』, 서광사, 1994.
_____, 이기상 옮김, 『현상학의 근본문제들』, 문예출판사, 1994.
_____, 소광희 옮김, 『존재와 시간』, 경문사, 1996.
_____, 이기상 옮김, 『존재와 시간』, 까치, 1998.
_____, 신상희 옮김, 『동일성과 차이』, 민음사, 2000.
_____, 이기상 옮김, 『논리학 : 진리란 무엇인가?』, 까치, 2000.
_____, 이기상 옮김, 『형이상학의 근본개념들 : 세계-유한성-고독』, 까치, 2002.
_____, 이기상 · 김재철 옮김, 『마르틴 하이데거의 존재론. 현사실성의 해석학』, 서광사, 2002.
_____, 이기상 옮김, 『진리의 본질에 관하여, 플라톤의 동굴의 비유와 테아이테토스』, 까치, 2004.
_____, 신상희 옮김, 『이정표 1』, 한길사, 2005.
_____, 이선일 옮김, 『이정표 2』, 한길사, 2005.
_____, 이기상 옮김, 『철학입문』, 2007.

3. 국내 연구 문헌 (글쓴이 이름 순)

강영안, 『타인의 얼굴-레비나스의 철학』, 문학과 지성사, 2005.
구연상, 『공포와 두려움 그리고 불안』, 청계, 2001.
대우학술총서 공동연구, 『감성의 철학』, 민음사, 1996.
박정근, 『중국적 사유의 원형』, 살림, 2004.
박찬국, 『들길의 사상사, 하이데거』, 동녘, 2004.
신상희, 『시간과 존재의 빛』, 한길사, 제1판 제2쇄, 2001.

우리사상연구소, 『우리말 철학사전 1–5권』, 지식산업사, 2001/2007.
이기상, 『하이데거의 실존과 언어』, 문예출판사, 1991.
_____, 『하이데거의 존재와 현상』, 문예출판사, 1992.
_____, 편저, 『하이데거 철학에의 안내』, 서광사, 1993.
_____, 『존재의 바람, 사람의 길』, 1999.
_____, 『하이데거의 존재사건학. 존재진리의 발생사건과 인간의 응답』, 서광사, 2003.
_____, 『존재와 시간. 인간은 죽음을 향한 존재』, 살림, 2006.
이기상 · 구연상 공저, 『존재와 시간 용어해설』, 까치, 1998.
이수정 · 박찬국, 『하이데거, 그의 생애와 사상』, 서울대학교 출판부, 1999.
이은봉, 『한국인의 죽음관』, 서울대출판부, 2000.
정동호 외, 『철학, 죽음을 말하다』, 산해, 2004.
조영래, 『전태일 평전』, 돌베개, 제2차 개정판, 2007.
진중권, 『춤추는 죽음』, 세종서적, 1997.
한국종교학회 편, 『죽음이란 무엇인가』, 도서출판 창, 1990.
황필호 편저, 『산아제한과 낙태와 여성해방』, 종로서적, 1990.

4. 한국어로 옮긴 외국 연구 문헌 (글쓴이 알파벳 이름 순)

Ariés, P., 유선자 옮김, 『죽음 앞에 선 인간 상/하』, 동문선, 1997.
Biemel, W., 신상희 옮김, 『하이데거』, 한길사, 1997.
English, J., 김일순 옮김, 『의료윤리–삶과 죽음, 그 영원한 숙제』, 연세대학교 출판부, 1982.
Foot, P., 황경식 외 옮김, 『사회윤리의 제문제』, 서광사, 1983.
Hermann, F. W. von., 신상희 옮김, 『하이데거의 존재와 시간을 찾아서』, 한길사, 1997.
Hösle, V., 신승환 옮김, 『환경위기의 철학』, 서강대학교 수도자 대학원,

1997.

Kübler-Ross, E., 성염 옮김, 『인간의 죽음』, 분도출판사, 제3판, 1988.

Levinas, E., 강영안 옮김, 『시간과 타자』, 문예출판사, 제2판, 2001.

Müller, M., 박찬국 옮김, 『실존철학과 형이상학의 위기. 하이데거 철학의 이해를 위해』, 서광사, 1998.

Pöggeler, O., 이기상 · 이말숙 옮김, 『하이데거 사유의 길』, 문예출판사, 1993

Rombach, H., 전동진 옮김, 『아폴론적 세계와 헤르메스적 세계』, 서광사, 2005.

Ruddick, J., 이혜정 옮김, 『모성적 사유 : 전쟁과 평화의 정치학』, 철학과 현실사, 2002.

Sartre, J. P., 방곤 옮김, 『실존주의는 휴머니즘이다』, 문예출판사, 1996.

Schelling, F.W.J, 한자경 옮김, 『인간 자유의 본질』, 서광사, 1998.

, 최신환 옮김, 『인간적 자유의 본질을 찾아서』, 한길사, 2000.

Schöl, I., 이재경 옮김, 『아무도 미워하지 않는 자의 죽음』, 시간과 공간사, 제2판 제3쇄, 2006.

Steffnez, J., 김종욱 편역, 『서양철학과 禪』, 민족사, 1993.

Wisser, R., 강학순, 김재철 옮김, 『하이데거 사유의 도상에서』, 철학과 현실사, 2000.

5. 외국어 연구 문헌 (글쓴이 알파벳 이름 순)

Elliston, F.(edited), *Heidegger's Existential Analytic*, Mouton Publishers, 1978.

Hermann, F. W. von., *Wege ins Ereignis*, Vittorio Klostermann, Frankfurt a.M.

Kockelmans, J., *Heidegger's "Being and Time" - The Analytic of*

Dasein as Fundamental Ontology, University Press of America, 1989.

Kübler-Ross, E., *Interviews mit Sterbenden*, Kreuz Verlag, Stuttgart, 1971.

Oshima, Y., *Nähe und Ferne - mit Heidegger unterwegs Zum Zen*, Königshausen Neumann, Würzburg, 1998.

6. 한국어 연구 논문 (글쓴이 이름 순)

구연상, 「존재론적 차이 속으로」, 『인문학 연구』, 한국외국어대학교 인문과학연구소, 1999.

김교빈, 「죽음에 대한 유고의 이해」, 『철학연구 제75집』, 철학연구회, 2006.

김동규, 「예술가의 자기 목소리-예술가와 양심」, 『하이데거 연구 제11집』, 한국하이데거학회, 세림 M&B, 2005년 봄.

김재철, 「하이데거의 종교 현상학」, 『인문학 연구』, 한국외국어대학교 인문과학연구소, 2000.

_____, 「『존재와 시간』 : 삶의 해석학의 기초존재론적 변형」, 『하이데거 철학과 동양사상』, 철학과 현실사, 2001.

김희봉, 「현존재(Dasein)의 실존성과 죽음의 문제」, 『후기하이데거와 자유현상학』, 한국해석학회, 지평문화사, 1997.

박유정, 「하이데거에 있어 현존재의 기분에 관한 연구」, 『하이데거 연구 제12집』, 한국하이데거학회, 세림 M&B, 2005년 가을.

박정근, 「老子 《道德經》 硏究 (二) - 마크 트웨인(Mark Twain), 클로드 모네(Claude Monet) 그리고 老子」, 『인문학 연구』, 한국외국어대학교 인문 과학연구소, 1999.

_____, 「원효의 고향이야기」, 『하이데거 연구 제15집』, 한국하이데거학

회, 두리터, 2007.

박찬국, 「현대에 있어서 고향상실의 극복과 하이데거의 존재물음」, 『하이데거의 존재사유』, 한국하이데거학회, 철학과 현실사, 1995.

_____, 「하이데거의 실존적 진리개념에 대해서」, 『하이데거 연구 제13집』, 한국 하이데거학회, 세림 M&B, 2006년 봄.

_____, 「하이데거에서 "근거의 본질"에 관하여」, 『하이데거 연구 제14집』, 한국 하이데거학회, 세림 M&B, 2006년 가을.

배철현, 「죽는 것도 이득이다」, 『철학연구 제75집』, 철학연구회, 2006.

신승환, 「'생명해석'의 철학과 탈형이상학적 사유틀」, 『생명과 더불어 철학하기』, 철학과 현실사, 2000.

_____, 「생명해석학과 철학함」, 『하이데거의 자연, 환경, 생명』, 한국하이데거학회, 철학과 현실사, 2000.

_____, 「마르틴 하이데거의 '생명' 이해와 한스 요나스 '생명철학'의 존재론적 함의」, 『하이데거 철학과 동양사상』, 한국하이데거학회, 철학과 현실사, 2001.

심광섭, 「베른하르트 벨테가 이해하는 하이데거, 무, 그리고 신」, 『하이데거연구 제15집』, 한국하이데거학회, 두리터, 2007년 봄.

안옥선, 「불교에서 보는 삶과 죽음」, 『철학연구 제75집』, 철학연구회, 2006.

윤병렬, 「하이데거의 죽음-해석학과 그 한계」 『후기 하이데거와 자유현상학』, 한국해석학회, 지평문화사, 1997.

_____, 「도(道)와 존재-노자와 하이데거의 사유 세계」, 『하이데거 철학과 동양사상』, 한국하이데거학회, 철학과 현실사, 2001.

_____, 「하이데거의 전기사유에서 '들음'의 해석학적 위상」, 『하이데거 연구 제14집』, 한국하이데거학회, 세림 M&B, 2006년 가을.

임일환, 「감정과 정서의 이해」, 『감성의 철학』, 민음사, 1996.

_____, 「기억의 인식론적 문제」, 『인문학 연구』, 한국외국어대학교 인문

과학연구소, 2003.
이기상, 「인간은 무의 자리지기」, 『인문학 연구』, 한국외국어대학교 인문과학연구소, 1997.
_____, 「하이데거에서의 존재와 성스러움」, 『철학』, 한국철학회, 2000.
_____, 「역사 속의 진리사건. 진리가 비은폐성에서 올바름으로 변함」, 『하이데거 연구 제9집』, 한국하이데거학회, 세림 M&B, 2004, 봄.
_____, 「하이데거의 말놀이 사건. 말의 말함과 하이데거의 응답함」, 『하이데거 연구 제13집』, 세림 M&B, 2006, 봄.
_____, 「생명의 진리와 생명학-지구 생명시대에 요구되는 생명문화 공동체」, 『세계생명문화포럼 자료집』, 경기문화재단, 2006.
_____, 「삼신 할매 신화에서 읽어내는 한국인의 살림살이 이성」, 『해석학 연구 제20집』, 한국해석학회, 2007 가을.
이선일, 「실존철학에서의 삶과 죽음의 문제」, 『철학연구 제75집』, 철학연구회, 2006.
전동진, 「하이데거에 있어서 존재의 유한성과 유일성」, 『하이데거의 존재사유』, 한국하이데거학회, 철학과 현실사, 1995.
_____, 「창조적 질서와 초연한 인간」, 『후기 하이데거와 자유현상학』, 한국해석학회, 지평문화사, 1997.
_____, 「하이데거와 노장사상」, 『하이데거 철학과 동양사상』, 철학과 현실사, 2001.
_____, 「롬바흐의 하이데거 비판」, 『하이데거와 현대 철학자들』, 하이데거학회, 살림, 2003.
_____, 「생동적 질서」, 『하이데거 연구 제10집』, 한국하이데거학회, 세림 M&B, 2004년 가을.
이혜정, 「여성주의 윤리학에 관한 연구 - 길리건. 나딩스, 러딕을 중심으로 -」, 한국외국어대학교 대학원 철학과 박사학위 논문, 2002. 3쪽.

조형국, 「M. 하이데거: 일상의 발견, 〈존재와 시간〉에 나타난 현존재의 일상성과 결단성에 관한 숙고를 바탕으로」, 『하이데거 연구 제15집』, 한국하이데거학회, 두리터, 2007.

최상욱, 「하이데거 철학에 있어서 의지와 하게함의 역동적 상관관계에 대한 분석」, 『하이데거의 존재사유』, 철학과 현실사, 1995.

______, 「레비나스와 하이데거에 있어서 죽음의 의미」, 『하이데거와 현대 철학자 들』, 한국하이데거학회편, 살림, 2003.

______, 「하이데거의 "시원" 개념에 대하여」, 『하이데거연구 제15집』, 두리터, 2007.

______, 「하이데거에게서의 생명의 의미」, 『하이데거와 자연, 환경, 생명』, 한국하이데거학회 편, 철학과 현실사, 2000.

피터 하, 「현존재의 "유아론적 자기"와 "더불어 있음(Mitsein)"」, 『하이데거연구 제10집』, 한국하이데거학회, 세림 M&B, 2004.

______, 「하이데거 철학에 있어서 "내버려둠"으로서 결단성(Entschlossenheit) 개념—탈-주관적인 의지개념에 관하여」, 『하이데거연구 제13집』, 한국하이데거학회, 세림 M&B, 2006년 봄.

찾아보기

ㄱ

ㄴ

ㄷ

ㄹ

ㅁ

ㅂ

ㅅ

ㅇ

ㅈ

ㅊ

ㅌ

ㅍ

ㅎ

산다는 것 죽는다는 것

초판 인쇄 2009년 6월 20일
초판 발행 2009년 6월 30일
지은이 이 은 주
펴낸이 박 철
펴낸곳 한국외국어대학교 출판부
130-791 서울특별시 동대문구 이문동 270
전화 : 02-2173-2495~6
팩스 : 02-2173-3363
홈페이지 : http://press.hufs.ac.kr
전자우편 : press@hufs.ac.kr
출판등록 제6-6호(1969. 4. 30)
편집 · 디자인 (주)이환디앤비 02)2254-4301
인쇄 (주)동화인쇄공사 02)719-7181

ISBN 978-89-7464-552-6 93160 정가 15,000원

※ 잘못된 책은 교환하여 드립니다.
